Tagesordnungspunkt Diakonie

Tagesordnungspunkte

Eine Buchreihe für Menschen, die in der Kirche Verantwortung übernehmen

in Vorbereitung:

Tagesordnungspunkt Unterricht

Tagesordnungspunkt Bekenntnis

Tagesordnungspunkt Gemeindeaufbau

(* erschienen im Lutherhaus Verlag. Vergriffen)

Werner Rannenberg

Tagesordnungspunkt

Diakonie

Lutherisches Verlagshaus

Die Deutsche Bibliothek – CIP-Einheitsaufnahme

Rannenberg, Werner:
Tagesordnungspunkt Diakonie / Werner Rannenberg
Hannover: Luth. Verl.-Haus, 1996
(Top 10)
ISBN 3-7859-0729-X
NE: GT

© Lutherisches Verlagshaus, Hannover, 1996
Alle Rechte vorbehalten
Umschlaggestaltung: Leidecker & Schormann, Hannover
Gesamtherstellung: Hahn-Druckerei, Hannover
ISBN 3-7859-0729-X

Inhalt

Vorwort

Es wurde und wird viel geschrieben über die Diakonie und aus dieser selbst heraus. Diese Quantität – und damit die Notwendigkeit und Qual der Auswahl – vor allem aber auch die Bandbreite der in Frage kommenden Fundorte, in denen oft wichtige Aufsätze und aufschlußreiche Abhandlungen sich verbergen – und damit die Schwierigkeit, diese aufzuspüren, stellen den eiligen Leser vor erhebliche Probleme. Gewiß, jene Fülle der Veröffentlichungen sind ein Indiz für die Wichtigkeit der hier verhandelten Sache, die breit gestreuten Hinweise ein erster Hinweis sowohl auf die hier begegnende Vielfalt der Arbeitsgebiete und Zielgruppen als auch auf die vielfältigen Aspekte, die in ihnen und durch sie zum Tragen kommen und beachtet sein wollen (Theologie, Medizin, Psychologie, Soziologie, Rechts-, Sozial- und Wirtschaftswissenschaften, Pädagogik usw.), aber so faszinierend das sein mag, so zeitraubend und mühsam ist es für den eiligen Leser. Da ist es vielleicht hilfreich, wenn für ihn die Vorarbeit des Sammelns und Sichtens, Auswählens, Zusammenstellens und Verdichtens geleistet wird, damit dieser eilige Leser sich schneller informieren, einen Überblick gewinnen, bestimmte Fragestellungen besser verorten, Strukturen und Arbeitsbeziehungen leichter durchschauen, das Umfeld und die unterschiedlichen zu beachtenden Gesichtspunkte in seine Urteilsbildung einbeziehen kann.

Bei dem „eiligen Leser" habe ich gedacht vor allem an die vielen ehrenamtlich tätigen Damen und Herren, die in Kirchenvorständen, Beiräten, Kirchenkreisvorständen, Synoden, in Kuratorien, Mitgliederversammlungen, Vorständen, Ausschüssen und anderen Gremien von selbständigen Einrichtungen des Diakonischen Werkes der Evangelischen Kirche in Deutschland e. V. tätig sind, allerdings nicht minder auch an Mitarbeiterinnen und Mitarbeiter, die hauptberuflich in diakonischen Einrichtungen Dienst tun und in ihrem Arbeitsbereich heimisch werden und sich daher näher mit ihm befassen möchten. Wahrlich nicht zuletzt habe ich gedacht an Partner diakonischer Arbeit der Kirche, die vielleicht gewisse Schwierigkeiten haben, das Geflecht und die Besonderheiten kirchlich-diakonischen Dienstes zu durchschauen und zu verstehen.

Das Sammeln, Raffen und Sichten, freilich, fordert seinen Preis. Ohne Vereinfachungen und Vergröberungen – hoffentlich allerdings nicht Verzeichnungen und Verzerrungen – geht es nicht ab. Das ist mehr als schmerzhaft – nicht nur für den Fachmann, falls sich dieser unter die Leser verirren sollte. Ihn kann ich nur um freundliche Nachsicht bitten – ihn wie auch jene, die gerade gespannt nach ihrem speziellen Verband, ihrer Einrichtung oder ihrem Arbeitsgebiet suchen und dieses – vielleicht – nicht einmal erwähnt finden. Geringschätzung steht beileibe nicht dahinter, wohl aber das Diktat der einzuhaltenden relativen Kürze. Unter diesem Aspekt findet vielleicht dieses wie jenes Manko neben dem begründeten Bedauern so doch ein gewisses Verständnis. Ich wünschte es sehr, denn der hier vorgelegte Versuch basiert auf einem jahrzehntelangen Miteinander gerade mit kirchlich-diakonischen Mitarbeiterinnen und Mitarbeitern, Werken und Einrichtungen und einer tragenden Begleitung der eigenen Arbeit durch die Ev.-luth. Landeskirche Hannovers und ihrem Diakonischen Werk, denen er sich am liebsten als kleines Zeichen großer Dankbarkeit zugeeignet wissen möchte.

Der Begriff „Diakonie" bezieht sich bei diesem TOP sowohl auf die unselbständigen diakonischen Einrichtungen der Landeskirchen und ihrer Körperschaften als auch auf die selbständigen diakonischen Rechtsträger des Diakonischen Werkes. Daraus wird deutlich, daß wir uns beschränken allein auf den Bereich der „organisierten" Diakonie, also das „organisierte Hilfehandeln in kirchlicher bzw. allgemein christlicher Verantwortung"[1], nicht um die tätige christliche Nächstenliebe des einzelnen, so gewiß jene ohne diese als Gestaltwerdung des christlichen Glaubens nicht denkbar und möglich ist. Nicht einbezogen sind die Ökumenische Diakonie, der Entwicklungsdienst, „Brot für die Welt". Diese Arbeitsgebiete, in denen das Diakonische Werk maßgeblich beteiligt und engagiert ist und die von seinem Auftrag und Selbstverständnis nicht von ihm zu trennen sind, bedürfen einer gesonderten Bearbeitung.

Nun mag der Leser lesen – vielleicht von der ersten Seite an, vielleicht aber auch derart, daß er bei Teil B oder gar erst bei Teil C oder auch nur einem ihrer Unterabschnitte einsetzt. Alle Teile oder Unterteile sind aus sich heraus verständlich und insofern in sich abgeschlossen, weisen allerdings gleichzeitig jeweils über sich hinaus und möchten im Zusammenhang und in Zuordnung zu den anderen gelesen und verstanden werden.

Einführung

Diakonie ist die Liebe, die zum einzelnen sich verhält.[2] Sie ist weder eine exzentrische Fernstenliebe noch eine allgemeine Philanthropie. Ihr Dienst gilt dem einzelnen, der in Not geraten, dem, dessen Würde gefährdet ist oder verletzt wird. „Die Würde des Menschen ist unantastbar."[3] Dafür tritt sie ein, die Diakonie der Kirche: in öffentlichen Verlautbarungen ebenso wie in Stellungnahmen zu Gesetzes- und anderen staatlichen Vorhaben, bei Verhandlungen um die Höhe von Pflegesätzen für Kranke im Bereich von Sozialstationen und in Krankenhäusern ebenso wie für behinderte und obdachlose Menschen, die ambulant oder stationär gefördert werden müssen.

Die Liebe, die zur Würde des einzelnen sich verhält. Dafür tritt die Diakonie der Kirche ein wie mit dem Wort[4], so vor allem durch ihr Tun in über 30.000 Einrichtungen mit über 1 Million Plätzen (Betten) und ca. 370.000 hauptberuflich tätigen und weitaus mehr ehrenamtlichen Mitarbeiterinnen und Mitarbeitern.[5] Mit dieser Vielzahl und der Vielfältigkeit ihrer Einrichtungen (vom Kindergarten über die Diakoniestation und Beratungsstelle hin zum Alten-, Altenwohn- und Altenpflegeheim, vom Krankenhaus über die Bahnhofs-, Seemannsmission, die Gehörlosen-, Blinden- und Gefängnisseelsorge bis zu den Heimen für gefährdete Jugendliche, Wohnungslose und Behinderte, von der Telefonseelsorge und Schuldnerberatung zur Sozialarbeit und der Begleitung von Umsiedlern und Asylanten), ist die Diakonie in Deutschland einzigartig nicht nur in Europa, sondern in der ganzen Welt.

Mit dieser Liebe, die zur Würde des einzelnen sich verhält und ihr zu dienen sucht, dient die Diakonie zugleich dem Gesamt des Gemeinwesens, seiner Humanität, seinem inneren Frieden, auf die es angewiesen ist wie auf nichts anderes sonst. Weil es ihr um den einzelnen geht, geht es ihr um dieses Ganze; weil es ihr um das Ganze geht, geht es ihr um jeden einzelnen.

Dafür tritt die Diakonie der Kirche ein im Verbund mit anderen gesellschaftlichen Kräften, vor allem den anderen Wohlfahrtsverbänden und freien Initiativen und Gruppierungen. In und mit diesem

Dienst weiß sie sich als Partner des Staates auf allen Ebenen seines Handelns.

Je leerer die öffentlichen Kasse und je enger der politische Spielraum, je bedrohter der Lebensstandard und die Angst, ihn zu verlieren, je größer der „Fortschritt" und das „Wachstum" und je mehr Randgruppen sie produzieren, desto mehr einzelne werden es, die in diesem Wettlauf nicht mithalten können und am Wege liegenzubleiben drohen. Minderheiten werden größer und doch immer mehr übersehen. Die Bedrohungen der Menschenwürde werden vielfältiger und vielschichtiger, die Herausforderung, ihnen mit Wort und Tat zu begegnen, wachsen, aber die Schere zwischen diesen immer größer werdenden Aufgaben einer- und den gegebenen Möglichkeiten andrerseits klafft immer weiter auseinander. Die Diakonie droht mit hineingerissen zu werden in das Tief der staatlichen Wohlfahrt. Gerade aber in dieser Situation steigen die Ansprüche. Kehren viele Menschen dem Wort der Kirche den Rücken, die Erwartungen an diesen spezifischen, den diakonischen Dienst nehmen zu – auch und gerade bei den Distanzierten und Ausgetretenen. Hier steht die Diakonie der Kirche vor einem Dilemma. Der Ausgang ist nicht abzusehen. Um so intensiver wird sie sich auf ihre Grundwahrheit besinnen und diese bewähren: die Liebe, die sich zum einzelnen in seiner Not und der Bedrohung seiner Würde verhält. Sie wird das tun, was der Samariter (Lukas 10,30 ff.) in aller Nüchternheit selbstlos und selbstverständlich tat, nämlich das, was die Not des einzelnen in dieser Situation fordert – nicht mehr, aber auch nicht einen Deut weniger. Jesus stellt ihn als Vorbild hin – ihn, der tut, „was getan werden muß" und „was von ihm getan werden kann"[6].

„Die Würde des Menschen ist unantastbar." Die Diakonie selbst lebt aus dem heraus, was sie in Wort und Tat vertritt, daß nämlich Wert und Würde des Menschen sich nicht ergeben „aus seinen Funktionen, Leistungen, Verdiensten oder aufgrund bestimmter Eigenschaften"[7]. Sie sind vielmehr allein damit und dadurch gegeben, daß der Mensch von Gott geschaffen, geliebt und geheiligt ist. Das ist der unverwechselbare Aktivposten, den die Diakonie der Kirche einzubringen und selbst zu bewähren hat. Er schließt ein das Wissen um die Begrenztheit und Bruchstückhaftigkeit alles – auch und gerade des eigenen – Tuns. Nicht eine noch so engagierte und umfangreiche Vita activa definiert und trägt das Selbstsein, sondern das Mit-Sein Christi in seinem Tod und Auferstehen. Das macht frei von allen Versuchungen einer Allmachts- und Allzuständigkeitsidee, schärft das Bewußtsein dafür, daß aller Dienst immer ein „Handeln unter dem Kreuz" ist, der auch bei allem Bemühen nie den Zustand des „Ganzen", den „Zustand einer heilen Welt" herbeiführen kann[8], und gerade darum frei ist, für den notleidenden Nächsten und seine Würde mit allen Kräften einzutreten.

Teil A: Kurzer Abriß der Geschichte der Diakonie

In dem uns gesetzten Rahmen kann es nicht einmal gelingen, einen wirklichen „Abriß" der Geschichte der Diakonie zu geben. Auf viele Konkretionen und an sich notwendige Differenzierungen wird ebenso verzichtet werden müssen wie auf die Darstellung aller diakonisch bedeutsamen Persönlichkeiten, Einrichtungen, Verbände und Vereinigungen. Wenn wir dennoch diesen Versuch unternehmen, so aus dem Grund, in der Geschichte die großen Entwicklungslinien, vor allem auch die Spannungsfelder aufzuzeigen, die bis in die Gegenwart hinein wirksam sind und die Arbeit bestimmen und prägen. Wenn dieses darüber hinaus dazu beizutragen vermag, daß wir erkennen, woher die Diakonie „kommt", daß sie trotz Scheiterns dennoch immer wieder auch zu eben dieser Quelle zurückgefunden und diese sie getragen und zu neuen Anfängen geführt hat, dann hilft dieser Gang durch die Geschichte vielleicht sogar, ihren Standort in der Gegenwart besser ausmachen und mögliche Fehlentwicklungen klarer erkennen und vermeiden zu können.

1. Jesus und die Urgemeinde

„Sehet, wie sie einander lieben"[9], das war es, was der heidnischen Umwelt an der jungen Christenheit vor allem anderen auffiel und sie in Erstaunen versetzte. Gewiß, der alte Orient und das Judentum, sie waren keine „Welt ohne Liebe"[10]. Die Liebe aber, die in den christlichen Gemeinden begegnete, war etwas Neues. Sie war nicht Gehorsam gegenüber einem Gesetz oder Gebot, nicht ein Mittel, um sich selbst im Du des anderen zu finden und zu verwirklichen. Neu und anders war diese Liebe in ihrer Selbst-Vergessenheit und Selbst-Verständlichkeit, eine Liebe, die „nicht durch den Blick auf ein zu erstellendes ergon (Werk) geleitet wurde"[11], sondern Ausdruck und Widerschein, Reflex und Abglanz war einer Liebe, in der sich das eigene Selbst geborgen, geliebt und aufgehoben weiß. Ihre Quelle ist nicht eine Norm, sondern eine Beziehung, und zwar eine solche, die eine völlig neue Wirklichkeit begründet und setzt. „Jesus bringt die Vergebung der Sünden, und wer diesen Vorgang erfahren hat, in dem wird eine ganz neue, überquellende Liebe entbunden"[12]: Der Glaubende lebt nicht mehr aus sich selbst, aus dem, was er ist, hat, darstellt oder tut, sondern allein aus der Beziehung mit Christus und dem, was dieser für ihn getan und ihm geschenkt hat. Durch diese dienende Liebe, in der das „Ich aufhört, sich selbst als Mittelpunkt seiner Existenz zu sehen"[13], die Jesus selbst lebte und verkörperte, hatten seine Jünger und die junge Christenheit „das Größte und Seligste, was in der Religion gelernt werden kann, nämlich an die Liebe Gottes glauben" gelernt.[14] Jener gewaltige und rätselhafte Gott, der Welt, Mensch und Erde geschaffen hat, wurde ihnen durch Jesus zum „Vater der Barmherzigkeit und Gott allen Trostes" (2. Korinther 1,3), und damit erst „trat in der Menschheit das Zeugnis hervor, dem nichts mehr übergeordnet werden kann: Gott ist die Liebe."[15] Mit dieser so ganz neuen und andersartigen Gottesbeziehung ist nicht nur ein grundlegender Wandel in der Wertung allen menschlichen Seins und Tuns gegeben, sondern Jesus stellt damit zugleich „eine neue Gestaltung aller Beziehungen zwischen den Menschen als eine neue Wirklichkeit hin"[16]. An die Stelle des Ich ist das Du getreten, „das Du Gottes und das Du des Nächsten", denn Gott „gibt mir das Leben als ein menschliches ... nicht anders als so, daß er mir den Nächsten gibt zum Lieben... Die Liebe zum Nächsten ist nicht mehr eine besondere Eigenschaft oder Tugend neben anderen, sondern sie ist das Menschliche selbst, die Substanz des Menschseins, die Menschlichkeit des Menschen."[17] Das ist es, was die Christen prägte und die Umwelt in Erstaunen versetzte: diese „Sprache der Liebe" – und das war eben nicht nur „eine Sprache: Es war Kraft und Tat."[18]

Nicht als Gesetzgeber, sondern als Heiland und „Arzt ist Jesus in die Mitte seines Volkes getreten"[19], als der, der den Menschen in seinem innersten Wesen verändert und ihn in all seinen Bezügen und Bezogenheiten heilt: „Ich bin gekommen, selig zu machen, das verloren ist." (Matthäus 18,11) Er wendet sich vornehmlich gerade an die Kranken, Ausgestoßenen, Gestrauchelten, an die Sünder und Zöllner. Indem er sich zu ihnen gesellt und mit ihnen Gemeinschaft pflegt, durchbricht er nicht nur den normativen Rahmen des Judentums[20], sondern der Religionen seiner Zeit überhaupt, denn in der damaligen Welt waren die Religionen „nicht für die Kranken da, sondern für die Gesunden", galten jene doch als „den finsteren Mächten verfallen"[21].

Im profanen Griechisch bedeutet diakonein „bei Tische aufwarten", „kredenzen", „für den Gesamtunterhalt sorgen". In den Augen der Griechen stellt das etwas absolut Minderwertiges dar, eine Tätigkeit für die Sklaven, denn der Grieche sieht „das Ziel des Menschenlebens in der vollkommenen Persönlichkeit", die durch jenes nur behindert wird.[22]

Jesus aber stellte das Verhältnis von „Groß" und „Klein", von „Dienen" und „Sichbedienenlassen" geradezu auf den Kopf: Der wie Gott so dem Nächsten Dienende ist der Größte. (Lukas 22,26 ff.) Diese selbstlos selbstverständliche dienende Liebe „zu den Geringsten (ist) gleichbedeutend mit der Hilfsbereitschaft gegen den Menschensohn, Lieblosigkeit aber nichts anderes als Verachtung des Menschensohns"[23].

Das „Doppelgebot der Liebe": „Du sollst den Herrn, deinen Gott, lieben mit deinem ganzen Herzen und mit deiner ganzen Seele und mit deinem ganzen Denken. Dies ist das größte und erste Gebot. Das zweite ist ihm gleich: Du sollst deinen Nächsten lieben wie dich selbst" (Matthäus 22,34 ff.) erscheint durch Jesu Person und Werk in einem völlig neuen Licht. Abgesehen von Jesus könnte es philanthropisch mißverstanden werden. Indem aber dieser Christus diese beiden Gebote miteinander verbindet, nimmt er der Liebe damit weder das göttliche noch das menschliche Gegenüber. Weder geht die Liebe zu Gott in der Liebe zum Nächsten auf, noch wird die Nächstenliebe zu einem bloßen „Mittel" der Gottesliebe.[24]

Das läßt die Geschichte vom „Barmherzigen Samariter" (Lukas 10,29 ff.) deutlich werden: Das, was der Samariter tut, gilt allein dem unter die Räuber Gefallenen und schließt jedes Schielen auf Gott oder Lohn aus. Unvergleichlich zeigt auch das Gleichnis „vom Großen Endgericht" (Matthäus 25,31 ff.), daß die von Jesus gemeinte Nächstenliebe nie eine „indirekte, auf dem Umwege über eine vermeintliche Gottesliebe gewonnene sein" kann[25], denn das Tun der „Gesegneten" gilt – wie das des Samariters – nicht Gott, sondern allein den Bedrängten, und zwar so sehr, daß sie von der Feststellung und dem Urteil des Weltenrichters total überrascht sind. Die Frage des Schriftgelehrten: „Wer ist denn mein Nächster?" (Lukas 10,29) wird von Jesus radikal auf den Fragesteller selbst zurückgelenkt: „Wem bin ich selbst der Nächste?" Das ist die sich selbst vergessende und hingebende Liebe an den Gott, „der im anderen mich anruft"[26].

Die so verstandene und ergriffene Liebe ist ohne jeden Vorbehalt. Sie weiß zwar um die „natürlichen" Grenzen zwischen Freund und Feind, Nächstem und Fremdem, aber, indem sie diese voraussetzt, werden gerade sie durch eben diese Liebe durchbrochen[27], und die „Feindesliebe" wird zu ihrem entscheidenden Prüfstein (Matthäus 5,45). Im Anbruch des unmittelbar bevorstehenden und in Christus bereits angebrochenen Reiches Gottes vollzieht sich die Sammlung des „Volkes Gottes" gerade nicht in einer an welchem Gesetz oder welcher Norm auch immer orientierten Ausgrenzung aus diesem Gottesvolk, sondern, ganz im Gegenteil, in „einer Sammlungsbewegung, die ... offen ist für die religiös (gesellschaftlich, politisch, völkisch oder rassisch) Deklassierten"[28].

Radikal wird dadurch auch die uralte, tief im Menschen verwurzelte Anschauung gesprengt, als seien irdisch-leibliches „Wohl" und ewig-geistliches „Heil", menschlich-körperliches Wohlbefinden und Gottes Wohlgefallen identisch, als ließe dieses Rückschlüsse auf jenes zu oder fordere sie geradezu heraus. Sie sind, gewiß, zu unterscheiden: In der Geschichte von der Heilung des Gichtbrüchigen (Markus 2,1 ff.) spricht Jesus dem Gichtbrüchigen zuerst die Vergebung der Sünden zu, schenkt ihm damit das „Heil" der Gemeinschaft mit Gott, und läßt damit deutlich werden, daß es dieses „Heil" sehr wohl – gegen jeden Augenschein – ohne leibliches „Wohl" gibt und geben kann. Indem Jesus sodann dem Gichtbrüchigen aber seine Gesundheit wiedergibt, macht er sichtbar, daß sein heilend dienendes Lieben dem Menschen in all seinen Bezügen gilt und jene (notwendige) Unterscheidung niemals eine Trennung bedeutet und bedeuten darf. „Heil" und „Wohl", „Seel"- und „Leib"-sorge sind vielmehr aufeinander bezogen und fordern einander gegenseitig heraus.

Daher weist Jesus auch die – nicht nur jüdische – Anschauung zurück, daß dort, wo ein besonderes Unglück, ein ungewöhnlich harter Schicksalsschlag, ein schreckliches Leiden oder Gebrechen den Menschen schlägt, auch immer eine besondere persönliche Schuld des Betroffenen selbst oder seiner Eltern vorliegen müsse.

In Johannes 9,1 ff. veranlaßt der Anblick eines blind geborenen Menschen die Jünger zu der Frage, ob die Ursache dieses Leidens in der Schuld dieses Menschen oder seiner Eltern zu suchen sei. Das wird von Jesus nicht nur schroff verneint, sondern er reißt die Jünger alsbald aus ihrer scheinbar unbeteiligten Zuschauer- und Analysantenrolle heraus, indem er sie darauf hinweist, daß die Not dieses Menschen ihr eigenes liebendes Tun in concreto herausfordert.

„Zeichenhaft" sind in dem allen „bereits jetzt die zukünftigen Heilsgüter ... vergegenwärtigt"[29]. Volks-, Rassen-, Standes-, Religionszugehörigkeit, danach braucht nicht gefragt, die Frage nach Schuld oder Unschuld nicht gestellt zu werden: „Das alles ist ganz gleichgültig; genug wenn wir wissen, der Notleidende ist ein Mensch und darum unser Nächster."[30] Hier versagen Priester und Levit (Lukas 10,29 ff.), der Samariter aber handelt spontan, dadurch angesprochen, daß „sein Herz den fremden Jammer spürt". Damit kommt nichts von Schwärmerei in diese Liebe, im Gegenteil: in äußerster Nüchternheit, der alle philanthropische Sentimentalität fernliegt, tut der Samariter das, „was der Augenblick erfordert" und sorgt für die nächste Zukunft, nicht mehr und nicht weniger.[31] Er tut, was er tun muß, aber auch nicht mehr, als er tatsächlich tun kann. (Lukas 10,35)

Und so mahnt der 1. Petrusbrief: „Dienet einander, ein jeglicher mit der Gabe, die er empfangen hat." (4,10) Alle „natürlichen" Gaben, ob empfangen oder erworben, alles, was wir durch Ausbildung und Beruf daraus „gemacht" haben, sind kein Besitz, sondern Gnadengaben, Geschenke (Charismen), mit denen die so begabten Christenmenschen als die guten „Haushalter Gottes" zu „wuchern" haben. (Lukas 19,11 ff.) Jeder hat damit als Glied an dem einen Leib Christi (1. Korinther 12; Römer 12) dem Nächsten und dem Bau der Gemeinde zu dienen.

Die Apostelgeschichte des Lukas läßt – bei aller auch idealisierenden Beschreibung – deutlich werden, daß die Verwaltung und Verteilung der materiellen Güter an die Notleidenden von Anfang an von der jungen Christengemeinde äußerst ernstgenommen worden ist. Sie hat darauf gedrungen, daß der irdische Beruf ausgeübt und von der dienenden Liebe durchdrungen und getragen wurde, hat sich darüber hinaus mit den Spenden (Almosen) des einzelnen Gemeindegliedes nicht zufriedengegeben, sondern alsbald eine „Gemeindekasse" und ein diakonisches „Amt" gebildet, um der

Versorgung der Notleidenden eine verläßliche Basis zu geben. Sie berief „Diakonie" (Apostelgeschichte 6,1 ff.), um Notstände aufzuspüren und sachgemäße Hilfe zu geben. Das besagt, daß man diesen diakonischen Dienst nicht auch noch dem Predigtamt, den Aposteln, aufbürden wollte, zugleich, daß man erkannte, wie der einzelne Christ durch die Fülle der hier anstehenden Aufgaben überfordert, diesen wiederum aber auch allein mit spontanen Aktionen nicht beizukommen war. Witwen und Waisen, Schwache, Arme und Arbeitsunfähige mußten unterstützt, Gefangene besucht und in den Bergwerken, wo sie Fronarbeit zu leisten hatten, erst einmal aufgespürt, Durchreisende und Fremde beherbergt, für Arbeitslose eine neue Tätigkeit gesucht werden. Und ganz selbstverständlich sorgen die griechischen Diasporagemeinden für die materielle Unterstützung der Jerusalemer Muttergemeinde, und ihr Missionar, Paulus, schärft die Wichtigkeit dieses Dienstes immer wieder ein (s. z. B. Galater 1,10). So tritt neben die private Wohltätigkeit des einzelnen von Anfang an „das System der organisierten Liebestätigkeit"[32]. Eine Rangfolge zwischen Predigt und Diakonie gibt es hier ebensowenig wie eine Hierarchie zwischen den entsprechenden gemeindlichen Ämtern. Das Amt des Apostels, des Presbyters, des Diakons – sie alle sind „Dienstämter", die sich unterscheiden lediglich durch ihre Funktion. Sie gründen in derselben Quelle, haben die gleiche Würde und sind daher aufs engste mit dem Gottesdienst verbunden.

> Im Gottesdienst wurden dem Vorsteher die Gaben (Geld und Naturalien) übergeben, und dieser gab sie, nachdem sie auf den Altar gelegt und gesegnet worden waren, durch die Diakone an die Bedürftigen weiter. Hier erfolgte auch die Fürbitte, die selbstverständlich im sonntäglichen Gottesdienst ihren festen Ort hatte.[33]

Freilich: Diese in und durch Christus geschenkte Liebe ist nie Besitz, ist und bleibt auch für den Christenmenschen und die christliche Gemeinde immer „neu" zu erbittende und zu bewährende Gabe. Und so läßt gerade auch die Apostelgeschichte die Risse und Sprünge sichtbar werden, die das Ganze immer wieder zu verstellen, zu verzerren drohen.

> Es kam in der Gemeinde zu Unregelmäßigkeiten (hinsichtlich der Versorgung der griechischen Witwen, s. Apostelge-

schichte 6,1), auch zu Unaufrichtigkeit (wie bei Ananias und Saphira, s. Apostelgeschichte 5,1 ff.). Gerade die Paulus- und hier vor allem die Korintherbriefe zeigen, daß und wie viel bei einzelnen wie in den Gemeinden oft im argen lag, und die Briefe des Johannes (z. B. 1. Johannes 4,20) und nicht zuletzt der Jakobusbrief (z. B. Jakobus 2,14 ff.) lassen erkennen, daß der neue Glaube durchaus auch mißverstanden und die ihm entsprechende Liebe daher auch verraten werden konnte.

Das aber wurde nicht als bloße „Panne" oder Nebensächlichkeit abgetan, die dem „Eigentlichen" keinen Abbruch tat, man sah darin auch nicht nur den materiellen Schaden, sondern vielmehr, daß dadurch das Ganze der vom Geist Christi geschenkten und gewirkten Ordnung der Gemeinde und damit sie selbst bedroht und in Frage gestellt wurde. Wer hier versagt oder das Erforderliche gering schätzt und vernachlässigt, der versündigt sich wie am Nächsten so an Gott selbst und seinem Geist. „Und hätte der Liebe nicht" (1. Korinther 13,1): mit ihr steht und fällt alles. Wenn die heidnische Umwelt staunend feststellte: „Sehet, wie sie einander lieben", dann läßt das durchaus eben diesen Schluß zu, „daß man die christliche Missionspredigt auch als Predigt der Liebe und Hilfeleistung bezeichnen kann"[34] und sie als solche verstanden und aufgenommen worden ist.

2. Alte Kirche
(ca. 100 bis 600 n. Chr.)

Schwere Verfolgungen der jungen Kirche prägen das Bild der folgenden zwei Jahrhunderte. Gemeindeglieder, die den „neuen" Glauben öffentlich bekennen, müssen mit Kerkerhaft, Zwangsarbeit oder Folter und Hinrichtung rechnen. Viele bezahlen ihr Bekenntnis mit dem Tod. Kirche und Gemeinden müssen um ihre Existenz fürchten. Dennoch: Der Gefahr, sich nun auf und in sich selbst zurückzuziehen, erliegt die junge Christenheit nicht.

Als man von dem Diakon Laurentius die „Kirchenschätze" forderte (die es zu der Zeit gar nicht gab), versprach er, sie zu zeigen. Am folgenden Tage führte er die Armen vor. Auf die Frage, wo denn die Schätze seien, die er versprochen habe, zeigte er auf die Armen und sprach: „Das sind die Schätze der Kirche. Und fürwahr Schätze, die Christus in sich bergen. Welche besseren Schätze hat Christus als die, worin er selbst geschaut zu werden wünscht?"[35]

Laurentius wurde hingerichtet: Man ließ ihn auf einem Rost braten. Ausgerechnet aber in dieser Zeit und Situation erfolgte ein fast atemberaubender Auf- und Ausbau der karitativen Arbeit in den bedrängten christlichen Gemeinden. Und sie ist dringender denn je: Gefangene mußten besucht und sie und ihre Familien unterstützt, verhafteten Christen, die zu Zwangsarbeit verurteilt worden waren, mußte beigestanden, andere überhaupt erst einmal aufgespürt, Arme mußten versorgt werden. Mittel waren notwendig. Sie wurden im wesentlichen durch Spenden und Opfergaben aufgebracht. Mehr und mehr allerdings begann der alte Lohngedanke sich wieder breit zu machen: Man schrieb ihnen eine „sündentilgende Kraft" zu.[36]

Dennoch bleiben diese beiden Jahrhunderte die große Zeit der „Gemeindediakonie". Der „Bischof" der Gemeinde ist zugleich „Kirchen-" und „Armenvater" und Leiter der diakonischen Arbeit. Die praktische Liebestätigkeit allerdings konzentrierte sich im „kirchlichen Amt des Diakons" (bzw. der Diakonisse). Zwar waren diese dem Bischof unterstellt, hatten aber dennoch großen Einfluß, weil sie aufgrund ihrer Tätigkeit die tatsächlichen Verhältnisse in den Gemeinden genauestens kannten, und entsprechend war ihr Ansehen und ihr Gewicht.[37] Der Zusammenbruch des Römischen Reiches schafft eine total veränderte Situation. Die Nöte sind ungeheuerlich, fast katastrophal.

> Die Bindung des Großkapitals fast ausschließlich an den landwirtschaftlichen Grundbesitz, der Zwang zu ungeheuerlich großen Naturallieferungen an den Staat neben den ohnedies schon enorm hohen ordentlichen Steuerabgaben, dies alles trocknete Handel und Gewerbe aus und trug dazu bei, daß die Reichen immer reicher, die Armen aber immer zahlreicher und ärmer wurden.[38]

Unter Kaiser Konstantin (280–337) wird die „neue" Religion der Christen „Staatsreligion", die Kirche damit „Reichskirche". Schenkungen und Stiftungen, bei denen der Kaiser selbst mit gutem Beispiel vorangeht, machen die Kirche „reich", „Liebesmahl" und „Kirchenopfer" jedoch nehmen ab.

Konstantin begreift – Christ geworden – die allgemeine Not als „öffentliche" Aufgabe, der sich Staat und Kaiser anzunehmen haben. Der „christliche Staat" darf sich von dieser Aufgabe nicht dispensieren. Er überträgt ihre Wahrnehmung der neu installierten Reichskirche, denn diese verfügt über einen „glänzenden diakonischen Apparat" und entsprechende Erfahrungen, die in dieser Weise kein anderer aufzuweisen hat. Die Kirche nimmt die Herausforderung an, weiß sie sich doch von ihrem Herrn nicht nur an ihre Glieder, sondern an alle Notleidenden gewiesen.[39] Die Größe der Herausforderung erfordert eine diakonische Neuorganisation: Neben den Bischof tritt ein im Finanzwesen Sachkundiger – der Ökonom. Damit schwindet die Bedeutung des Diakonenamtes.[40] Da die christlichen Gemeinden durch die allgemeinen Notstände ohnedies hoffnungslos überfordert sind, treten nun Einrichtungen neben die und unabhängig von den Gemeinden: Klöster und Hospitäler, Findlingsheime, Waisenhäuser, Erziehungsanstalten und Altenunterkünfte. Der pflegerische „Apparat" wird durch Fach„ärzte" und „-pfleger" aufgestockt, da die vorhandenen Kräfte nicht mehr ausreichen. Das bedeutet eine gewisse Konkurrenz zur „Gemeindepflege", zumal es nicht gelingt, beide Zweige zu einem „zielbewußten Zusammenwirken" zusammenzuführen.[41]

Als „Ideal der christlichen Vollkommenheit" gilt nunmehr die Entäußerung von allem irdischen Besitz: „Alles, was Gott uns über unsere Bedürfnisse hinaus gegeben hat, das hat er eigentlich nicht uns gegeben, er hat es uns anvertraut, daß es durch uns den Bedürftigen zukomme", sagt der Bischof von Hippo Regius in Nordafrika, Augustin.[42] Nach dem Motto: „Wie Wasser Feuer verlöscht, so tilgen Almosen die Sünde"[43], wird eine Fülle von Gaben und Spenden erreicht. Zwar hält die Kirche an dem Grundsatz „Kirchengut ist Armengut" fest, aber durch das Schenken von Reliquien und Besitztümern an die Kirche kann der Gläubige ebenso Verdienste erwerben, und eben diese gehen an den Armen und an der Diakonie vorbei. Die Diakonie blüht zwar, ihre Quelle aber wird verzerrt.

Insgesamt aber mag für diese Jahrhunderte gelten, was der römische Kaiser Julian (361–363) festgestellt hat: Was die Religion der Christen am meisten gefördert hat, ist „ihre Menschenfreundlichkeit gegen Fremde ... und ihr ... sittlicher Ernst"[44].

3. Das Mittelalter
(ca. 600 bis 1500)

Die Wirren der Völkerwanderung zerstören die alte „Reichskultur" und -ordnungen, bringen unendliches Elend über die Völker und Menschen. Zwar reißt der „Faden der Diakonie" auch in dieser Zeit nie völlig ab[45], aber sie verliert an Schubkraft und muß sich den neuen Gegebenheiten anpassen. Der Kirche wird viel von ihrem Besitz entrissen, die tatsächlichen Möglichkeiten der Hilfe werden geringer. Scharen von Bettlern und Armen bevölkern die Wege und Straßen. Die Zahlen der Heimat- und Obdachlosen wachsen ins Unübersehbare. Man richtet Häuser ein, um sie versorgen zu können – die sog. Matricula. Die Diakonie bleibt beim Bischof konzentriert. Da dieser neben den Mitteln der Kirche auch seine privaten Einkünfte verwaltet, liegen bei ihm die größten Möglichkeiten zur Hilfeleistung – und das scheint auch weitestgehend verwirklicht worden zu sein.

> „Er war der Fuß der Lahmen, das Auge der Blinden, der Vater der Waisen, der Tröster der Witwen", sagt Gregor von Tours (gest. etwa 593) über den Abt eines Klosters – und das darf man durchaus auf die Mehrzahl der Äbte und Bischöfe übertragen.[46]

Auf den Synoden hat die Armenfürsorge stets ihren festen Ort. Das 2. Konzil von Tours bestimmte im Jahre 567, daß „jede Diözese ihre armen und bedürftigen Einwohner mit Nahrungsmitteln zu versorgen hat, damit sie nicht in anderen Diözesen bettelnd umherziehen"[47].

Den Karolingern – und hier an erster Stelle Karl dem Großen (742–814) – fällt es zu, das zerfallene Reich der Franken und gegen den damit einhergehenden Zerfall die Kirche neu zu ordnen. Mit diesem Prozeß einer stabilisierenden Neuordnung, die sich an den Strukturen des Römischen Reiches orientiert, entstehen riesige Kirchen- bzw. Missionsgebiete. An ihrer Spitze steht jeweils ein Bischof, der nunmehr als „Gehilfe" des Königs erscheint, während dieser sich selbst als der von Gott bestellte Schutzherr aller Schwachen und Bedürftigen versteht. Innerhalb dieser Gebiete entstehen überschaubare Kirchspiele, Parochien. Dem hat sich das Diakoniewesen anzupassen. Karl der Große schärft nicht nur das Gebot der Nächstenliebe seinen Untertanen neu ein, hat dieses nicht nur immer wieder auf die jeweilige Notlage hin konkretisiert[48], hat nicht nur dafür gesorgt, daß im Rahmen des Möglichen der Kirche ihre geraubten Güter zurückgegeben wurden, sondern er hat vor allem die Auflage bekräftigt, den Zehnten an die Kirche zu zahlen und ihrer Arbeit damit eine solide Basis verschafft. Er hat das getan zugleich mit einer Neuregelung, die durch die neuen Umstände gefordert war: Dieser Zehnte ist nicht mehr an den Bischof, sondern an die jeweilige Parochie zu zahlen, und zwar mit der eindeutigen Zweckbestimmung, daß ein Drittel davon für Arme und Fremde verwendet wird.[49] Neben dem Priester hatten drei Gemeindeglieder als „Zeugen" darüber zu wachen, daß diese Bestimmung eingehalten und der Zweck tatsächlich auch erfüllt wurde. Zum erstenmal wird jetzt auch eine Steuer von den Vermögenden zugunsten der Armen erhoben.[50] Noch grundlegender aber war die von Karl getroffene Verfügung, daß jeder Grundherr für die von ihm abhängigen Menschen selbst zu sorgen hatte – und das vor allem in Notzeiten.[51]

> Aus den „freien Gaben der Liebe" wurde damit mehr und mehr ein „unfreiwillig ertragener Zwang", die alte Auffassung vom Kirchengut als „Armengut" trat zurück, andrerseits wurde gerade durch diese Maßnahmen Karls eine geregelte Versorgung der Bedürftigen sichergestellt.[52]

Die Armenfürsorge als „öffentliche" Aufgabe erfuhr auf diese Weise eine Neubelebung. Wenn sich dieses auch nicht durchsetzen konnte, so hat dieser Gedanke doch dafür gesorgt, daß die Fürsten des Mittelalters – so unterschiedlich sie dachten und handelten – sich „als Schützer und Hort der Witwen, Waisen und Fremdlinge haben zumindest ansprechen lassen"[53]. Vor allem aber hatte Karl durch seinen Neuansatz aus dem „Almosen" ein „Recht auf Hilfe" werden lassen, ein Grundgedanke, der stärker als alles Bisherige die „Würde" der Bedürftigen schützte, wenngleich er erst sehr viel später zum Tragen gekommen ist.[54]

Obgleich Träger der Caritas in einem überschaubaren Bereich, sind die Parochien den Notständen und Erfordernissen der Zeit nicht gewachsen. Zwangsläufig nehmen daher die Einrichtungen neben den Gemeinden zu. Allen anderen voran steht das „Hospital".

> Viele, wenngleich nicht alle Klöster hatten oder errichteten neben dem eigentlichen Klostergebäude und dem „Krankenhaus" für die Mönche selbst sowohl ein „Hospital" für Fremde als auch ein „Armenspital", in dem bedürftige Übernachtungs- und Dauergäste aufgenommen und beherbergt werden konnten. Finanziert wird das durch den dem Kloster entrichteten Zehnten.

Jede Neugründung eines Klosters – und es gibt deren viele – erweitert so das institutionelle Angebot diakonischer Hilfe.[55] Das gilt in besonderer Weise für die klösterliche Reformbewegung, die im 11. Jahrhundert vom Kloster Cluny ausgegangen ist. Vor allem die Zisterzienser eifern dem dort gegebenen Beispiel nach. Jetzt verlagert sich allmählich auch die Verantwortung für das diakonische Tun: Es hat seinen Mittelpunkt nicht mehr so sehr in der Bürger- und Christengemeinde, der Parochie, als vielmehr dort in den Klöstern.

> Über alles und jedes breitet sich gleichsam dieses „klösterliche Dach": Das Mönchswesen und der „Rückzug aus der Welt" wird zu einem allgemeinen Ideal; die Orden stellen in aller Regel Gebäude, Geld und Personal für die karitativen Dienste zur Verfügung. Vom Kloster gehen alle sozialen Initiativen aus, und hier werden sie verwirklicht.[56]

Grundlage ist und bleibt allerdings der einzelne, der – wie die Parochie – sich durch die karitative Arbeit der Klöster zwar entlastet, durch die allerorts herrschenden Nöte aber in Haus, Sippe und Nachbarschaft um so mehr gefordert weiß. „Öffentlich" tritt er diakonisch nur noch als Spender in Erscheinung, aber eben doch als solcher, der gibt, damit andere helfen und tätig werden können. Diese Haltung basiert damals weitgehend auf einer Frömmigkeit, die sich ausstreckt nach dem Jenseits, das nun wieder in den Vordergrund tritt und die Angst vor Fegefeuer und Hölle schürt. Mit Almosen und Spenden verschafft man sich mit Hilfe der Fürbitte der Kirche „Verdienste", die für den Himmel angerechnet werden. Die Nächstenliebe verkehrt sich zu einem bloßen „Mittel" der Selbstliebe und -rechtfertigung[57] und fördert darüber hinaus noch das Bettelunwesen, da der Bettler sich insofern um die Gläubigen verdient macht, als er es ist, der ihnen die Möglichkeit bietet, sich durch gute Werke Verdienste zu erwerben.

Die dann im Laufe der Zeit aufkommenden Spitale und Spitalorden (z. B. die Johanniter und später die Ritterorden und Franziskaner), meist zunächst als kirchliche Stiftungen gegründet, später oft als städtische ausgebaut und weitergeführt, verändern das Bild.

Findel- und Waisenhäuser, Entbindungs- und Pilgerheime, Spitäler für Pestkranke und Aussätzige entstehen. Und nicht nur diese Vielzahl und Vielfältigkeit diakonischer Einrichtungen führt zu dieser Veränderung, sondern vor allem: Die Laien treten aktiv auf den Plan. Waren bisher in den Klöstern Kleriker und Mönche die diakonischen Mitarbeiter, so geht die Ausschließlichkeit dieser Hierarchie nunmehr zu Ende. Ausgangspunkt für diese Entwicklung war, daß die Klöster mehr und mehr Laienbrüder hatten aufnehmen müssen, um ihren Aufgaben gerecht werden zu können. Diese wiederum, durch Horendienst und Klösterbräuche nicht so gebunden, waren freier als die Brüder und daher besonders für den karitativen Dienst geeignet. Das verstärkt sich durch die Verbindung von den Spital- mit den Ritterorden: diese Laien meinten nach der Eroberung der heiligen Stadt Jerusalem und des Heiligen Landes ihr „frommes Werk" nicht sinnvoller fortsetzen zu können als durch den Dienst in den zahlreich entstehenden Spitälern. Die Armen werden zu „Herren", denen jene zu dienen haben. Für Franz von Assisi (gest. 1226) sind sie „Brüder" und „Schwestern", denn er und die Seinen sehen sich nicht als „Geistliche", sondern als Laien und darum allen anderen gleich.

Die Laien finden ihren Platz in der Diakonie – und mit ihnen auch die Frauen. Hier leistet vor allen anderen der Deutschorden Pionierdienste, aber eben nicht nur er, sondern z. B. auch die Johanniter. Frauen werden in der Krankenpflege eingesetzt und treten damit „öffentlich", d. h. außerhalb des Hauses, aktiv tätig in Erscheinung. Da das erwachende Selbstbewußtsein der Laien zunächst weder in der Gesamtkirche noch in der Parochie eine Heimat und Betätigung findet, sammeln sich vom 12. Jahrhundert an zunehmend mehr Menschen in Gilden, Zünften, Bruderschaften und Korporationen. Das geschieht nicht nur in Verfolgung eines bestimmten Zweckes,

sondern die so gebildeten Vereinigungen binden die ganze Person
– religiös und wirtschaftlich, rechtlich und sozial – in ihr Zusammenleben ein – wie die Familie.[58]

> So verschiedenartig und viele sie sind (in Lübeck zählte man
> etwa siebzig, in Köln etwa achtzig, in Hamburg gar über
> hundert)[59], so verstehen diese Korporationen – darin radikal
> von heutigen „Vereinen" unterschieden – ihre Mitglieder als
> „Brüder" und „Schwestern", die mit dem geselligen und
> beruflichen Zusammenschluß zugleich den christlichen Lie-
> besdienst über den eigenen Mitgliederkreis hinaus verbinden,
> und so bezeichnen sich manche Gilden geradezu als
> „Gemeinden".[60]

Die aufblühende Städtekultur im 14. und 15. Jahrhundert gibt dann
der „bürgerlich-städtisch-obrigkeitlichen" Wohlfahrtspflege die
entscheidende Schubkraft. Sie produziert als ihre Kehrseite zuneh-
mendes Massenelend, Arbeits- und Obdachlosigkeit, Dirnen-, Ban-
den- und Bettelunwesen. Da weder die Kirche noch die genossen-
schaftlichen Vereinigungen in der Lage sind, diesen Herausforderungen wenigstens annähernd zu begegnen, müssen sich die
selbstbewußt gewordenen Kommunen – und hier vor allem die
Städte – ins Spiel bringen. Stück um Stück ziehen sie die Armenpflege an sich und gliedern sie in ihre Verwaltung ein. Mag manches
auch in diesem Gefüge hängen geblieben sein – und nicht zu Nutzen der Bedürftigen,[61] so schuf es doch die Grundlage für die sich
später entwickelnde organisierte Armenpflege, an die die Reformation anknüpfen konnte.

4. Die Reformation

Mit der Wiederentdeckung der „Glaubensgerechtigkeit" (Römer
5,1) befreit Luther – und mit ihm die anderen Reformatoren – „den
Nächstendienst völlig von aller Sorge um das eigene Heil und (löst)
die Verbindung mit dem Lohngedanken"[62]. Der Mensch, durch die
göttliche Gnade von sich selbst befreit, wird frei zum Dienst am
Nächsten.

> „Durch den Glauben wird der Mensch gerecht, lebendig und
> selig. Ihm ist auch nichts mehr not, denn solchen Glauben zu
> beweisen: Ja, wo der Glaube im Menschen ist, da ... bricht

(er) offen heraus, und alles, was er lebt, wirkt, tut, das richtet er zu des Nächsten Nutzen."[63]

Gegenüber dem „selbsterdachten" Gottesdienst des Mönchswesens, des Rückzuges aus der Welt und ihren irdischen Geschäften, stellt Luther – mit Paulus – den „vernünftigen" Gottesdienst (Römer 12,1 ff.) als den wahrhaften „Gottesdienst" heraus: die Bewährung des Christseins in den alltäglichen Bezügen von Haus, Familie, Beruf, Nachbarschaft, Volk und Staat. In diesem „Beruf" hat nicht nur die Tüchtigkeit, sondern vor allem „der brüderliche Geist zu seinem Recht zu kommen"[64].

In diesem logos-, d. h. christusgemäßen Gottesdienst (Römer 12,1 ff.) des Alltags „opfert" sich der Glaubende, indem er sich Gott und dem Nächsten hingibt. Daher bedarf er keines Priesters, der für ihn opfert, sondern jeder ist sein eigener Priester und unmittelbar zu Gott.[65] In der Gemeinde, die auf diese Weise für die Diakonie wieder tragend wird, wird der einzelne sich der „Bruderschaft aller Christen" bewußt, denn erst „das Miteinander im Helfen und Tragen, im gemeinsamen Einstehen im Gebet realisiert ... dieses allgemeine Priestertum"[66].

Durch die Reformation wird die karitative Tätigkeit zu einer wirklich „sozialen" Angelegenheit. „Anordnungen" werden aufgestellt – sei es als Teil der neuen Kirchenordnungen, sei es als besondere selbständige Vorschriften – etwa fünfzig an der Zahl.[67] Als Sammelbecken für allen Besitz, alle Pflicht- und freiwilligen Leistungen wird in den Gemeinden der „Gemeine Kasten" eingerichtet. Alle kirchlichen und diakonischen Aufwendungen sollen aus ihm bestritten werden. „Die Korrelation von Betteln und Almosen ist nicht mehr Privatangelegenheit zwischen einzelnen (und damit willkürlich und planlos), sondern eine soziale."[68]

> „Was mag unter uns Christen Glaubensloseres und Schändlicheres erfunden werden, als daß wir öffentlich dulden und zusehen sollen, daß die, die mit uns in einem Glauben und einer einzigen christlichen Gemeinschaft versammelt ... sind, Not, Armut, Mangel und Kummer leiden."[69]

Dabei läßt Luther das ethische Tun der Liebe nicht in einen „geistlichen" und einen „weltlichen" Teil zerlegen.[70] Bei der Verwaltung des Gemeinen Kastens soll zwar der Anstoß von der Kirche kommen, und sie soll in christlichem Geist geschehen, aber Rat und

Gemeinde, Obrigkeit und Kirche sollen dabei zusammenwirken. Die Kompetenzabgrenzungen für die Durchführung der diakonischen Aufgaben, also für die Armen- und Fremdenfürsorge, die Kranken-, Siechen-, Pest-, Waisen- und Findelhäuser, sind dementsprechend fließend. Eine Trennung von Bürger- und Christengemeinde ist Luther und dem Denken seiner Zeit in dieser Hinsicht fremd. Vom Staat fordert Luther nicht nur den Schutz seiner Bürger und eine gesicherte Rechtspflege, sondern auch die Sicherung der „gemeinen" Wohlfahrt, und er wird nicht müde, diese bei Räten und Fürsten anzumahnen. Hier werden von Luther Gedanken aufgenommen und weitergeführt, die im ganzen Mittelalter – zumindest latent – wirksam gewesen sind, allerdings erst Jahrhunderte später wirklich zum Durchbruch gelangen sollten.

Das Dargelegte verhindert Feststellungen wie die, daß durch Luther die Diakonie aus der Gemeinde „ausgewandert" sei. Gerade er fordert vom einzelnen wie von der christlichen Gemeinde die Wahrnehmung diakonischer Verantwortung.[71] Luther hat durchaus auch daran gedacht, in und für die Gemeinde ein eigenes diakonisches „Amt" zu schaffen, scheute davor allerdings – im Unterschied zu Calvin – zurück: „Wir haben ... nicht die Personen dazu, darum traue ich es mir nicht, bis unser Herrgott Christen mache ..."[72] So konzentriert sich alles auf das Predigtamt, und das Diakonische wird dem einzelnen und dem Gemeinen Kasten überlassen, wobei dieser allerdings eben durchaus als „gemeindliche" Sache galt. Wenn sich im Calvinismus die Entwicklung der Diakonie scheinbar „gemeindlicher" vollzogen hat, so hat das seinen Grund nicht so sehr darin, daß Calvin das Amt des Diakons neu entdeckte und installierte[73], als vielmehr darin, daß die Calvinisten zumeist in Gebieten unter einer katholischen „Herrschaft" lebten. Durch diese Situation „sub cruce" (unter dem Kreuz), die sie zu lediglich Geduldeten herabstufte, ergab sich notwendig eine stärkere Unterscheidung von Bürger- und Christengemeinde und damit zugleich, daß die Kirchengemeinde die Diakonie in die eigene Hand zu nehmen hatte.

Da im Calvinismus eine „festgeordnete Armenpflege" in den Kirchengemeinden verankert war und wuchs, er in der Wahrnehmung dieser Aufgabe auch ein besonderes „Vorrecht der Kirche" sah, hat er dementsprechend bis tief in das 19. Jahrhundert hinein darauf verzichtet, „auf den Staat und dessen Gesetzgebung im sozialen Sinne einzuwirken"[74]. Dagegen ist die „ethische Wirkung des Luthertums auf die Gesamthaltung der werdenden Territorialstaaten ... kaum hoch genug zu veranschlagen"[75].

5. Pietismus und Rationalismus
(ca. 1650 bis 1780)

Der Dreißigjährige Krieg riß die gesellschaftlichen Nöte auf wie kaum je zuvor auf deutschem Boden. Die niederen, jetzt total verarmten Bevölkerungsschichten werden wie in der Gesellschaft, so bis in die Kirche und ihre Gottesdienste hinein an den alleräußersten Rand gedrängt. Das allgemeine Elend erscheint so übergroß, daß man sich die „Canaille" tunlichst vom Halse zu halten sucht.[76] In dieser Situation einer innerlich wie äußerlich erstarrten Kirche, die im Evangelium vor allem eine „Lehre", im Pfarramt die alles entscheidende Mitte sah und das „Priestertum aller Gläubigen" daher verbannte, entstehen aktiv lebendige Kreise, die sich im „Pietismus" sammeln. In den folgenden Jahrzehnten zeigt die „Obrigkeit" durch den „aufgeklärten Rationalismus", der mehr und mehr das Bewußtsein erfaßte, ein anderes Gesicht. Staat und Herrscher leiten ihre Rechte nun nicht mehr von Gott, sondern – rein menschlich – aus dem sog. „Staatsvertrag" ab, mit dem das Volk die Staatsgewalt an den Herrscher abgetreten hat. Diese Auffassung schließt eine moralische und soziale Verantwortung des Herrschenden für das Volk ein. Friedrich II. erklärt sich mit scharfer Bestimmtheit zum „ersten Diener" seines Staates, seine Nachfolger und andere europäische Fürsten folgen ihm. Die Durchführung der „allgemeinen Schulpflicht" erschließt auch den Bauern den Einstieg in das kulturelle und gesellschaftliche Leben. Auf dem Hintergrund der beginnenden Industrialisierung und eines entsprechend aufblühenden Handels erstarkt das Bürgertum. Immer selbstbewußter werdend, fordert es die Teilnahme an der Regierung. Es verlangt sogar die Rückgabe der Macht an das Volk und setzt dieses in der Französischen Revolution durch. Damit sind allerdings nicht die Arbeiter gemeint. Im Gegenteil: Die wirtschaftliche und soziale Situation dieses neu entstandenen „vierten Standes" verschlechtert sich mehr und mehr. Es kommt zur „Proletarisierung" immer größer werdender Massen, und diese sind in der Gesellschaft tief unten und an deren äußerstem Rand angesiedelt.

In dieser Situation wird der Pietismus geboren. Er entfaltet eine Wirksamkeit, die weit über den eigenen Rahmen hinausreicht und im Laufe der Zeit sogar im Adel an Einfluß gewinnt. Philipp Jakob Spener (1635–1705) wird zum Bahnbrecher dieser neuen Frömmigkeitsbewegung. Er wie die vom „Geiste Christi erweckten" Gesinnungsgemeinschaften[77] erkennen und leben, daß der Glaube eine liebende Beziehung stiftet, die den ganzen Menschen erfaßt und verändert, und daß er daher nicht ohne dieser Liebe entsprechende „Früchte" sein kann. Da die sozialen Nöte übergroß geworden sind, treten – wie im Mittelalter – wieder diakonische Einrichtungen in den Mittelpunkt aller Hilfen, zumal Kirche und „Amts"träger alles tun, das pietistische „Konventikelunwesen" und seine Aktivitäten aus den Gemeinden herauszuhalten. Diese Kreise (Konventikel) gründen diakonische Einrichtungen, sammeln sich in ihnen und um sie herum, tragen, beten, kollektieren und spenden für sie. Sie sehen in diesen Anstalten „besondere Werke Gottes" und sind des Glaubens, daß nur der, der „hier mittat ... auch in seinem Glaubensleben für echt" gehalten werden konnte.[78] Spener fordert strikt und generell eine „andere Gemeinschaft der Güter" in Staat, Gesellschaft und Kirche. Sein Gutachten zur Bettelplage in Berlin, von Kurfürst Friedrich Wilhelm III. im Jahre 1693 erbeten, wird zur Grundlage einer staatlichen Sozialreform, um der Not abgedankter Soldaten, Witwen und Waisen gefallener Soldaten, Zuwanderer, Obdach- und Heimatloser, Prostituierter und Landstreicher Herr werden zu können.

August Hermann Francke (1663–1727), einer der vielen Schüler und ein Freund Speners, Professor in Halle, gründet dort ein Waisenhaus. Indem er dieses aus der bis dahin üblichen Verquickung mit dem Armen-, Arbeits- und Zuchthaus löst, wird er zum Begründer einer eigenständigen „Jugendhilfe". Er weitet das Schulwesen auch auf arme Kinder und Mädchen aus, sorgt für Hygiene in den von ihm unterhaltenen Einrichtungen, initiiert und fördert die Ausbildung von Lehrern. Dadurch, daß er sein evangelistisch-missionarisches Wollen mit pädagogischen Methoden und Zielen verbindet, wird er zum Bahnbrecher „einer neuen Epoche christlicher Diakonie"[79]. Seine umfassenden sozialreformerischen Pläne beziehen auch das Militärwesen, die Justiz und das Ganze der Volksgesundheit ein. Er schlägt Brücken z. B. nach Dänemark und England und durchbricht die Enge konfessioneller Grenzen. Francke erkannte auch, daß bei allem sozialen Bemühen die Opferfähigkeit der Bürger und Christen ihre Grenzen erreicht, und ist daher bestrebt „durch wirtschaftliche Unternehmen mit hohen Gewinnquoten die finanzielle Grundlage der Stiftungen zu sichern und auszubauen". Damit verkörpert er eine „neue Wirtschaftsgesinnung" in der Geschichte der Diakonie. Durch und mit ihm wird der deutsche Pietismus zum „Anfang des Sozialismus"[80].

Reichsgraf Nikolaus von Zinzendorf (1700–1760) löst in seiner Herrenhuter „Brüdergemeine" die landesherrliche „Obrigkeitskirche" ab. Der hierarchische Unterschied zwischen Theologen als „Amtsträger" und Laien wird abgeschafft. Die von Zinzendorf gegründete, synodal geleitete „Bruderkirche" sprengt die nationalen und konfessionellen Grenzen, indem sie überall dort tätig zu werden sich bemüht, „wo die Menschheit am ärgsten geschlagen und entwürdigt" wurde. So wurde die Brüdergemeine zum „Modell einer diakonisch handelnden Gemeinde, die Missionspflicht und Diakonie, Gemeindemäßigkeit und schlichte Bruderschaft verkörperte"[81]. Gewisse düstere und „gesetzliche" Züge hier, gewisse enthusiastische Züge dort, bei aller erklärten Offenheit nicht selten ein unangenehmer „Konventikelgeist" mit Tendenzen zur Ausgrenzung verhinderten, daß der Pietismus sich allgemein durchsetzen konnte. Aber er hat die in der Orthodoxie erstarrte Staatskirche gleichsam von innen her durchlöchert und mobilisiert, der „Lehre" Geist und Leben wiedergegeben, in Kirche, Gesellschaft und Staat ein neues soziales Bewußtsein geweckt und gefördert und den Staat eindringlich an seine Pflicht zur „gemeinen Wohlfahrt", den einzelnen an die der aktiv tätigen Nächstenliebe erinnert.

6. Die Vorgeschichte der „Inneren Mission" (ca. 1780 bis 1830)

Die Gründung der „Deutschen Christentumsgesellschaft" am 30. August 1780 kann man als Beginn der direkten Vorgeschichte der heutigen Diakonie bezeichnen. Gründer und Motor ist der Augsburger Senior D. Johann August Urlsperger, der auf Vorbilder vor allem in der Schweiz und England zurückgreift. Seiner „Gesellschaft" geht es um eine Erneuerung der Gemeinden und der Diakonie, zugleich um eine möglichst breite soziale Bewußtseinsbildung in allen Schichten der Bevölkerung, um das „durch Unglauben, Verarmung und Verelendung Bestehende energisch zu reformieren"[82]. Überall im Lande entstehen „Partikular"- bzw. „Provinzial"gesellschaften. Diese stehen – im Unterschied zum Pietismus – meist unter der Leitung vom Pastoren, will man doch durch die „Wortverkündigung" die Erweckung des einzelnen bewirken und dadurch das Ganze verändern.[83] Als erste „Berufsarbeiter" für die Innere Mission werden Kandidaten der Theologie angestellt. Neben die Pflege christlicher Gemeinschaft durch die „Gesellschaft", die Verbreitung erbaulicher Schriften widmet man sich der Erziehung verwaister, verarmter Kinder. Durch das „Rettungshaus" kommt auch die „anstaltliche" Form und damit das allgemeine Gebiet der Diakonie – über die Gemeinde hinaus – ins Blickfeld.[84]

> Pestalozzi (1746–1827), der Begründer der modernen Pädagogik, richtet 1799 in Burgdorf (Schweiz) eine Anstalt für verwahrloste Kinder ein; Oberlin (1740–1826), Pfarrer in Steinthal im Elsaß, nimmt sich mit Luise Scheppler vorschulpflichtiger Kinder an; Fröbel (1782–1852) legt mit der „frühkindlichen" Erziehung den Grundstein der Kindergartenarbeit.

Die „Erweckungsbewegung", die als Spätform des Pietismus vor allem in ländlichen Gebieten die „Stillen im Lande" sammelte, bewirkt einen weiteren Schub. Hier wird das „Diesseits" als „Wirkungsbereich des Gottesreiches, in dem Christus waltet, bis er wiederkommen wird, um alles zu verwandeln, was noch nicht verwandelt ist", entdeckt und nach Kräften versucht, dieses Diesseits bereits jetzt, vor allem durch eine intensive Arbeit an der Jugend, im Geiste Christi zu verändern.[85] Zugleich tritt mit der Bildung von „Frauenvereinen" zum erstenmal die Frau wieder im Bereich der Diakonie auf.

> Theodor Fliedner (1800–1864) gründet in Kaiserswerth neben einem Asyl für entlassene weibliche Häftlinge und einer Kleinkinderschule im Jahre 1836 die erste „Bildungsanstalt für evangelische Pflegerinnen". Amalie Sieveking war ihm in Hamburg damit bereits vorangegangen, indem sie sich 1831 nicht nur selbst für die Pflege der Cholerakranken

zur Verfügung stellte, sondern auch den „Verein für die Armen- und Krankenpflege" gründete.

Diese „Erneuerung des apostolischen Diakonissenamtes" – nicht zuletzt auch auf dem Hintergrund der Romantik – stellt etwas bahnbrechend Neues dar. Impulse der Reformation aufnehmend, öffnet es der Frau den Weg in die Öffentlichkeit und stülpte damit zugleich „das ganze Krankenhauswesen in Deutschland" um, indem erstmals – durch Fliedner – eine „echte" Krankenpflege durchgesetzt wurde, nämlich eine solche, die auf der Grundlage einer Ausbildung und professionell geschah.[86]

Fünfundzwanzig Jahre später gab es in Deutschland bereits 27 Diakonissenhausgründungen. Dadurch, daß Fliedner ein „Seminar für Kleinkinderlehrerinnen" bzw. für Volksschullehrerinnen entwickelte, erfuhr auch das gesamte Grundschulwesen eine grundlegende Neugestaltung.[87] Gegen die Vorstellungen seiner ersten Frau und Diakonissenvorsteherin verwirklichte er allerdings nicht eine „genossenschaftliche Selbstverwaltung der Schwestern" und nahm auch nicht die Idee auf, den Dienst der Diakonisse und den „weltlichen" Berufsweg der Frau in Pflege und Schule unter einem Dach zu vereinen.[88]

7. Die Geburt der „Inneren Mission" (ca. 1830 bis 1870)

Bahnbrecher der heutigen Diakonie ist Johann Hinrich Wichern (1808–1881), die wohl „größte Gestalt im deutschen Protestantismus des 19. Jahrhunderts"[89]. Was immer auch kritisch zu ihm angemerkt werden muß, sein Verdienst bleibt, „eine Gesamtschau der ganzen inneren und äußeren Situation seiner Zeit aus einem Guß herzustellen" und ein Programm nicht nur zu entwerfen, sondern auch weitestgehend durchzusetzen, das „ausbaufähig blieb und noch heute ... von einer überraschenden Aktualität ist"[90].

„Als „Kandidat der Theologie" gründete Wichern im Jahre 1833 mit dem „Rauhen Haus" in Hamburg das erste Haus für Jugendliche, das durch seine Pädagogik wegweisend geworden ist für das Jugendstrafrecht und den Jugendstrafvollzug in ganz Deutschland: Nicht um Bestrafung, sondern um

Gewinnung und Erziehung der Jugendlichen geht es vor allem dann, wenn sie straffällig geworden sind. Alle pädagogischen Bemühungen haben auf Vergebung und Vertrauen aufzubauen, leben aus der Freiheit, zu der uns Christus befreit hat, und der Bindung an ihn und den Nächsten.

Das Revolutionsjahr 1848 und der furchtbare Hungertyphus, der in Schlesien Bergarbeiter und Weber in Scharen dahinraffte, wurden zur „Geburtsstunde" der Inneren Mission. Bei dem „Gesamtdeutschen Kirchentag" in Wittenberg hielt Wichern am 22. September 1848 eine Rede, die alle Versammelten mitriß, die Folgezeit bestimmte und in die Geschichte eingegangen ist.

> „Das enthüllte Europa diktiert die Notwendigkeit der Inneren Mission ... Es tut eines not, daß die evangelische Kirche in ihrer Gesamtheit erkenne: Die Arbeit der Inneren Mission ist mein! Daß sie ein großes Siegel setze auf die Summe dieser Arbeit: die Liebe gehört mir wie der Glaube."[91]

„Der Ausgangspunkt alles Lebens und aller Gestaltung der Inneren Mission ist für uns die Kirche ... Zu ihr gehören wesentlich ihr Bekenntnis, ihre Ordnungen, ihre Ämter" – daran läßt Wichern auch nicht den geringsten Zweifel.[92] Gerade aber weil ihm das Amt der Predigt entscheidend wichtig ist, hält er ihm wie der Kirche insgesamt eindringlich ihr Versagen vor. Er arbeitet und rechnet nicht nur mit dem Amt, sondern zugleich mit der „Dienstwilligkeit der einzelnen gläubigen Christen, mit denen, die das Recht und die Pflicht des allgemeinen Priestertums aller Gläubigen ausübten". Auf diese setzte er, denn hier entdeckte er „eine Fülle charismatischer Begabungen". Ihre Wurzel haben diese gewiß in der Predigt des Evangeliums, aber sie wollen gerade darum – wie das von Wichern neu entdeckte Amt des Diakons – eigenständig neben dem Predigtamt stehen, mit diesem zusammenwirken, sich jedoch in freien Vereinigungen (Vereinen) mit freiwilligen Kräften, Dilettanten und Berufsarbeitern entfalten.[93]

> „Alle Anfänge der Inneren Mission weisen zurück auf das protestantische Bewußtsein des allgemeinen Priestertums aller Gläubigen ... Die evangelische Kirche umschließt jene große Zahl von geordneten Vereinen und Gesellschaften. Dadurch sind viele durch den Geist Gottes erweckten Gaben

(Charismen) an die Stelle gelangt, wo sie in dem freiwillig gemeinem Nutzen entfalten können ... Charisma und Amt sind auf diesem Wege zusammengetroffen."[94]

Der Dienst für Volk, Staat und Kirche gehören für Wichern unlösbar zusammen. Vom Staat erwartet er durch umfassende Reformen in der Arbeits-, Wirtschafts- und Sozialpolitik, die Massennöte der Zeit endlich energisch anzugehen, und setzt sich – nachdem er selbst entsprechende Inspektionsreisen durchgeführt hat – für eine grundlegende Gefängnisreform ein (die allerdings nicht zuletzt am Widerstand auch der bürgerlich-liberalen Parteien scheiterte). Nach seinem Ausscheiden aus dem Staatsdienst reist er unermüdlich umher und versucht durch Wort und Schrift für Sozialreformen und Diakonie zu werben. Er tut dieses im Auftrag des von ihm gegründeten „Central-Ausschusses für Innere Mission", der fortan für die Geschicke der Inneren Mission eine entscheidende Rolle spielen wird. Im Namen des „Reiches Gottes" ruft Wichern auf gegen das „Weltreich der Sünde" und den „atheistischen Aufstand aus der Tiefe" (die Revolution und die sie tragenden Kräfte) – ein Kampf, der in der Gegenwart seinen Höhepunkt erreicht hat und daher jetzt entschieden werden muß.[95]

Der „Centralausschuß" (CA) sollte mit seinen regionalen Vertretern und Vereinen zum Sammelpunkt aller diakonischen Aktivitäten werden. Bei seiner Arbeit stützte er sich auf einen Stiftungsfonds. Mußte er sich auch gegen allzu enge konfessionalistische Vertreter – vor allem aus dem Luthertum – mühsam behaupten, da diese um das Bekenntnis fürchteten, so waren es gleichzeitig doch oft auch gerade solche, die die Arbeit der Inneren Mission unterstützen. Bewußt lutherische Amtsträger wie Wilhelm Löhe in Bayern und Abt Gerhard Uhlhorn in Hannover standen dabei in vorderster Front. Allerdings gelang es Wichern nicht, in der ganzen Kirche und allen ihren Gemeinden den diakonischen Gedanken durchzusetzen und die Diakonie in einem neuen, eigenständigem diakonischem Amt neben dem Predigtamt sichtbar zu machen.[96]

Ein Name sei noch erwähnt, obwohl auch viele andere es verdienten: Pastor Friedrich von Bodelschwingh. Mit der Gründung der

Diakonenanstalt „Nazareth" und der des Diakonissenmutterhauses „Sarepta" verwandelte er die Stadt „Bethel" – die „Gottesstadt der Barmherzigkeit" – in eine echte Diakoniegemeinde, in der Gesunde und Kranke, Pflegende und Gepflegte, „Brüder von der Landstraße" und Behinderte neben Diakonissen und Diakonen mit ihren Familien als eine Gemeinde zusammenlebten, arbeiteten, gemeinsam ihre Gottesdienste in der „Zionskirche" feierten und die Kräfte zur Selbsthilfe und zum Dienst am Nächsten weckten und förderten.

8. Bismarckzeit und Kaiserreich (ca. 1870 bis 1918)

„Daß der Staat ... sich in höherem Maße als bisher seiner hilfsbe-dürftigen Mitglieder annehme, ist nicht nur eine Pflicht der Huma-nität und des Christentums, sondern auch eine Aufgabe staatserhal-tender Politik." Es handelt sich dabei nicht „um etwas ganz Neues, sondern nur um eine Weiterentwicklung der aus der christlichen Gesittung erwachsenen modernen Staatsidee, nach welcher der Staat neben der defensiven, auf den Schutz bestehender Rechte abzielen-den, auch die Aufgabe obliegt durch zweckmäßige Einrichtung und durch Verwendung zur Verfügung stehender Mittel der Gesamtheit, das Wohlergehen aller seiner Mitglieder, und namentlich der schwa-chen und hilflosen, positiv zu fördern", so Fürst Bismarck in seiner Rede zur Einführung der Sozialreform am 8. März 1881.[97] 1883 wird die Krankenversicherung, 1884 die Unfallversicherung, 1889 die Invaliditäts- und Altersversicherung eingeführt. Die Stunde des Sozialstaates hat geschlagen. Seine Wurzel ist klar benannt: die „christliche Gesittung". Sein Motiv ist nicht verschwiegen: Patriar-chalisch weiß man sich den Untertanen verpflichtet, die, sollen sie „Untertanen" bleiben, befriedet werden müssen. „Staatserhaltend" wird diese Politik genannt – das richtet sich gegen alles, was nach „Revolution" riecht, wie es sich in Arbeiterbewegung und Sozial-demokratie zusammenzuballen scheint.

Ausgerechnet in diesem Zeitraum bleibt der Centralausschuß der Inneren Mission eigentümlich farblos, taktiert zwischen der Kirche und dem Staat und den Strömungen in den eigenen Reihen hin und her. So ist die eigene Sache der „Inneren Mission" plötzlich nicht mehr „die", sondern nur noch „eine" Lebensäußerung der Kirche.[98] Die Konturen, eben noch deutlich, werden schwach. Ungeachtet dessen, faßt der diakonische Gedanke in den Landeskirchen und auch in den Gemeinden mehr und mehr Fuß. Überall sammeln sich Gemeindeglieder. Einrichtungen in großer Zahl und Vielfalt werden gegründet, um die sich „die beweglichsten, die opferbereiten und die ernsten Kreise innerhalb der Landeskirchen" sammelten und sie trugen. Sie bildeten die „Vorhut" in einem „oft beschämend mittel-mäßigen Kirchentum mit seinen fehlenden großen Impulsen"[99]. Gerade davon aber lebt ein Kirchentum – damals wie heute. Diese Kreise, einzelne herausragende Persönlichkeiten und Einzelakti-vitäten sind es, die das Werk der Diakonie vorantreiben. Die „Frau-enfrage" wird verstärkt und neu aufgegriffen.

> 1886 gibt es in Deutschland 57 Mutterhäuser mit über 6.300 Schwestern auf mehr als 2.000 Arbeitsplätzen. Der Bedarf aber ist weit größer, jedoch die Bereitschaft, Diakonisse zu werden, die Gelübde abzulegen, weit geringer. Viele Frauen wollen zwar durchaus einen diakonischen Dienst tun und drängen in die Öffentlichkeit, aber sie möchten ihn tun in einer „bürgerlich-demokratisch organisierten Gemeinschaft" und nicht in einer „militärischen", wie sie das Mutterhaus darzustellen scheint. Diakonie ist – das setzt sich mehr und mehr durch – nicht nur freiwilliger Liebesdienst, sondern auch eine „amtliche" Tätigkeit, nicht nur „Samariterdienst", sondern ein solcher, den die Gemeinde durch von ihr beru-fene Organe und Personen an ihren notleidenden Gliedern wahrnimmt. Sie ist demnach „Berufsarbeit" und sollte daher entsprechend auch finanziell entlohnt werden.[100]

Professor Friedrich Zimmer und Anna Magarete van Dolden grün-den 1894 in Elberfeld den „Verein zur Sicherstellung von Dienst-leistungen der evangelischen Diakonie" (Evangelischer Diakonie-verein) – und damit die erste nicht missionarisch oder bekenntnis-gebundene, sondern rein fachlich geprägte Krankenpflegeschule für junge Mädchen.[101]

> Der „Evangelische Verband für die weibliche Jugend Deutschlands" (Burckhardthaus Berlin), der „Deutsche Evangelische Frauenbund" und die 1899 gegründete „Frau-enhilfe" sammeln in ihren Untergliederungen Hunderttau-sende von Frauen, die im Bereich der Inneren Mission und

der – meist kommunalen – Wohlfahrt Dienst tun und ihre soziale Mitverantwortung öffentlich wahrnehmen.

Die „Brüderhäuser" für Diakone nehmen zu und entfalten eine rege Aktivität. Die Ausbildung wird theoretisch und praktisch fundiert und profiliert. Fünfzig verschiedene Spezialberufe in Kirche, Innerer Mission und Staat stehen den „Brüdern" offen und werden von ihnen wahrgenommen. Siebenunddreißig Fachverbände sammeln sich in der Inneren Mission und lassen die Vielfalt und Fülle diakonischer Arbeit erkennen. Zugleich tragen sie – wie die Innere Mission insgesamt – dazu bei, daß sich das Bild der Kirche in der Öffentlichkeit verändert und an Konturen gewinnt. Hand in Hand damit geht allerdings die Gefahr, daß in der Inneren Mission die „innere" Entwicklung mit dem gewaltigen äußeren Ausbau nicht Schritt halten kann. Der Centralausschuß vergrößert seine Distanz zur Evangelisationsbewegung bis hin zur Ablehnung. Stimmen werden laut, die fordern, „sich von der einseitigen karitativen Arbeit wieder zur missionarischen Gestaltung aller Dienste durch eine lebendige und evangelistische Wortverkündigung hinzuwenden"[102], Stimmen, die fortan den Weg der Diakonie – notwendigerweise – begleiten werden. Fatal aber war und blieb die völlige Ablehnung der Arbeiterbewegung und der Sozialdemokratie. Auch die Innere Mission blieb in ihrem eigenen bürgerlichen Milieu gefangen. Seltene Ausnahmen waren die Stimmen, die darauf aufmerksam machten, daß die Arbeiterorganisationen „eine für unsere Wirtschaft notwendige und für unsere Kultur bedeutungsvolle Erscheinung darstellen"[103]. Insgesamt ist man dem nationalprotestantischem Gedankengut verhaftet und träumt – mehr rück- als vorwärts gewandt – den Traum von einer „christlichen Durchdringung" von Gesellschaft und Staat und mißt alle Maßnahmen daran, ob sie diesem Ziele dienen oder es behindern.

Adolf Stoecker (1835–1909), langjähriger Hofprediger in Berlin, fordert, um die Massen der Arbeiter wieder in die Kirche zurückzuholen, die „staatsfreie" Volkskirche. Als königlicher Hofprediger steigt er mit der Gründung einer eigenen „Christlich-sozialen Arbeiterpartei" (aus der später die bürgerliche „Christlich-soziale Partei" hervorgeht) selbst in die politische Arena. Er will den „sozialdemokratischen Stier" bei den Hörnern fassen und hält ihm entgegen: „Wollen Sie als Arbeiterpartei wirklich eine geschichtliche Bedeutung gewinnen, dann dürfen Sie das Edelste, was bisher in der Brust des Menschen gelebt hat, die Liebe zu Gott und die Liebe zum Vaterland, nicht totschlagen."[104] Angesichts der Ballung der Menschen in den Städten und ihren aus dem Boden schießenden Vororten und dem sich hier ausbreitendem Elend, das die kirchlichen Parochien hoffnungslos überforderte, entwickelt Stoecker neue Wege der Einzelseelsorge. Als Leiter der übergemeindlich organisierten „Berliner Stadtmission" macht er mit seinen Stadtmissionaren Hausbesuche, eine bis dato praktisch dem Pfarramt vorbehaltene Domäne. Stoecker erkannte, was Besuch und Einzelseelsorge angesichts fortschreitender Anonymisierung und Isolierung für den Menschen und für die Sache der Kirche bedeuten, hatte doch selbst die sozialdemokratische Presse festgestellt, daß die fortschreitende Entkirchlichung der Hauptstadt nichts anderes sei als die „Quittung, die das Volk von Berlin für versäumte Seelsorge" ausstellt.[105] Engagiert nimmt er sich der Armenpflege, der Fürsorge für entlassene Strafgefangene, der Kleinkinderschulen, Nähstuben, Wärmehallen, der Männer-, Frauen-, Jünglings- und Jungfrauenvereine an, ist unermüdlich und überall tätig. Angesichts überforderter, weil der Situation nicht mehr ausreichend gemäßer kirchlicher Strukturen, versucht er neue zu schaffen und sie mit Leben zu füllen.

Der von ihm in Wort und Schrift allerdings verbreitete – wenn auch differenzierende – Antisemitismus gegen jenes „Reformjudentum", das die Vormacht an der Börse behauptete und einen „zersetzenden" Unglauben propagierte[106], zeigt seine Befangenheit im bürgerlichen Denken der Wilhelminischen Zeit. Friedrich Naumann (1860 – 1919), seit 1907 freigeistiger liberaler Abgeordneter im Reichstag, war zwar gewiß ein „Mann des Fortschritts", gleichwohl aber tief in einem „ethischen Christentum" verwurzelt und – darin Stocker verwandt – ein echter Vertreter des „deutschen Kulturprotestantismus". „Die erste große Häresie der evangelischen Kirche", nämlich die Million sozialdemokratisch wählender Arbeiter, wollte er für das Christentum wiedergewinnen. Demgegenüber sollte der Staat – seiner Verantwortung gemäß – die gesamte Wohlfahrtspflege in die eigene Hand nehmen, tatsächlich ein „sozialer" Staat werden, in dem die Innere Mission sich stillschweigend auflösen könnte.[107]

Die entsetzlichen Notstände des Ersten Weltkrieges bringen im Jahre 1916 der Inneren Mission die Gründung der „Konferenz Deutscher Evangelischer Arbeitsorganisationen" (KDEAO), ein Versuch, den deutschen Verbandsprotestantismus zu vereinen und durch Straffung effektiver zu machen. Seine Strukturen entsprechen bereits seit langem nicht mehr den Erfordernissen von innen und außen. Auch dieser Versuch allerdings blieb dahinter zurück. Ausgestattet mit einem nicht ausreichenden Etat, ohne tatsächliche Einwirkungsmöglichkeiten auf seine Mitglieder, war die „Konferenz" von vornherein nicht imstande, die in sie gesetzten Hoffnungen zu erfüllen und auf die aktuellen Herausforderungen angemessen zu reagieren, geschweige denn mit „einer Stimme" zu sprechen.

9. Die Zeit der Weimarer Republik (1918 bis 1933)

Als Staat übernahm die Weimarer Republik die soziale Gesamtverantwortung. Im Bereich der lokalen Fürsorge und Wohlfahrtspflege wurde der Staat zu „einer zentralen regulierenden und finanzierenden Instanz".[108] Auf dem Hintergrund des verlorenen Krieges und des Zusammenbruchs des Kaiserreichs, innerer politischer und gesellschaftlicher Verwerfungen, Massenarbeitslosigkeit, Verwahrlosung und Inflation wurde der entscheidende Schritt zum Sozialstaat getan und trotz mannigfacher Widerstände durchgesetzt. Das typisch deutsche System der „dualen Wohlfahrtspflege" entstand. Der Gestaltungsspielraum kommunaler Selbstverwaltung und der Länder in diesen Bereichen wurde eingeschränkt, das Verhältnis zwischen „öffentlichen" und „freien" Trägern der Wohlfahrt geordnet und auf eine neue Grundlage gestellt. Das Jugendwohlfahrtsgesetz (RJWG) von 1922 und die Reichsverordnung über die Fürsorgepflicht (RFV) von 1924 gaben dem Ausdruck und sicherten diese Zusammenarbeit rechtlich wie finanziell.[109]

In der RFV werden die Verbände und Einrichtungen der freien Wohlfahrtspflege – und damit auch die Innere Mission – zum erstenmal erwähnt und in die Erbringung öffentlicher Aufgaben im sozialen Bereich einbezogen.[110] Öffentliche Fürsorgeverbände sollen eigene Einrichtungen nicht schaffen, wenn „geeignete Einrichtungen der freien Wohlfahrtspflege ausreichend vorhanden sind". Das RJWG legt zum erstenmal „die Zusammenarbeit zwischen öffentlichen und privaten Trägern in der Jugendfürsorge und -pflege fest".[111]

Gegen alle Kommunalisierungs- und Entkonfessionalisierungstendenzen hatte sich das – der katholische Soziallehre entlehnte – „Subsidiaritätsprinzip" durchgesetzt, die freie Wohlfahrtspflege erfuhr nicht nur eine gesetzliche Anerkennung, sondern auch entsprechende staatliche Garantien.[112] Die Innere Mission nahm angesichts der enormen sozialen Herausforderungen die damit gegebenen Möglichkeiten wahr. Zwar gehen die Spenden zurück (Inflation, Arbeitslosigkeit), aber die Opferbereitschaft der Gemeinden und Freundeskreise ist groß. Diese und die regelmäßigen öffentlichen Zuwendungen ermöglichen es ihr, die durch den Krieg und seine Folgen entstandenen Schäden nicht nur auszugleichen, sondern auch ein dichtes Netzwerk diakonischer Einrichtungen in den Ländern aufzubauen. Überall entstehen Jugend- und Wohlfahrtsdienste, wenn es auch nicht gelang, mit solchen Einrichtungen in den Gemeinden und Kirchenkreisen Fuß zu fassen und sie entsprechend zu verwurzeln.[113]

Bei alledem ist allerdings nicht zu verkennen, daß das Subsidiaritätsprinzip bei der ministeriellen Durchsetzung in dieser Zeit eine besondere Auslegung erfuhr: Es band die freie Wohlfahrtspflege in die Entwicklung, Formulierung und Verwirklichung der staatlichen Sozialpolitik ein, beschränkte damit – unbeschadet der Garantierung ihrer völligen Freiheit und Unabhängigkeit – in gewisser Weise ihren eigenen Spielraum, zielte allerdings zugleich auf die staatliche Förderung der freien Verbände und stützte rechtlich wie finanziell den Auf- und Ausbau ihrer sozialen Einrichtungen.[114]

Dieser rasanten Entwicklung mußte die Struktur der Inneren Mission endlich angepaßt werden. Nachdem bereits zwei Jahre vorher mit dem Aufbau einer „Zentrale" in Berlin mit mehreren Fachreferenten „der Beginn einer neuen Entwicklung der Inneren Mission" als Verband markiert worden war[115], erfolgte im Jahre 1920 in Breslau die Konstituierung des Centralverbandes, in dessen Centralausschuß nunmehr auch – längst überfällig – die Fach- und Landesverbände der Inneren Mission vertreten sind. Damit ist ein entscheidender Schritt getan, um die Basis zu verstärken, horizontale und vertikale Strukturen zu verzahnen und auf diesem Wege besser zu einheitlichem Vorgehen zu kommen und mit einer Zunge gegenüber Staat und Gesellschaft sprechen zu können.

Zwei Jahre später – im Jahre 1924 – konstituiert sich die „Vereinigung der freien gemeinnützigen Wohlfahrtseinrichtungen Deutschlands" bzw. die „Deutsche Liga der Freien Wohlfahrtspflege" sowie die Gründung der „Hilfskasse Gemeinnütziger Wohlfahrtseinrichtungen Deutschlands". Damit haben sich die freien Wohlfahrtsverbände ein gemeinsames Dach und ein Instrument geschaffen, um gemeinsam ihre und die Interessen ihrer Klienten vertreten zu können.

> Die gewaltige Expansion in der Wohlfahrtspflege war wie den anderen Verbänden, so vor allem der Inneren Mission nur möglich durch die sozialstaatliche Ausrichtung, die ihr entsprechende Gesetzgebung und Finanzierung der Weimarer Republik. Was hier durch diese initiiert und verwirklicht worden ist, kann kaum hoch genug veranschlagt werden. Dennoch blieb die Innere Mission dem nationalprotestantischem Gedankengut der Vergangenheit verhaftet und verharrte daher immer in einer gewissen Distanz zu eben diesem „System", dem sie so viel verdankte.[116]

Nicht nur im Lande selbst schloß man sich stärker zusammen. Der Schritt über die Grenzen wurde getan. Bereits im Jahre 1924 – sechs Jahre nach dem Krieg – kam es zu der ersten Kontinentalen Konferenz für Innere Mission und Diakonie in München. Aus dieser ging der „Kontinentale Verband für Innere Mission und Diakonie" hervor, dem Vertreter aus Schweden, Holland, Finnland, Österreich, Ungarn, Estland, Lettland, der Schweiz, Polen und der Tschechoslowakei beitraten – ein gewaltiger Schritt nach den nationalen Verwerfungen der Kriegs- und Nachkriegszeit.

Die Weltwirtschaftskrise Ende der zwanziger Jahre läßt den Sozialstaat von Weimar in seinen Grundfesten erbeben. Sie zwingt ihn zu drastischen Sparmaßnahmen. Dadurch erfährt wie die ganze Wohlfahrtspflege so auch die Innere Mission gewaltige Rückschläge. Das Ende der Weimarer Republik sieht sie in einer großen äußeren wie inneren Krise.

Ein „Lagebericht der Inneren Mission" von 1931 sagt, daß die „Tätigkeit" schneller zu wachsen drohte als die „Liebe", die Finanzpolitik des Centralausschusses derart im Vordergrund gestanden habe, „daß darüber die zentrale Aufgabe der inneren Wegweisung, die Herausstellung der großen geistigen Linie, der Sinnerfüllung des karitativen und der Hebung des missionarischen Willens in den Hintergrund gedrängt wurde"[117].

Diese Krise kulminiert in dem sog. Devaheim-Zusammenbruch. Wohnungsnot und Wohnungsfrage waren von der Inneren Mission und ihrer Spitze – sachgemäß und zutreffend – „immer wieder als Quelle und Ursache, als Vertiefung und Verschärfung weiterer Notstände" erkannt worden. Das hatte zur Gründung der „Deutschen Evangelischen Heimstättengesellschaft m.b.H." geführt. 1931 mußte diese den Konkurs anmelden. Der Geschäftsführer und ein Mitglied des Centralausschusses wanderten ins Gefängnis, fast sämtliche Abteilungsleiter im Centralausschuß, denen man allerdings nur „Arglosigkeit" vorwerfen konnte, schieden aus.

In der Begründung des Urteils hieß es: „An dem beklagenswerten Zusammenbruch und der damit verbundenen Schädigung vieler Existenzen hat die Kirche oder eine der kirchlichen Organisationen keine Schuld. Das, was bei den ganzen Vorkommnissen vielleicht eine zu große, nachträglich zu bedauernde Rolle gespielt hat, ist eine Eigenschaft, die nicht nur bei der Evangelischen Kirche, sondern bei allen kirchlichen Organisationen vorhanden sein soll: Menschenliebe und Vertrauen."[118] Das änderte freilich nichts daran, daß die Innere Mission als „Unternehmer" sich übernommen hatte und gescheitert war – eine Erfahrung, die bis in die heutige Gegenwart ihre Nachwirkungen zeigt.

Mindestens zwei Folgen hatte diese Katastrophe:
1. Die organisatorische Notbesetzung des Centralausschusses – zu mehr langte es in dieser Situation nicht – lähmte die Spitze der

Inneren Mission nicht nur in diesen, sondern auch in den Folge-
jahren in geradezu verhängnisvoller Weise.

2. Kirche und Innere Mission kamen sich in dieser Notsituation
einen entscheidenden Schritt näher. Die Kirche sprang mit ihrem
Geld in die entstandene Bresche. Das ermöglichte der Inneren
Mission, die vielen Sparer, die sich durch ihre Einlagen an der
Gesellschaft beteiligt hatten, zu befriedigen und eine gewisse
Schadensbegrenzung zu erreichen. Vor allem aber auch: „Diese
Tat (der Kirche) und das dadurch geförderte Vertrauen schuf eine
gute Grundlage für eine Zusammenarbeit in den nun folgenden
schicksalhaften Jahren."[119]

10. Das „Dritte Reich"
(1933 bis 1945)

„Die nationalsozialistische ‚Machtergreifung' fiel in die Zeit
der wohl schwersten Krise, in die die Innere Mission seit den
Tagen Johann Hinrich Wicherns im Jahre 1848 geraten war.
Im Tiefsten kann diese Krise als das Mißverhältnis zwischen
dem äußeren organisatorischen Ausbau der Inneren Mission
zu einem modernen Wohlfahrtsverband von weltweit einma-
liger Größe und Vielfalt und ihrer kaum entwickelten theo-
logisch-ethischen Qualifikation, kaum vorhandenen inter-
disziplinären Arbeitskapazitäten und ihrer geistlichen
Schwäche gesehen werden."[120]

Diese Krise hat – rückschauend betrachtet – ihre Wurzeln bereits im
19. Jahrhundert, in dem die Innere Mission sich zwar als soziale
Avantgarde erwies, andererseits aber „politischen Leitbildern"
folgte, die eher in die Vergangenheit als in die Zukunft wiesen.[121]
Auch jetzt behält die Innere Mission ihren bereits in der Weimarer
Zeit praktizierten „funktionellen Pragmatismus" bei, innerhalb des
Centralausschusses aber – und erst recht außerhalb desselben – plä-
dieren starke Kräfte „offensiv für einen Kurswechsel im Sinne des
Nationalsozialismus"[122]. Hier hängt man nach wie vor der Vorstellung eines Auf- und Ausbaus „einer christlichen Gesellschaft" an
und mißt alle staatlichen Maßnahmen und Äußerungen daran, ob sie
dieses Ziel befördern oder behindern. Galt Weimar mit seiner erklärt
„weltanschaulichen Neutralität" als „sozialistisch" beherrscht, so

scheint demgegenüber Punkt 24 des Parteiprogramms der NSDAP, nach dem die Partei für „ein positives Christentum" eintritt, dem angestrebten Ziel besser zu entsprechen. Erst als sich dieses als haltlose Illusion erweist, weicht die anfängliche zum Teil begeisterte Zustimmung einer nüchternen, kritischeren Betrachtungsweise.[123] Im Zuge der sog. „Entkonfessionalisierung des öffentlichen Lebens" werden der Inneren Mission praktisch alle Ausbildungsstätten, Kindergärten, Kindergärtnerinnenseminare und Krankenhäuser aus der Hand genommen. Von den öffentlichen Sammlungen wird sie ausgeschlossen. Anstalten und Einrichtungen werden durch staatliche Gewaltakte enteignet. Geschah letzteres insgesamt gesehen auch nur in Einzelfällen, da es den Nationalsozialisten zunächst (noch) an geeigneten Menschen und an Kraft fehlte[124], so war jetzt der Totalitätsanspruch der Partei und dieses Staates doch unübersehbar geworden. Zu einem offenen Kampf aber kommt es nicht. Auf allzu vielfältige Weise war die Innere Mission und ihre Einrichtungen – weit mehr als die Landeskirchen und ihre Gemeinden – naturgemäß in und mit der Politik verflochten, mit den öffentlichen Fürsorgeämtern verbunden und auf diese angewiesen wie – umgekehrt – auch diese letztlich (noch) nicht auf die Dienste der Inneren Mission und ihrer Einrichtungen und Mitarbeiter verzichten konnten. Das gilt selbst für die von der Nationalsozialistischen Volkswohlfahrt (NSV) selbst beanspruchten Gebiete der Familien-, Gesundheits- und Jugendfürsorge.[125] Die Haltung der Inneren Mission und des Centralausschusses in dieser Zeit wird man zutreffend mit dem Stichwort „Anpassungsbereitschaft" bezeichnen müssen. Sie bewegt sich zwischen „geschmeidiger Anpassung und gelegentlicher Widersetzlichkeit" hin und her und versucht, eine „sachbezogene flexible Linie" innezuhalten.[126] Ein Grundkonzept und eine Grundlinie sind nicht erkennbar.

Dieses herauszustellen, fordert zugleich den ausdrücklichen Hinweis, daß es hier um das Bild geht, das die Innere Mission als Ganzes in diesen Jahren bietet. Es ist geprägt durch eine tiefgreifende geistig-theologische Unsicherheit. Dieses Bild, freilich, darf nicht vergessen lassen, welch unterschiedliche Motive hier wirksam waren, die alle aber eben doch sich dem Auftrag der Diakonie verpflichtet wußten und ihm je auf ihre Weise nachzukommen suchten. Je mehr die Zeit voranschreitet und damit Distanz wachsen läßt, desto detaillierter und vielschichtiger wird sich das Bild darstellen. Daß allerdings insgesamt eine theologisch-geistliche Durchformung der Motive diakonischen Handelns fehlte und dies zu teilweise furchtbaren Fehldeutungen und -handlungen geführt hat, wird die Geschichte von Diakonie und Kirche weiter belasten.

Bei dieser Schwäche und Unsicherheit in der „Spitze" sind daher die einzelnen Einrichtungen gezwungen, ausgerechnet in einer solchen Ausnahmesituation ihren eigenen Standort und Weg zu finden. Dieser hing entscheidend ab von der Persönlichkeit des jeweiligen Leiters und der örtlich gegebenen Situation, von den Umständen und den agierenden Personen auf „der anderen Seite". Zeitzeugenberichte lassen deutlich werden, wie tief die inneren Konflikte und die Auseinandersetzungen in Einrichtungen gewesen sind, wie „machtlos" man sich fühlte, versuchte, wenigstens „das Schlimmste" zu verhüten und ihm doch nicht entschieden genug entgegentrat.

Erschütternd deutlich wird das im Rahmen des sog. „Euthanasieprogramms". Mit diesem Programm, „unheilbar Kranken" den „Gnadentod" zu geben, werden Tausende von Menschen umgebracht – auch solche, die sich Heimen der Inneren Mission anvertraut und sich auf deren christlichen Geist und Schutz verlassen hatten. Als „lebensunwerte", „schädliche" und „nutzlose" Kreaturen werden sie vom Staat angesehen und die Innere Mission läßt sich darauf – wider besseres Wissen und Wollen – ein, um „möglichst viele" noch retten zu können.[127] Begonnen hatte diese Entwicklung allerdings ansatzweise bereits in den zwanziger Jahren,[128] als sich die Innere Mission mehr und mehr in den Sog sowohl der Gesetze der „Rationalisierung" und der Sparprogramme der Regierung, als auch des Gedankens einer „differenzierenden Fürsorge", des „Nützlichkeitsprinzips" und der „eugenischen Gesamtkonzepte" hatte hineinziehen lassen.[129] Dieses gilt auch für die zwangsweise durchgeführte Sterilisation, der man seitens der Inneren Mission bereits 1931 unter bestimmten Bedingungen zugestimmt hatte sowie für die Mitwirkung an zwangsweisen Schwangerschaftsabbrüchen aus eugenischer Indikation. Zwar gelang es dem Leiter der Betheler Anstalten, Pastor Fritz von Bodelschwingh, durch persönliches

Ringen mit dem damaligen Leibarzt Hitlers, Dr. Brandt, im Jahre 1940 den Abbruch dieser „planwirtschaftlichen Maßnahme" zu erreichen, aber dieser selbst bekannte im Nürnberger Kriegsverbrecherprozeß von 1945, daß Bodelschwingh der einzige gewesen sei, „der ihm in dieser Weise entgegengetreten" wäre.[130] Andere Proteste hat es auch in anderen Einrichtungen der Inneren Mission gegeben,[131] aber all das vermag nicht – bei aller Würdigung und Respektierung des und der einzelnen – über die „faktische Handlungsunfähigkeit des Protestantismus"[132] und darüber hinwegzutäuschen, „daß hier Menschen und zumal Christen das Undenkbare dachten und Ausnahmesituationen konstruierten, in denen ihnen das Unfaßbare vertretbar und somit machbar erschien"[133]. Das geschah, obwohl nicht nur die äußere Situation und Bedrohung, sondern auch das theologische Nachdenken – z. B. die Theologie Dietrich Bonhoeffers – Kirche und Innere Mission, Innere Mission und Kirche immer mehr zusammengeführt hatte.

> Im Jahre 1934 hatte sich die Innere mit der Äußeren Mission zur „Arbeitsgemeinschaft der missionarischen und diakonischen Verbände und Werke der Deutschen Evangelischen Kirche" zusammgeschlossen. Im Jahre 1933 war es gelungen, mit Pastor Fritz von Bodelschwingh, einen Mann „aus den eigenen Reihen", wenn auch nur für kurze Zeit, zum Reichsbischof wählen zu lassen. Der entscheidende Schritt erfolgte im Jahre 1940, als sich die Innere Mission „unter den Schutz der Reichskirche" stellte und diese sich zu ihr als ihre eigene „Lebens- und Wesensäußerung" auch rechtlich bekannte.[134]

11. Die Entwicklung der Diakonie in der DDR (1945 bis 1991)

Mit dem Ende des Nationalsozialismus und des Zweiten Weltkrieges ging auch die Diakonie im nun geteilten Deutschland unterschiedliche Wege. Konnte sich die Diakonie im „Westen" – später der Bundesrepublik – einer Freiheit und Ausdehnung erfreuen wie nie zuvor in ihrer Geschichte, so hatte die Diakonie im „Osten" zu arbeiten in einem Staat, in dem die staatstragende Partei der SED den Anspruch erhob, die erkannte marxistisch-leninistische Wahrheit politisch zu verwirklichen und sie sozusagen als Instrument des „Weltgeistes" in allen Bereichen und auf allen Ebenen durchzusetzen.[135] Dennoch darf heute – bei aller nötigen Zurückhaltung angesichts des allzu Nahen und noch Aufzuarbeitendem – gesagt werden: „Durch ihre Tätigkeit für kranke, alte, behinderte und gefährdete Menschen wirkte die Diakonie auch in der ehemaligen DDR in die Gesellschaft hinein." Zwar ist sie „Teil", aber nicht „Bestandteil" des Gesundheits- und Sozialwesens des Staates gewesen.[136]

„Nach einer Statistik von 1955 gehörten zu den diakonischen Einrichtungen, die im Rahmen der Kirche weitergeführt wurden, u. a. 359 Alters- und 54 Pflegeheime (in evangelischer und katholischer Trägerschaft), 87 Evangelische Krankenhäuser und Heilsstätten mit über 10.000 Plätzen, 57 Heime für Behinderte, 99 Erholungsheime und 1189 Gemeindepflegestationen. Ferner gab es 434 von der evangelischen und katholischen Kirche getragene Kindergärten, 71 Kinderhorte und 161 Kinder- und Jugendheime.[137] Hinzu kamen Krankenpflegeschulen und Ausbildungsstätten für Alten-, Heilerziehungspflege und Sozialdiakonie.[138] Insgesamt verfügte die Diakonie in der DDR über etwa 30.000 Bettenplätze und rund 15.000 Mitarbeiter."[139]

In diesem Staat, der als „Machtinstrument der herrschenden Klasse" beanspruchte, das gesamte Leben aller Institutionen und Menschen in seinem Staatsgebiet zu beherrschen, gab es ständig „1.500 junge Menschen ... ohne FDJ und FDJ-Schuljahr, ohne Zivilverteidigung und Schießübungen sowie ohne politische Indoktrination", gab es Menschen, die – wie z. B. die über 90.000 Patienten, die jährlich in Evangelischen Krankenhäusern ärztlich behandelt und pflegerisch betreut wurden – Kirche mit Andachten und Gottesdienst, Seelsorge und ganzheitliche Begleitung und Betreuung direkt erfahren konnten.[140] Dieser Tatbestand läßt erkennen, daß der Staat der DDR – unbeschadet seiner strikten ideologischen Festlegung – sich zumindest in diesem Bereich von „pragmatischen Denkansätzen" bestimmen ließ, politische Entscheidungen treffen konnte, die den gesetzlichen Regelungen durchaus nicht zu entsprechen brauchten, wesentliche Fragen erst gar nicht öffentlich zu klären suchte, sondern sie einfach in der praktischen Durchführung und in mündlichen

Absprachen regelte.[141] Er zeigt zugleich, daß trotz aller Hindernisse und fast täglicher Schikanen die Kirche und ihre Diakonie nicht gewillt waren, auf die Wahrnehmung ihrer staatspolitischen Verantwortung im Rahmen des Staates zu verzichten[142], ohne damit zu „Komplizen" eben dieses Staates zu werden.[143] Alle territorialen diakonischen Verbände der Landes- und Freikirchen gehörten zum „Diakonischen Werk", das nicht nur als Dach-, sondern auch als Trägerverband fungieren konnte. Da es in der DDR keine „Freien Wohlfahrtsverbände" gab, konnte es sich unter diesen Bedingungen trotz seiner rechtlichen Selbständigkeit nur im Rahmen der „verfaßten" Kirche entfalten. In der Registratur des Staatssekretariats für Kirchenfragen wurde es als „Nebenbetrieb der Kirche" bezeichnet.[144] Die Bindung des Diakonischen Werkes zur Kirche – und umgekehrt – wurde daher immer als ungleich enger als in der Bundesrepublik beschrieben.[145] Art 39 II Verf. DDR vom 6. April 1968 i.d.F. vom 7. Oktober 1974 sagt: „Die Kirchen und anderen Religionsgesellschaften ordnen ihre Angelegenheiten und üben ihre Tätigkeiten aus in Übereinstimmung mit der Verfassung und den gesetzlichen Bestimmungen der DDR. Näheres kann durch Vereinbarungen geregelt werden."[146] Obwohl das in keiner Weise der Rechtstheorie des Marxismus-Leninismus entsprach, wird hier der Kirche (und ihrer Diakonie) die Möglichkeit eingeräumt, in einem quasi geschlossenen System als gleichberechtigter Partner des Staates zu agieren und mit ihm Vereinbarungen zu treffen. Besonders bei „öffentlichkeitswirksamen Maßnahmen" legte der Staat darauf sogar besonderen Wert,[147] während andere Vereinbarungen allein vom Diakonischen Werk – dem „Nebenbetrieb" der Kirche – unterzeichnet wurden. Entgegen allen Befürchtungen in Kirche und Diakonie, von der politischen Propaganda mißbraucht zu werden, führten die Vereinbarungen mit dem Staat nicht nur dazu, insgesamt die diakonischen Einrichtungen und die diakonischen Dienste der Gemeinden zu sichern und für die Absolventen kirchlicher Ausbildungsgänge eine staatliche Berufserlaubnis für ihre pflegerische Tätigkeit zu erlangen, sondern sie ermöglichten zugleich, daß sich „in den diakonischen Einrichtungen und Ausbildungsstätten ... ein kritischer, nicht unbedingt staatstragender Geist" entwickelte, daß also nicht „der Staat Einfluß gewann, sondern daß sich in diesem Freiraum auch Menschen ausbilden ließen und arbeiteten, die weniger aus christlicher Motivation als aus Gegnerschaft zum politischen System der

DDR kamen",[148] was wiederum freilich andere Probleme mit sich brachte.
Trotz aller geregelten staatlichen finanziellen Förderung blieb das Diakonische Werk in der DDR – wie die Kirche selbst – immer und wesentlich auf die Hilfe der Bundesregierung, der Ökumene, der EKD, der Landeskirchen, Kirchenkreise und Kirchengemeinden sowie auf die Spenden der kirchlichen Amtsträger und Mitarbeiter angewiesen. Diese finanzielle Hilfe wurde von einer geregelten und intensiven Partnerschaft über die Jahrzehnte hinweg durch Besuche und Gegenbesuche, Konsultationen und wechselseitige Teilnahme an Tagungen, Konferenzen, Lehrgängen und Rüstzeiten auf allen Ebenen kirchlichen Handelns institutionell und persönlich getragen und begleitet.

> Das allerdings konnte nicht verhindern, daß hinsichtlich z. B. der baulichen Substanz im diakonischen Bereich davon aus-gegangen werden muß, daß etwa 80 % der Bauten saniert oder umgebaut werden müssen.[149]

Nach dem „Fall der Mauer" und der „Vereinigung" der beiden deutschen Staaten fanden die Bemühungen zur organisatorischen Einheit der beiden Diakonischen Werke durch entsprechende Beschlüsse der Diakonischen Konferenz im März 1991 in Berlin ihren Abschluß.

Teil B: Die Diakonie der Kirche in den Spannungsfeldern:

1. „Wort" und „Tat"

Ganz ungebrochen und selbstverständlich haben wir im bisherigen von „Der Diakonie der Kirche" gesprochen, haben dargelegt und konstatiert, daß sie zwar zu unterscheiden, aber nicht zu trennen sind, eine unlösliche Einheit bilden. „Der gute Baum bringt gute Früchte" – der Obstbaum nämlich – wenn nicht, dann wird „er abgehauen und ins Feuer geworfen", denn er ist zu nichts nütze. Seine Existenz ist sinn- und wertlos. Kirche ist „Kirche für andere", oder sie ist nicht Kirche und – umgekehrt – Diakonie ist nicht ohne Kirche. Einige Beobachtungen aber lassen stutzig werden: Umfragen bestätigen, daß die Menschen – auch und gerade die, die sich längst von der Kirche und ihrer Botschaft abgewandt haben – von der Kirche soziales Engagement erwarten und einfordern. Sie soll Alte und Kranke betreuen, einen Beitrag zur Erziehung der Kinder leisten, sich um Probleme von Menschen in sozialen Notlagen kümmern, sich für Arbeitslose einsetzen, eigene Lebens- und Familienberatungsstellen unterhalten. Andrerseits: Nicht selten dieselben Menschen identifizieren die Kirche mit dem Pfarrer. Er ist die „Symbolfigur", während der Besuch der Diakonin oder des Sozialarbeiters zwar freundlich gesehen, aber mehr als ein „persönlicher", weniger als ein „kirchlicher" (amtlicher) registriert wird. „Baum" und „Frucht", „Wort" und „Tat" erscheinen getrennt, nicht aufeinander bezogen.

Andere verstärken diese Beobachtung: wenn z. B.
– jemand bewußt ein „Evangelisches" Krankenhaus aufgesucht hat, sich aber verwundert äußert darüber, daß hier „in einem Krankenhaus" Andachten gehalten und sonntags Gottesdienste angeboten werden „wie in der Kirche";
– Eltern ihr Kind in den evangelischen Gemeindekindergarten geben, gleichzeitig aber erklären, mit biblischen Geschichten oder Beten gar möge man ihr Kind, „bitteschön", verschonen;

- der Kirchenvorstand sich zwar intensiv und jahrelang mit der Neuordnung des Gottesdienstes befaßt, den TOP: „Diakoniestation" in der Sitzung aber eher als störend und „eigentlich" überflüssig empfindet;
- eine Gemeinde sich zwar entscheidet, den sonntäglichen Gottesdienst durch „Gebetsstille" und Psalmodieren zu „bereichern", den Klingelbeutel aber abzuschaffen, da er die Konzentration in allzu „banaler" Weise behindert.

Und da sind Priester und Levit – zwar „verordnete Diener" der Kirche, aber an dem unter die Räuber Gefallenen gehen sie vorüber: Der Tempeldienst erscheint ihnen ungleich wichtiger. Ironisierend schreibt der Jakobusbrief: „Aber es möchte jemand sagen: Du hast den Glauben, und ich habe die Werke; zeige mir deinen Glauben ohne die Werke, so will ich dir meinen Glauben zeigen aus meinen Werken."[150] Da ist in der Kirchengeschichte die Orthodoxie so sehr um die „Lehre" besorgt, daß demgegenüber die christliche Liebestätigkeit zweitrangig und nebensächlich wird, so daß ausgerechnet in Wittenberg, der Geburtsstätte der Reformation, den Thesen Luthers vom 31. Oktober 1517 die Rede Wicherns im Jahre 1848 folgen mußte, in der er die Kirche – zumal gerade die lutherische – beschwört, endlich zu erkennen und wahrzunehmen: „Die Liebe gehört mir wie der Glaube."

Diese Beobachtungen lassen symptomatisch deutlich werden, daß offensichtlich zwischen „Wort" und „Tat", Tat- und Wortzeugnis eine Spannung besteht, die immer wieder zu Fehldeutungen und -entwicklungen geführt hat. Da wird das Beziehung stiftende Evangelium zur „Lehre", der sich der Glaubende beugt und unterwirft. Da vergegenwärtigt sich der lebendige Christus ausschließlich und allein im Predigtamt der Kirche. Aus Besorgnis um die „Reinheit" der Lehre wird alles in diesem Amt konzentriert, die „Frucht" mit Mißtrauen betrachtet, das „Priestertum aller Gläubigen" vergessen. Da unterscheidet man zwischen dem „Eigentlichen" – Wort und Sakrament – und dem „Uneigentlichen", dem „Zentrum" und der „Vorhofarbeit", da tritt neben Glaube, Gebet und Gottesdienstbesuch der „wortgemäße" Gottesdienst, nämlich das Tun in Familie, Beruf und „Welt" weit zurück. Dieses Tun, es spielt sich ja ab in dem allzu allgemeinen Handlungsfeld sozialer und gesellschaftlicher Mitmenschlichkeit. Hier tummelt sich auch anderes und arbeiten andere.

Hier ist der Glaube, die Christlich- und Kirchlichkeit nicht ohne weiteres als solche erkennbar und auszumachen. Und diese Zwielichtigkeit läßt eher zu Vorsicht und Distanz raten – bis hin zur Trennung. Richtig: Vorsicht ist angesagt! Auch das zeigt die Kirchengeschichte. Gegen die – bereits in der Alten Kirche zu beobachtende – Fehlentwicklung der „Werkgerechtigkeit" des Mittelalters stellte Luther das Pauluswort: „So halten wir nun dafür, daß der Mensch gerecht werde ohne des Gesetzes Werke, allein durch den Glauben." (Römer 3,28)

> Das „Gesetz" meint alles, was Menschen zu einem verantwortlichen Handeln herausfordert: Gebote, Gesetze, Normen, Verordnungen, Ideale, Werte, auch Träume und Utopien. Die „Werke" sind dann das, was Menschen – ob Christen oder Nichtchristen – auf diese Herausforderung antwortend tun. Will der Mensch dadurch sich selbst, seine und die Würde des anderen definieren, aus diesem Tun sein „Selbst" verwirklichen und darauf bauen, dann gilt ihm jene radikale Absage, denn an dieser Einstellung und Haltung wird erkennbar, daß der Mensch Gott nicht „Gott" und Mensch nicht „Mensch" sein lassen, sondern sich durch sich selbst definieren will. Er vermag es nicht, das Geschenk des Kreuzesopfer Christi anzunehmen, aus ihm heraus sich neu zu empfangen und zu leben. Angesichts dieses Opfers gilt und muß gelten: „Es ist doch unser Tun umsonst, auch in dem besten Leben."[151]

Darum war für Luther die Unterscheidung von „Gesetz" und „Evangelium" die alles entscheidende Nagelprobe. Darum sein Kampf gegen das Papsttum, später gegen die Schwärmer. Rettung und Freiheit kann der Mensch nur erfahren durch das Vertrauen, daß Christus „für uns" gestorben ist und wir damit hineingenommen sind in sein rechtfertigendes, rettendes und heilendes Handeln. Damit aber steht nicht mehr das Ich, sondern Gott in Christus und das Du des Nächsten im Mittelpunkt. Das dienend helfende Tun, das „Werk" ist „Frucht", die zwar alles dem Baum verdankt, aber gerade darum selbstverständlich Ausdruck und Ausfluß der neu geschenkten Gottesbeziehung ist. Kirche und Diakonie sind zu unterscheiden, aber nicht voneinander zu trennen. Keine „Kirche" ohne Diakonie, keine Diakonie ohne Kirche, denn sie ist Wesens-, ist Lebensäußerung der

Kirche. Die Unterscheidung von „Eigentlichem" und „Uneigent-
lichem" führt in die Irre.

Bleibt noch ein Streitpunkt, der in diesem Zusammenhang immer
wieder neu für Verwirrung sorgt, nämlich die Frage, ob das diakonische Tun als Ausdruck und Gestaltwerdung des Glaubens seine
„missionarische" Kraft entfaltet durch seinen bloßen Vollzug oder
ob jene Kraft nicht doch erst dann wirksam werden kann, wenn
zusätzlich zu diesem Tun die christliche Botschaft expressis verbis
hinzutritt.

> Dabei ist zu sehen, daß
> – in der Öffentlichkeit das diakonische Handeln oft und sehr
> selbstverständlich als ein „missionarisches" verstanden
> wird. Wo das der Fall ist, setzt man vermutlich allerdings
> meist „missionarisch" mit „propagandistisch" gleich und
> (miß-)versteht das konkrete Hilfsangebot als bloßes „Mit-
> tel zum Zweck". Das nimmt man zwar gegebenenfalls in
> Kauf – um des Angebotes willen –, aber Vorsicht erscheint
> geboten;
> – diese Einschätzung des eigenen Tuns von den diakonischen
> Mitarbeitern als Verkennung, ja, Verzerrung ihrer wahren
> Motivation verstanden und daher abgelehnt wird, wie ja
> auch das Diakonische Werk als Ganzes selbst sich von der
> Bezeichnung „Innere Mission" getrennt hat.

Für einen Mann wie Wichern – in der Nachfolge Luthers – hat nie
auch nur der geringste Zweifel daran bestanden, daß die tätige Liebe
„Mission", d. h. Christuszeugnis ist, sein kann und sein soll. Wenn
die personale Zuwendung Gottes in Christus Mitte und Grenze der
Diakonie ist, dann ist sie „Mission", denn sie kann die Beziehung,
der allein sie sich verdankt und aus der sie lebt, nicht verleugnen:
„Es kann die Stadt, die auf einem Berge liegt, nicht verborgen sein."
(Matthäus 5,14) Mit dem Predigtamt hat die Diakonie dieselbe Wurzel gemein und ist, wenn auch mit anderer Funktion, angelegt auf
eben dasselbe Ziel. Beide sind sie Ausdruck und Darstellung des
einen göttlichen Wortes. Der „Missionsbefehl" (Matthäus 28,18 ff.)
gilt beiden. Das aber heißt nicht, daß das Tun der Liebe erst dadurch
zum „echten" Zeugnis wird, daß ihm das Wort der Predigt hinzuge-
fügt wird, wie auch – umgekehrt – dieses nicht erst dadurch wirksam wird, daß man es durch die Tat „ergänzt". Beide münden viel-

mehr „gleichsam absichtslos ineinander aus ... Beide stehen damit aber auch unter dem gleichen Inkognito, in das der Missions'erfolg' gehüllt ist. Weder das die Tat begleitende Wort noch die durch das Wort bekräftigte Tat können es durchbrechen. Die wahre Nachfolge zeigt sich darin, daß sie dennoch beides nicht läßt."[152] „Wort" und „Tat", Predigt und tätige Nächstenliebe gründen im Kreuz ihres Herrn und stehen damit im Schatten gerade auch seiner Zweideutigkeit, zugleich aber im Licht der Zusage, daß Gottes Wort selbst ausrichtet, was ihm gefällt, „und ihm gelingt, wozu er's sendet". (Jesaja 55,11) Gott dient uns in der Predigt, wie er sich predigt in der Diakonie. Sein: „Gehet hin und tue desgleichen", mit dem er uns den Samariter als Vorbild hinstellt, ist ebenso wenig „Befehl" oder „Gebot" im Sinne eines „Gesetzes" wie die vielen Paränesen (Ermahnungen) des Neuen Testaments, sondern nichts anderes als Gestaltwerdung des Glaubens, Ausdruck und Ausformung der inneren Hingabe an den einen Herrn. Sie sind Liturgie des Glaubens im so zwielichtigen Alltag der Welt und des Lebens. Sie gelten dem einen Herrn, der in der Not des Nächsten begegnet – ohne ihn zu erkennen und sich dessen bewußt zu sein. (Matthäus 25,37 ff.) Diakonie ist „missionarisch", nie aber „propagandistisch".

Entscheidet sich für die Diakonie demnach alles an der Tatsächlichkeit und Möglichkeit personaler Zuwendung, da sie allein aus dieser lebt und sich „speist", dann hat das Konsequenzen sehr konkreter Art nicht zuletzt auf organisatorischem Gebiet. Es ist nicht bloße pädagogische Methode gewesen, wenn Wichern in seinem „Rauhen Haus" in Hamburg kleine überschaubare Einheiten schuf: Jeweils zwölf bis vierzehn Kinder faßte er in familienähnlichen Gruppen zusammen, da allein auf diese Weise und einem solchen Rahmen Vertrauen und Liebe, Geborgenheit, Freiheit und Verantwortung wachsen und sich entfalten können. Um diese personale Zuwendung geht es, wenn in diakonischen Einrichtungen, je größer sie sind, Organisation und Durchführung der Arbeit dezentralisiert werden, damit durch die Schaffung überschaubarer, möglichst weitgehend in sich selbst verwaltender und ihr Leben gestaltender Einheiten persönliche Beziehungen aufgebaut und dadurch Kräfte der „Selbsthilfe" entdeckt und gestärkt werden können. Eine derartige Konsequenz kann allerdings auch darin bestehen, daß sich eine diakonische Einrichtung oder ein ganzer diakonischer Arbeitszweig gerade aufgrund aller Bereitschaft zum Dienst und zur Zusammenarbeit mit Staat und Gesellschaft im einzelnen verweigert, weil Voraussetzungen und Rahmenbedingungen eine solche personale Zuwendung nicht mehr ermöglichen.

Nicht zuletzt aber hat diese Mitte und Grenze auch die befreiende Wirkung, daß – im Unterschied zum Staat – Kirche und ihre Diakonie nicht zu einer „flächendeckenden" sozialen Arbeit verpflichtet, entbunden sind von dem Alpdruck einer Allzuständigkeit und Allverantwortung, die allzu leicht jede persönliche Initiative lähmt, den einzelnen nicht mehr sieht und damit das wahre Motiv und Ziel christlich-diakonischen Handelns verdunkelt.

2. „Heil" und „Wohl"

„Hauptsache: gesund", das ist wohl zu allen Zeiten ein elementares Bedürfnis des Menschen gewesen, und so prostet man sich heutzutage ganz selbstverständlich wechselseitig den Wunsch zu: „Wohl-Sein". Ärzte und Wunderheiler haben alles in ihren Kräften Stehende getan, um diesem Bedürfnis nachzukommen. Die heutige Medizin stellt dem Menschen Möglichkeiten bereit, die diesem Verlangen in einem Maße gerecht zu werden scheinen, daß Gesundheit und Vitalität, Jugend und Schönheit – das „Wohl" – zu einem Kult zu werden drohen. Die Weltgesundheitsorganisation (WHO) formuliert: „Gesundheit ist ein Zustand völligen körperlichen, geistigen und sozialen Wohlbefindens. Der Genuß des höchsten erreichbaren Gesundheitszustandes ist eines der Grundrechte jedes menschlichen Wesens."[153] Gesundheit wird zu einem Begriff, an dem der einzelne und die Gesellschaft ihren Wunsch nach einem leidensfreien Leben festmachen, eine Vorstellung, die vorgeburtliches, behindertes, versehrtes und altes Leben zunehmend mehr um sein Lebensrecht fürchten läßt.

Wenn jene Männer damals den Gichtbrüchigen also zu Jesus bringen, dann ist das naheliegend, um so mehr, als Jesus als „Heiland" und „Arzt in die Mitte seines Volkes getreten ist". (Markus 2,1 ff.)

Sie wollen, daß Jesus dem behinderten Menschen das Wohl seiner Gesundheit wiedergibt. Sie müssen allerdings eine verblüffende Erfahrung machen: Jesus scheint ihre Bitte nicht ernst zu nehmen: „Mein Sohn, deine Sünden sind dir vergeben." Das ist seine erste Reaktion. Darum aber hatten sie nicht gebeten. Der „Arzt" und „Heiland" enttäuscht sie. Dieser setzt sich damit zugleich radikal ab gegen alle Wunderheiler seiner Zeit, aber auch gegen alles Denken, das das „Wohl" zur allein ausschlaggebenden Hauptsache, zum „Letzten" macht. Wenn Jesus die Sündenvergebung an die erste Stelle stellt, macht er damit unmißverständlich deutlich: Das Ausschlaggebende und „Letzte" ist nicht jenes, das Wohl, sondern das „vergebende und nur durch Vergebung rechtfertigende Wort".[154] Stutzig werden läßt, daß Jesus dieses sagt, als er ihren „Glauben sah". Sehr betont wird das von Markus herausgestellt, und nichts spricht dafür, daß er das ironisch verstanden wissen will. Im Gegenteil: Jesus weiß von Anfang an um ihr Verlangen. Als Heiland aber erweist er sich als der wahre „Arzt" gerade darin, daß er tiefer, nämlich auf den Kern ihres „Glaubens" und damit auf den von Gesundheit und Krankheit sieht. Es geht um das Ganze, um das Heil-Sein des Menschen, um die Überwindung des Zerbrochenen und Verzerrten und damit um die Integrität und Würde des Menschen, um das, was den Menschen zum Menschen macht, nämlich seine Beziehung zu Gott und Mensch, die durch die Sünde zerstört ist. Und darum: „Mein Sohn, deine Sünden sind dir vergeben."
Damit läßt Jesus das wahrhaft „Letzte" und zugleich deutlich werden, daß es dieses „Letzte" durchaus auch gibt und geben kann ohne das leibliche „Wohl", es gerade auch in allem Verletztsein – in Behinderung und Krankheit – geschenkt, erkannt und ergriffen werden kann. Sein Kreuz und seine Auferstehung besiegeln, daß in der heil-losesten Situation scheinbarer Gottverlassenheit Gott und seine Gegenwart und damit das „Heil" gegenwärtig sein kann. Auch wenn der „Umkreis" des Heils, seine „Materialisierung" nicht erfahren wird, kann sein „Zentrum, die Zugehörigkeit zu Gott, festgehalten werden"[155]. In der Bedrängnis seiner Leiden beruft Paulus sich darauf, daß der Herr ihm gesagt habe: „Laß dir an meiner Gnade genügen, denn meine Kraft ist in der Schwachheit mächtig." (2. Korinther 12,9) Gerade das gehört zum innersten Kern christlichen Glaubens, daß er gewiß sein und singen kann: „In dir ist Freude in allem Leide ..." (Evangelisches Gesangbuch Nr. 398)

Aber auch jenen tritt Jesus entgegen, die dieses Letzte sehen in ausschließendem Gegensatz oder radikaler Feindschaft zum Vorletzten und es daher von ihm trennen. Wie dem Welt- und Körperkult, so erteilt er Weltflucht und Körperverachtung, die die Welt nur als „Jammertal", den Körper als bloßes „Gefängnis der Seele" zu sehen vermögen, eine klare Absage. Nein: Gerade „durch die Freiheit des Letzten wird das Vorletzte in Kraft gesetzt", empfängt das natürliche, leiblich-körperliche Leben, die Gesundheit, das Wohl, seine wahre Bestätigung: „Gott will das Leben, und er gibt dem Leben eine Gestalt, in der es leben kann, weil es sich selbst überlassen sich nur vernichten kann."[156] Das durch Christus gewährte Heil ist kein Abstraktum. Seine Gabe bezieht sich nicht nur auf die „Seele", sondern auf den Gichtbrüchigen als Person, und das heißt: auf ihn in all seinen Beziehungen und Bezogenheiten – und darum auch auf seinen „Leib" und seine Gesundheit: „Ich sage dir, stehe auf, nimm dein Bett und gehe heim."

In und mit Jesus ist das Reich Gottes „angebrochen". Es ist bereits bruchstückhaft erfahr- und erlebbar: „Die Blinden sehen, und die Lahmen gehen, die Aussätzigen werden rein, und die Tauben hören, die Toten stehen auf, und den Armen wird das Evangelium gepredigt", läßt er Johannes dem Täufer sagen (Matthäus 11,5). Dieses – wie alle Heilungswunder Jesu – sind „Zeichen" der angebrochenen Gottesherrschaft, und so werden die Jünger ausgesandt nicht nur zu predigen, sondern Jesus gibt ihnen auch die „Macht über die unsauberen Geister, daß sie die austrieben und heilten allerlei Seuchen und allerlei Krankheiten" (Matthäus 10,1). Mit und in dem „Heil" des „Letzten" erwächst jene Bewegung, die sich gegen die Kräfte des Unheils und des Unheilen in dieser Welt entfaltet und ihnen im Namen Christi entgegenwirkt. Das gilt trotz aller Zweideutigkeiten, die ihr – wie dem Kreuz Christi selbst – anhaftet. Es schließt ein das Wissen, daß alles Heilen in dieser Zeit und Welt immer den Charakter des Vorläufigen und nur Bruckstückhaften hat und sich ausstreckt nach „der Herrlichkeit, die an uns geoffenbart werden soll" (Römer 8,19).

Das macht eine Unterscheidung zwischen „Heil" und „Wohl", „Letztem" und „Vorletztem", zwischen „Seel"- und „Leib"sorge nötig, eine Trennung unmöglich. Das „Heilen" der fürsorgenden Leibsorge ist in die Bewegung des „Heils" hineingezogen, weil dieses auf jenes bezogen ist. Das schließt aus, daß aus notwendiger

Arbeitsteilung Grenzziehungen werden, Mauern und Hierarchien entstehen. Wenn das Heil im Heilen gegenwärtig ist, erkannt und ergriffen sein will, dann bilden predigendes, seelsorgerliches, pflegendes, beratendes und ärztliches Tun von ihrer Wurzel und ihrem Ziel her eine untrennbare Einheit. Dieses gilt wie grundsätzlich so in jeder einzelnen Situation und jedem konkreten „Fall", freilich in der Weise, daß die gegebene Situation und der ihr zugrundeliegende Anlaß jeweils eine dieser besonderen Perspektiven und die dieser entsprechende Funktion besonders fordern und heraustreten läßt. Geht es nicht nur darum, daß der Mensch wieder „funktioniert", d. h. in seiner Funktionstüchtigkeit und Lebensfähigkeit wiederhergestellt wird, sondern daß er in seiner Ganzheit „geheilt" wird, dann können die jeweils anderen Dimensionen des heilenden Tuns zwar zurück-, nie aber ganz in den Hintergrund treten und – als „irrelevant" – unberücksichtigt bleiben. Dieser Bezogenheit von „Letztem" und „Vorletztem" muß Ausdruck verliehen werden, damit es zum Zuge kommt und damit auch wahrnehmbar wird.

Darum ist z. B. das „Kronenkreuz" auf dem Briefkopf und dem Auto, dem Hinweisschild an der Tür und der Brosche am Kittel zwar gewiß nicht zu über-, aber auch nicht zu unterschätzen; ist der Gottesdienst im Evangelischen Krankenhaus, die Andacht im Altenheim, das Gebet im Kindergarten, das Kruzifix im Aufenthaltsraum der „Bahnhofsmission", das Bild mit dem Wochenspruch im Flur der Nichtseßhafteneinrichtung sowohl Ausdruck eigenen Bekennens und Wollens als auch Erkennungszeichen, das andere das eigene Profil erkennen läßt. Solcher Bezogenheit von „Heil" und „Wohl" wird aber auch in Struktur und Organisation der Arbeit Rechnung zu tragen sein. Da werden Pflege, Beratung, Seelsorge und Sozialdienst neben und nicht „unter" dem ärztlichen Dienst stehen und die Zusammenarbeit entsprechend geregelt sein. – Da wird das Gespräch mit dem Patienten ebenso ernstgenommen wie der chirurgische Eingriff und die pflegerische Versorgung, und man wird sich wehren, wenn nur die „fachlichen" Abläufe und Dienstleistungen anerkannt werden und gelten sollen. Da geht es um die Frage nach dem „Schicksal" der Krankheit ebenso wie um die Beziehungsfrage nach dem Vertrauen, was der

Patient selbst für sich tun kann und tun will, und die Frage nach dem „Sinn", also nach dem, was hinter der Krankheit steckt oder doch stecken könnte. Da steht mit dem Patienten sogleich sein ganzes „Umfeld" im Blickpunkt des Prozesses des Heilens. Da sind Sterben und Tod kein bedauerlicher „Unfall", der an sich im „Betrieb" nicht vorgesehen und daher zu übergehen ist, sondern sie sind als Teil des Lebens begriffen, der Respekt verdient, natürlich und lebenswert und daher zu begleiten ist.

3. „Verein" und „kirchliches Werk"

Das Diakonische Werk der Evangelischen Kirche in Deutschland (DWEKiD) hat die Rechtsform eines eingetragenen Vereins (e. V.). Diese hat – wie bereits dargelegt – ihre Wurzeln im 19. Jahrhundert. In den durchweg sich als „christlich" verstehenden Staatswesen waren vordem „Obrigkeit" und Kirche einander so nahe, daß „eine säuberliche Scheidung eines kirchlichen und eines weltlichen Bereiches der karitativen Tätigkeit noch nicht erfolgt war"[157]. Erst die Neuordnung der zum Teil jungen deutschen Staaten nach dem Deputationshauptschluß von 1803 führte zu einer staatlichen Zuständigkeit für die Wohlfahrt und andererseits – auf dem Hintergrund der großen sozialen Umwälzungen jener Zeit – zu einem gewaltigen Auf- und Ausbau diakonischer Tätigkeit auf bisher nicht beanspruchten Gebieten. Das geschah meist in „freien" Organisationsformen – wie z. B. dem Verein. Dies ist bis heute so geblieben. Vereine und Stiftungen prägen das vielfältige Bild der Diakonie. Die Wahl dieser besonderen Rechtsform neben und außerhalb der Rechts- und Organisationsgestalt der „verfaßten" Kirche läßt nicht selten die grundsätzliche Frage nach dem Verhältnis zwischen organisierter Diakonie und verfaßter Kirche stellen und wirft ihren Schatten bis in den Alltag hinein. Da trifft man auf die Auffassung, daß es der Kirche von der Bibel her im Grunde untersagt sei, Hilfe zu „organisieren", und das noch in einer Weise, die den rechtlich und amtlich geordneten kirchlich-gemeindlichen Rahmen überschreitet. Zwar nicht der spontane christliche Liebesdienst von Mensch zu Mensch, wohl aber die organisierte außer- und übergemeindliche Form stößt hier auf Bedenken und Ablehnung. Was dort geschieht, ist kein „kirchlicher" Dienst.

In dieser Form, so wird gesagt, entartet der „christliche" zu einem „humanitären Menschen-Betreuungs-Allerwelts-dienst", wird die diakonische Arbeit wie von selbst zu einer „Brutstätte für Ideologien" und verstärkt zudem noch auf ihre eigene Weise Tendenzen des Menschen zur „Selbsterlösung".[158] Hat diese Kritik ihre Wurzel im heutigen Pietismus, so kommen entsprechende Vorbehalte z. B. durchaus auch aus dem lutherischen Raum. Als „Früchte des Glaubens" sind kirchliche „Werke" wie die der Diakonie nicht als „christlich" identifizierbar. In organisierter Form sollten sie darum auch nicht unter „kirchlichem" Namen einhergehen und von der Kirche als eigenes Werk in Anspruch genommen werden. Organisiertes diakonisches Tun ist „moderne Werkerei", in der die christliche Liebe als bloße Lebenshilfe operationalisiert und damit zu einer puren Dienstleistung reduziert wird.[159] Bereits im vorigen Jahrhundert zogen lutherische Theologen im „Zeitblatt für die Angelegenheiten der lutherischen Kirche" gegen die außerhalb des Kirchentums privatrechtlich sich organisierende Diakonie zu Felde: die Hilfe für einen „unter die Räuber Gefallenen" darf nicht außerhalb der Aufsicht des „kirchlichen Amtes" geschehen, der zum Helfen Bereite muß sich zuerst zu seiner Parochie halten, dann erst kann seine Hilfe „geduldet" werden.[160]

Diese Vorbehalte und Bedenken brauchten nicht ernst- und aufgenommen zu werden, wenn sie nur auf abstrakt theologisch-wissenschaftlicher Ebene abgehandelt würden. Die seit dem letzten Jahrhundert praktizierte Arbeitsteilung: die „Amtskirche" war zuständig für die Predigt des Evangeliums und die Verwaltung der Sakramente, die Diakonie für die praktizierte Nächstenliebe, hat jedoch die Stimmen der Ablehnung oder zumindest einer deutlichen Distanz bis in den Alltag von Kirche und Diakonie hör- und spürbar werden lassen. Dieses ist um so mehr der Fall, als in diesem Zug zu freien rechtlichen Organisationsformen immer auch das Bestreben mitschwingt, seinerseits eine gewisse Distanz zur „Amtskirche" und ihren starren Reglementierungen zu halten, dieses nicht selten eine besondere Anziehungskraft auf engagierte Christen und selbstbewußte Bürger ausgeübt und auch heute seinen Reiz nicht verloren hat. Und doch: Jene Ablehnung verwundert zumindest heute.

Gerade der Pietismus ist es seinerzeit gewesen, der sich für „Krüppel" und Waisen eingesetzt und seine diakonischen Aktivitäten weithin privatrechtlich organisiert hat. Gerade auch aus lutherischem Raum ist jenen Stimmen von Anfang an auch widersprochen worden.

Für Wichern war der „Konfessionsstand" seiner Rettungshäuser „eine der ersten Fragen". Bei dem Pastor an der lutherischen Kreuzkirche in Hannover, L. A. Petri, der alle Liebestätigkeit allein durch die kirchlichen Organe, nicht aber durch freie Vereine betrieben wissen wollte, stellte der ebenfalls lutherische Abt zu Loccum und erste hannoversche „Landesbischof", Gerhard Uhlhorn, einen „katholisierenden", wenigstens aber „hochkirchlichen und hierarchischen" Zug fest. Die von Petri u. a. vertretene Auffassung hat für ihn „etwas Doktrinäres", das „zuletzt in einer Überspannung des Kirchenbegriffs seine eigentliche Wurzel" hat.[161]

Man macht nicht nur darauf aufmerksam, daß die „Mutter der Vereine" bereits im Neuen Testament, nämlich in der Urkirche zu finden sei, zugleich sind die Vereine die „mündigen Kinder" positiver Gesellschaftsordnungen des Staates wie der Kirche. Vor allem: Gegenüber der Trägheit von Staat und Kirche sollen die Vereine zu „dampfenden Lokomotiven" werden, „um die alte langsame und langweilige Fahrt des bürgerlichen und kirchlichen Lebens in rascher Eile zu überholen"[162]. Hanns Lilje, langjähriger Landesbischof der hannoverschen Landeskirche nach dem Zweiten Weltkrieg, nennt es „eines der edelsten Geheimnisse der Kirchengeschichte, ... daß das, was die Großkirche manchmal versäumt, durch den stellvertretenden Dienst einzelner in ihr wachgehalten werden kann". Der Gesichtspunkt der „äußeren Ordnung" des Kirchenwesens ist gerade nach lutherischem Bekenntnis zwar nicht unwichtig, die Frage allerdings, ob ein Werk unmittelbar der Aufsicht einer Kirchenbehörde untersteht oder nicht, sagt über den „kirchlichen" Charakter eines solchen Werkes schlechthin nichts aus. Dafür ist allein entscheidend und ausschlaggebend, „daß Christus verkündigt werde"[163]. Dieses – und nicht „Rechtsordnungen" oder „Rechtsformen" – wahrt die Einheit der Kirche. Jene ergeben sich lediglich und nur aus Gründen der Nützlich- und Zweckmäßigkeit und sind ohne jeden Belang, wenn sie „ohne Sünde eingehalten werden können", die „Gewissen nicht beschweren" und dem „Frieden und der guten Ordnung in der Kirche dienen"[164]. Ist die Frage der privatrechtlich organisierten Diakonie für die Kirche demnach – theologisch – von geringer Relevanz, so ist sie für die Diakonie damals wie heute insofern von großer Bedeutung, als die Arbeit in besonderer Weise Selbstorganisation, Selbstverwaltung, Selbstbestimmung und die Möglichkeit äußerster Flexibilität erfordert. Nicht zuletzt bietet sie die Möglichkeit, das „Priestertum aller Gläubigen" zu verwirklichen und mit einer Fülle von unterschiedlichen und für die Arbeit notwendigen „Pfunden", Gaben und Charismen, im Dienst am Nächsten zu „wuchern" und damit dem Bau der Gemeinde zu dienen.

> Jene Arbeitsteilung darf nicht vergessen lassen, daß die Werke und Einrichtungen durchweg von bewußten evangelischen Christen geleitet, getragen und begleitet werden. Das gilt wie damals so heute. Ihr Dienst ist für die Arbeit unverzichtbar und sollte als „kirchlicher" Dienst mehr als bisher anerkannt und gewürdigt werden.
> In den Organen der Einrichtungen des Diakonischen Werkes – Vorstand, Stiftungsrat, Präsidium, Kuratorium etc. – waren und sind durch entsprechende Persönlichkeiten sowohl die Gemeinde als auch der landeskirchlich-amtliche Apparat vertreten. Auch das freilich wird meist nur beiläufig zur Kenntnis gegeben und genommen.

Trotz unterschiedlicher Rechtsformen und Organisationsstrukturen sind Diakonie und Kirche daher immer aufs engste – zumindest personell – verzahnt gewesen. Diese Verbindung hat durch die Jahrzehnte hindurch immer stärkere Ausprägungen gefunden.

> Solche kommt zum Ausdruck z. B. in der Bildung von „Anstaltsgemeinden" in den diakonischen Einrichtungen, die amtliche Ausschreibung von gemeindlichen Kollekten in den Gottesdiensten, die Entsendung bzw. Beurlaubung von Pfarrern der Landeskirche in die Diakonischen Werke – umgekehrt vor allem darin, daß kirchliche Körperschaften wie Kirchengemeinden, Kirchenkreise und Dekanate zunehmend mehr selber zu Trägern organisiert-diakonischer Arbeit geworden sind. So befinden sich die Kindergärten zumeist bei den Kirchengemeinden und auch die Gemeindeschwe-

ster, unabhängig davon, ob diese nur für die Gemeinde oder im Rahmen einer Diakonie/Sozialstation Dienst tut. Überaus viele Kirchenkreise sind Träger von Beratungsstellen verschiedener Art, von Arbeitslosentreffs und -werkstätten wie von Alten- und Altenpflegeheimen.

Durch die Bedrängnisse der Inneren Mission und ihrer Einrichtungen im „Dritten Reich", dessen Politik den Spielraum der konfessionellen Verbände und freien Rechtsträger konsequent bekämpfte und auf ihre völlige „Gleichschaltung" zielte, erfuhr sie einen gewaltigen und für die Folgezeit nachhaltigen Aufschwung.

Der Erlaß des Leiters der Kirchenkanzlei der deutschen Evangelischen Kirche vom 12. Juni 1940 benennt die Innere Mission als „Wesens- und Lebensäußerung der Evangelischen Kirche". Sie und die in ihr zusammengeschlossenen Verbände, Anstalten und Einrichtungen werden zu „Bestandteilen" der Evangelischen Kirche in Deutschland. Das bedeutet einen epochalen Schritt in schwerer Zeit. Nach dem Zweiten Weltkrieg trat die verfaßte Kirche selbst durch die Gründung des „Evangelischen Hilfswerks" im Jahre 1947 als Träger in den Dienst organisierter Diakonie ein. Das alles führte schließlich zu dem Diakonischen Werk der Kirche wie wir es heute vor uns haben.

Die Gründung des „Diakonischen Werkes der Evangelischen Kirche in Deutschland e. V." nach dem erzwungenen Ausscheiden der in der DDR gelegenen Gliedkirche der EKD im Jahre 1975 „markiert das Ende der Zweispurigkeit der zwei geschichtlich entstandenen Formen" diakonischer Arbeit.[165] Wenn seine Satzung feststellt, daß es als „Werk" der Evangelischen Kirche diakonische und volksmissionarische Aufgaben wahrnimmt, dann ist damit das Diakonische Werk eindeutig als „Werk der Kirche" bestimmt, und die Kirche hat sich zu ihm bekannt.[166]

Die Kirchenverfassungen der Evangelischen Kirchen stellen rechtliche Möglichkeiten bereit, solche Werke als „kirchliche Werke" anzuerkennen, die im Sinne der Verfassung arbeiten und übergemeindlich bzw. überlandeskirchlich organisiert sind. Das DWEKiD oder die Diakonischen Werke der Landeskirchen in die kirchlichen Strukturen direkt einzubinden, ihnen also die Form unselbständiger kirchlicher Einrichtungen zu geben, widerspräche nicht nur der Historie, sondern auch dem Ziel der Zweckmäßigkeit, weil es bei diesen selbst sich bereits um Zusammenschlüsse rechtlich selbständiger Einrichtungen handelt und sie wegen ihres korporationsrechtlichen Charakters eine eigene Rechtsform fordern oder eine solche zumindest nahelegen.

Seine Rechtsvorgänger sind der „Centralausschuß für die Innere Mission der deutschen evangelischen Kirche" und das o. g. „Evangelisches Hilfswerk der Evangelischen Kirche in Deutschland".

Dieses stellte – rechtlich – ein kirchliches Sondervermögen dar mit dem Ziel, „mit allen Kräften, Ämtern und Werken der Kirche, insbesondere in enger Arbeitsverbundenheit mit der Inneren Mission, die Arbeit der Liebe an den durch die Folgen des Krieges in Not geratenen Gliedern und Anstalten der Evangelischen Kirche zu tun und mit der Autorität der Kirche zu tragen.

Im Unterschied zum „Centralausschuß" kann sich das heutige Diakonische Werk also auf einen ausdrücklichen Auftrag der „verfaßten" Kirche berufen und stützen. Als solches nimmt es auch „volksmissionarische" und Aufgaben der evangelischen Freikirchen und Gemeinschaften wahr. Zu seinen originären Mitgliedern gehört die EKD selbst, im Bereich der Landeskirchen entweder diese oder die Kirchenkreise, so daß dem gemeinsamen Auftrag auch rechtlich-organisatorisch auf allen Ebenen Rechnung getragen und die notwendige Kooperation gesichert ist. Dem entspricht, daß das Diakonische Werk nicht sich selbst vertritt – was rechtlich durchaus möglich wäre – sondern die „Diakonie der Kirche". Der notwendigen Selbständigkeit der Diakonie ihrerseits ist dadurch entsprochen, daß dem Diakonischen Werk – auf allen Ebenen – zwar „diakonische", ggf. auch „volksmissionarische" Aufgaben übertragen sind, aber nicht „die" und damit nicht alle derartigen Aufgaben. In diesem Sinne hat sich das Diakonische Werk eine „Selbstbindung" auferlegt. Von einer totalen „Verkirchlichung" der Diakonie zu sprechen verbietet sich schon aus seiner Rechtsform als „eingetragener Verein", zudem auch aus der Tatsache, daß seine Einrichtungen nach wie vor rechtlich eigenständig und frei sind. Als Mitglieder des Diakonischen Werkes sind sie jedoch verpflichtet, den evangelischen Charakter der Einrichtung zu wahren und durch „amtliche Vertreter" die Bezogenheit zur Kirche zu sichern. – Diakonische Einrichtungen und Aktivitäten ihrerseits, die sich in kirchlicher Trägerschaft befinden, also rechtlich unselbständige kirchliche Werke darstellen, sind – in der Regel – aufgrund entsprechender kirchlicher Gesetze über die sie jeweils tragende kirchliche Körperschaft – Landeskirche, Kirchenkreis (Dekanat, Propstei), Kirchengemeinde – Mitglied des Diakonischen Werkes. Wenngleich die Zweispurigkeit von Kirche und Diakonie nicht nur im Grundsätzlichen, sondern auch durch wechselseitige Vertretungen in den Organen auf allen Ebenen, durch verbindliche Regelungen und Abstimmungsverfahren sowie durch eine Fülle von Kontakten überwunden ist – daß hier ein „Spannungsfeld" besteht, ist deutlich und kann gerade um der gemeinsamen Sache willen nicht verschwiegen werden. Um dieses zu benennen, sollte man aber weder die Bibel noch die Theologie bemühen. Auch unterschiedliche Rechts- und Organisationsformen haben, mögen sie gleich demselben Mutterboden entstammen und die „Einheit der Kirche" und ihrer Arbeit in keiner Weise in Frage stellen, im Alltag ihr Gewicht.[167]

> Es fällt weder einem Kirchenvorstand noch dem Vorstand einer rechtlich selbständigen Diakonischen Einrichtung leicht, jeweils bei seinen Entscheidungen, Vorhaben und Unternehmungen den jeweils anderen als „Partner" in eigener Sache mit im Blick zu haben und entsprechend zu beteiligen. Eine Synode z. B. behandelt durchweg regelmäßig und kontinuierlich diakonische Fragen. Dieselbe Synode aber tut sich oft schwer, auch Fragen rechtlich selbständiger Diakonie angemessen zu sehen und zu behandeln, selbst wenn diese grundsätzlicher oder existenzgefährdender Art sind.

Gegenüber allen Beschwernissen und Einwänden muß aber festgestellt werden, daß die rechtliche Neuordnung sachlich die enge Verbindung von Kirche und Diakonie angemessen zum Ausdruck bringt, die Rechtsform des „eingetragenen Vereins" lediglich eine dienende Funktion hat, die „Sache" selbst aber eine „Funktion der lebendigen Kirche" ist und bleibt[168], die immer noch weiter ausbaufähig ist und alle Kräfte fordert.

4. Kirche und Staat

Nicht wenige Stimmen – inner- und außerhalb der Kirche – gibt es, die vehement fordern, die Kirche solle sich aus der Politik heraushalten, sich auf ihre „eigene Sache" beschränken, sich nicht in staatliche Belange einmischen. So oft diese Forderung gestellt wird, sie wird dadurch nicht richtiger, denn sie geht an dem der Kirche gegebenen Auftrag ebenso vorbei wie an dem Selbstverständnis unseres Staates. Gewiß, die „Rechtfertigung des Sünders allein aus Gnaden" verbietet jede Verherrlichung, Vergötzung und Ideologisierung der „Welt" und des „Vorletzten". Sie läßt nicht zu, daß die Kirche und ihre Diakonie sich „staatliche Art, staatliche Aufgaben und staatliche Würde" aneignen und damit selbst zu einem „Organ des Staates" werden. Dieses Geschenk der Rechtfertigung befreit „aus den gottlosen Bindungen der Welt", aber nicht, um sich auf und in sich selbst zurückzuziehen, sondern „zu freiem, dankbarem Dienst an seinen (Gottes) Geschöpfen"[169], schenkt also eine Freiheit, die wie im privaten so im öffentlichen Leben wirksam werden und sich entfalten will. Der Auftrag der Kirche verbietet es ihr und ihrer Diakonie, das ihr geschenkte „Licht unter den Scheffel" zu stellen (Matthäus 5,15).

> Gerade auch die Erfahrungen aus dem „Dritten Reich" erhärten, wohin es führt, wenn die Kirche sich auf sich selbst zurückzieht. In dem „Stuttgarter Schuldbekenntnis" von 1945 bekennen die Vertreter der Evangelischen Kirche in Deutschland dieses als einen Irrweg, daß sie ihre christliche Verantwortung für Volk und Staat nicht mutiger in aller Öffentlichkeit wahrgenommen haben. Der Rückzug auf eine „innere Linie" läßt immer ein Vakuum entstehen, in dem Ideologien sich um so besser ausbreiten und durchsetzen können.

Nimmt die Kirche den ihr gegebenen Auftrag zur Diakonie ernst, dann befindet sie sich damit, ob sie will oder nicht, mitten drin im politischen Geschäft, denn das soziale Feld ist durchzogen und bestimmt von einem dicken Geflecht politischer Vorgaben, staatlicher Regelungen und Bestimmungen. Und das aus gutem Grund: Der Staat des Grundgesetzes weiß sich nicht nur dem Schutz der Freiheit, sondern auch der Wohlfahrt seiner Bürger verpflichtet. „Die Bundesrepublik Deutschland ist ein demokratischer und sozialer Bundesstaat."[170] Damit haben die Väter des Grundgesetzes Grundgedanken der Bibel über das Zusammenleben der Menschen – „einer trage des anderen Last" (Galater 6,2) – aufgenommen und auf den Staat übertragen. Der Gedanke der „Menschenwürde", der sich dieser Staat grundlegend verpflichtet weiß, ist „inhaltlich eine Konsequenz der biblischen Lehre von der Gottesebenbildlichkeit des Menschen als Geschöpf Gottes" (1. Mose 1,27).[171]

Diesem Staat ist elementar daran gelegen, daß die „Art, Form" und das „Maß der Hilfe", die Menschen in besonderen Notlagen gewährt wird, „sich nach den Besonderheiten des Einzelfalls" richtet und es ihm ermöglicht, möglichst „unabhängig" von ihr zu leben.[172] Er ist demnach weder einem „Allmächtigkeitswahn", noch ist er einer „Überschätzung des Machbaren" erlegen, wie jene es tun, die ihm dieses unterstellen und ihn daher grundsätzlich ablehnen, als auch jene, die ihm gerade eine solche Allzuständigkeit zutrauen und zumuten.[173] Das Grundgesetz normiert zwar das Ziel einer gerechten Sozialordnung, läßt aber für die Erreichung dieses Zieles alle Wege offen. Es setzt die Menschenwürde und das Recht auf Selbstbestimmung voraus und rechnet mit einer eigenen und selbständigen politischen Verantwortung der Bürger für das Gemeinwesen. Auf dem Hintergrund und im Rahmen einer pluralen Gesellschaft will der Staat diese Freiheit und Verantwortung des Bürgers zum Zuge kommen lassen. Daher legt er Wert darauf, daß die unterschiedlichen Überzeugungen, Vorstellungen und Interessen zur Verwirklichung dieses Zieles der allgemeinen Wohlfahrt sich auch tatsächlich konkret entfalten und in diesen Prozeß einbringen können. Er weiß sich angewiesen auf die Mitarbeit von Gruppierungen und Verbänden, die aufgrund unterschiedlicher Welt- und Lebensauffassungen an dem Bau allgemeiner Wohlfahrt mitwirken. Indem er auf diese Weise seiner Verpflichtung für die wirtschaftliche und soziale Wohlfahrt aller nachkommt, trägt er zugleich der Freiheit seiner Bürger Rechnung, die aktiv an der Gestaltung des Ganzen teilnehmen und unter unterschiedlichen Hilfsangeboten wählen können. Daher ist es für diesen Staat geradezu selbstverständlich, daß der religiösen Überzeugung Ausdruck verliehen werden kann und sich die Religionsausübung auch auf den sozialen Bereich erstreckt. Er verbürgt die freie karitative Tätigkeit der Staatsbürger ebenso wie die der von ihnen geschaffenen Organisationen. Über das individuelle Verständnis hinaus erfaßt die „Religionsfreiheit" auf deren korporativ-institutionellen Charakter. Insofern ist der staatliche Schutz diakonischer Einrichtungen weder Besonderheit noch „Privileg", sondern der ganz selbstverständliche Normalfall. Mit dem gesetzlich verankerten Begriff der „Subsidiarität" hat er die seit der Weimarer Republik bewährte Linie eines partnerschaftlichen Nebeneinanders in der Wohlfahrt fortgesetzt.

> Die Behörden sollen mit den Kirchen und den freien Wohlfahrtsverbänden – bei Respektierung ihrer Selbständigkeit – zusammenarbeiten.[174] Die Tätigkeit dieser Verbände soll eine angemessene Unterstützung erfahren.[175] Die Träger der öffentlichen Sozialhilfe sollen eigene Einrichtungen nicht schaffen, soweit geeignete der freien Wohlfahrtsverbände vorhanden sind, ausgebaut oder geschaffen werden können.[176] Solche dem Bundessozialhilfsgesetz entsprechenden Regelungen finden sich auch im Kinder- und Jugendhilfegesetz von 1990, das das Gesetz für Jugendwohlfahrt (JWG) vom 11. August 1961 abgelöst hat.

Dieses Prinzip, daß die jeweils höhere oder allgemeinere Ebene eine Sache nicht entscheiden, regeln oder an sich ziehen soll, die ebenso gut oder gar besser von der orts- oder menschennäheren Arbeitsebene geleistet werden kann, bietet den bestmöglichen Schutz vor Allmachts- oder Allzuständigkeitsphantasien eines parteipolitisierten Staates, zugleich auch vor Zentralismus und blinder Vereinheitlichung. In seinem Kern und in seiner Ausrichtung ist dieses ein durch und durch biblischer Gedanke, denn er läßt sich leiten von der Einzigartigkeit, Würde und Freiheit jedes einzelnen Menschen als eines unverwechselbaren Geschöpfes Gottes. Er enthält eine doppelte Freiheitsgarantie: für den einzelnen Staatsbürger, sei er aktiv Helfender oder Hilfsbedürftiger, daß er frei über das Angebot entscheiden kann, das ihm in seiner speziellen Situation als das ihm gemäße und geeignete erscheint, für die jeweils anbietende Einrichtung oder Organisation, daß sie ein von ihrem Selbstverständnis her geprägtes Profil nicht nur haben darf, sondern haben soll und muß, weil nur auf diese Weise eine echte Wahlmöglichkeit gegeben ist. So ist es nicht nur das Interesse von Gruppen und Verbänden, ihre Vorstellungen und Überzeugungen zu vertreten, sondern es ist zugleich der Staat, der solches – um der Bürger willen – fordert und unterstützt.

Schließlich: Der Hilfeempfänger empfängt keine „Wohltaten" und ist Bittsteller, wenn er in Not gerät, sondern er hat gesetzliche Ansprüche gegenüber dem öffentlichen Sozialleistungsträger. Zwischen ihm, diesem öffentlichen Träger und der Einrichtung, derer sich jener zur Erbringung der erforderlichen Leistung bedient, besteht ein „sozialhilferechtliches Dreiecksverhältnis", in dessen Zielpunkt er, der Hilfeempfänger selbst steht. Das zwischen dem Kosten- und Einrichtungsträger bestehende „Leistungsbeschaffungsverhältnis" bietet durch den ausgehandelten „Pflegesatz" allen Beteiligten größtmögliche Vorteile: für den Hilfesuchenden Wahlfreiheit, für den Einrichtungsträger eine Art wirtschaftlicher Garantie während der Laufzeit der getroffenen Abmachung der Hilfeleistung, für den Sozialleistungsträger, daß er in einer Notsituation dem Betroffenen Hilfe nicht nur zusagen, sondern deren Verwirklichung auch wirklich konkret gewährleisten kann.

Wohlfahrtsverbände und Diakonie der Kirche bewegen sich mit alledem nicht in einem gleichsam „rechtsfreien Raum", so groß die ihnen gewährte Freiheit ist. In und mit ihrem Angebot ist die Diakonie in die allgemeine Rechtsordnung und das Gefüge des Sozialstaates eingegliedert. Sie ist autonom in der Ausrichtung ihres Dienstes, ihrer Organisations- und Rechtsgestalt, in der Auswahl ihrer Mitarbeiter, aber mit alledem wird und ist sie tätig in dem Rahmen staatlicher Planung und staatlichen Handelns. Je mehr der Staat seiner sozialstaatlichen Aufgabe nachkommt, je weiter er immer neue Aufgaben aufgreift und sie in seinen Planungsrahmen einfügen muß, je immenser andererseits der Ausbau der kirchlichen Diakonie voranschreitet und öffentliche Zuwendungen erfährt, desto mehr werden entsprechende staatliche Strukturregelungen unausweichlich. Das Geflecht staatlicher Vorgaben wird auf diese Weise – zwangsläufig – immer dichter, die Reibungspunkte immer größer. Mehr und mehr stellt sich das Problem der Absteckung der Grenze der Religionsausübung. Sie ist nicht ein für allemal gegeben, sondern ist immer neu zu erheben und zu würdigen, da das Bundesverfassungsgericht festgestellt hat, daß grundsätzlich nur das „geschützt werden soll", was „traditionell als Religionsausübung betrachtet wurde". Das stellt die immer neue Herausforderung dar, daß

- die Diakonischen Einrichtungen der Kirche das besondere Profil der Ausrichtung ihres spezifischen Dienstes jeweils konkret definieren und es nach innen und außen deutlich werden lassen;
- beide Seiten sich in ihren Planungen – und zwar rechtzeitig – beteiligen;
- respektiert wird, daß öffentliche Zuwendungen nicht dazu berechtigen, in die inneren Angelegenheiten der Einrichtung einzugreifen oder darauf Einfluß nehmen zu wollen;
- daß gerade in finanziell bedrängenden Situationen der öffentlichen Hand besondere Vorsicht und politische Weitsicht geboten ist. Gerade in derartigen Zeiten entwickeln sich soziale Aufgaben und die hier erforderlichen finanziellen Mittel geradezu antizyklisch. Zuwendungen für soziale Leistungen, die von Dritten erbracht werden, entwickeln sich aber nicht in gleicher Weise wie andere direkte Subventionen und Freiwilligkeitsleistungen. Diese beruhen grundsätzlich auf anderen Voraussetzungen. Ihre Kürzung oder Streichung kann daher sehr schnell die Existenz oder das Leistungspotential des freien Partners gefährden – zuungunsten des Hilfesuchenden und Anspruchsberechtigten.

Damit ist bereits angedeutet, in welchem Spannungsfeld sich die Diakonie hier bewegt und bewähren muß.

Wenn z. B.
- etwa im Bereich der Altenpflege Formulierungen von staatlichen Förderungsrichtlinien bestimmte Gruppen von Einrichtungen von vornherein ausschließen;
- staatliche Dienststellen von diakonischen Beratungsstellen die Übermittlung von Daten, Gutachten und Stellungnahmen über Hilfeempfänger erwarten, während diese freien Beratungsstellen gerade wegen ihrer Unabhängigkeit und besonderen Ausrichtung aufgesucht worden sind und aus diesem Grund hohes Ansehen genießen;

– Kommunen die Auffassung vertreten, der kirchliche Kindergarten müsse auf seine religionspädagogische Arbeit verzichten, da er mit öffentlichen Mitteln gefördert werde und allen Kindern offenstehe;

– aufgrund öffentlicher Zuwendungen an einen kirchlichen Kindergarten die Forderung gestellt wird, eine bestimmte Mitarbeiterin, die der Kirche nicht angehört, anzustellen;

dann läßt das nicht nur die Brisanz der Herausforderung für beide Seiten deutlich werden, sondern es stellt sich je länger je dringlicher die grundsätzliche Frage, ob man die grundgesetzlich gewollte und gewährte Freiheit diakonischer Arbeit der Kirche wie die der freien Wohlfahrtspflege überhaupt längerfristig zu bloßen Erfüllungsgehilfen des Staates degradieren, der öffentlichen Hand nun eben doch ein Monopol zuschieben und insgesamt religiöse Überzeugungen und den christlichen Glauben in das Ghetto bloßer Privatheit abschieben will. Eine Veränderung des Klimas zwischen Staat, Kirche und Diakonie ist nicht mehr zu übersehen. Die Streichung des Buß- und Bettages zur Finanzierung der Pflegeversicherung zeigt symptomatisch, daß sich das Selbstverständnis des Staates und damit auch sein Verhältnis zu Kirche und Diakonie verschoben hat und sich ein Wandel anbahnt, dessen Folgen noch nicht absehbar sind. Wenn der Sozialstaat an seine Grenze gestoßen und ein „Umbau" erforderlich ist, ist zu fragen, ob dieser auf der bisherigen Grundlage erfolgen oder eine völlig neue Richtung einschlagen soll.

Das Kinder- und Jugendhilfegesetz (KJHG), das 1990 bzw. 1991 das bis dahin geltende Jugendwohlfahrtsgesetz abgelöst hat, die Neuregelungen im Bereich des Bundessozialhilfegesetzes sowie das Pflegeversicherungsgesetz von 1994 und die in Aussicht genommene Neuregelung der Pflegesatzgestaltung für die Krankenhäuser bezeichnen einen klaren Einschnitt.

Hier sind Kirche und ihre Diakonie gefordert wie wohl noch nie in der Geschichte der Bundesrepublik. Dabei kann es nicht darum gehen, angebliche „Privilegien" oder den eigenen „Besitzstand" zu verteidigen. Es geht vielmehr um nicht weniger als den Schutz der Freiheit und der Würde des einzelnen Menschen und die Humanität des Gemeinwesens.

Die Diakonie der Kirche wird ihre Zukunft als eigenständige Organisation im Bereich der allgemeinen Wohlfahrt nur sichern können durch ein hohes Maß an Flexibilität, Offenheit und Opferbereitschaft.[177] Zugleich steht sie vor der Aufgabe, ein „eigenes tragfähiges Konzept für ihre Mitwirkung im Sozialstaat" zu entwickeln und vorzulegen und der besorgten Frage entgegenzutreten, ob sie nicht doch nur im Sinne eines „additiven Pragmatismus" handelt, daß sie jeweils nur von Fall zu Fall im Rahmen der finanziellen Vorgaben des Staates entscheidet, wie sie reagiert und ihren eigenen Auftrag verwirklicht.[178] Stärker denn je zuvor ist sie gefordert, ihr eigenständiges Profil öffentlich plausibel zu machen. Dazu gehört auch, daß die Kirche und Theologie ihre „Dialogfähigkeit entwickeln und das Dialogwissen bereithalten, damit u. a. sozialwissenschaftliche, politikwissenschaftliche und historische Sichtweisen in die Untersuchung des Ganzen der Diakonie einfließen können". Diese Dialogfähigkeit gilt es zugleich „im Blick auf den Handlungsalltag" in der Diakonie selbst zu fördern und die „Praxis der Diakonie zu einer kritischen Zeitgenossenschaft anzuleiten"[179]. Im Tiefsten hier hat sich das Miteinander von Diakonischem Werk und Kirche zu bewähren.

5. „Kirchliches Werk" und „Freier Wohlfahrtsverband"

Als Sozialgestalt der Kirche ist das Diakonische Werk der EKD auf allen seinen Ebenen der institutionelle Ausdruck der Diakonie als „Wesens- und Lebensäußerung" der Kirche. Als solches hat es die Aufgabe, die diakonische Arbeit anzuregen, zu planen und zu fördern. Es unterstützt daher die Zusammenarbeit und gemeinsame Planung der Diakonischen Werke der Gliedkirchen der EKD, der Fachverbände und der Diakonie der Freikirchen. Das Diakonische Werk der EKD vertritt namens der EKD diese Aufgaben gegenüber der Bundesrepublik, in- und ausländischer zentraler Organisationen und in der Öffentlichkeit.

Gleichzeitig ist das Diakonische Werk – auf allen Ebenen – ein „Spitzenverband der Freien Wohlfahrtspflege" und arbeitet als solcher mit den anderen anerkannten Spitzenverbänden auf Bundes- und Länderebene zusammen.

Der Begriff „Spitzenverband der Wohlfahrtspflege" ist nicht staatlich definiert, sondern er ist gewohnheitsrechtlich historisch entstanden.[180] Bei den Spitzenverbänden – Arbeiterwohlfahrt (AWO), Caritas, Deutscher Paritätischer Wohlfahrtsverband (DPWV), Deutsches Rotes Kreuz, Diakonisches Werk, Zentralwohlfahrtsstelle der Juden in Deutschland – handelt es sich um verbandsmäßige Zusammenschlüsse solcher Organisationen und Einrichtungen, die die gleiche ideelle Zielsetzung haben und auf freiwilliger Grundlage und gemeinnützig Wohlfahrtspflege betreiben – und zwar grundsätzlich auf allen wesentlichen Gebieten der Wohlfahrt. Das schließt ein, daß durchaus unterschiedliche Schwerpunkte jeweils gesetzt werden.

Die Bundesarbeitsgemeinschaft geht auf die im Jahre 1924 gegründete „Vereinigung der freien gemeinnützigen Wohlfahrtseinrichtungen" zurück. Das Reichsjugendwohlfahrtsgesetz von 1922 legte zum erstenmal die Zusammenarbeit zwischen öffentlichen und freien Trägern in der Jugendfürsorge und -pflege aufgrund des „Subsidiaritätsprinzips" fest. Es wurde damit zur Grundlage des in der Welt einzigartigen „dualen Systems" der Wohlfahrtspflege, das „in seinen Grundzügen mit den Elementen der Förderverpflichtung und Gesamtverantwortung öffentlicher Träger bei einer gesetzlichen Bestands- und Eigenständigkeitsgarantie der freien Träger"[181] bis zum heutigen Tage besteht und sich für alle Seiten bewährt hat. Das Bundesverfassungsgericht hat mit seiner Entscheidung vom 18. Juli 1967 dieses System der partnerschaftlichen Zusammenarbeit zwischen öffentlichen und freien Trägern ausdrücklich als verfassungsgemäß und notwendig bestätigt und hat dieses mit Zweckmäßigkeits- und Wirtschaftlichkeitsgründen begründet.[182]
Sind die Verbände in der Gestaltung, Organisation und Ausrichtung frei und selbständig, so sind sie andererseits eben als solche „Partner" über institutionalisierte Formen unterschiedlichster Art – Arbeitsgemeinschaften, Fachverbände, ministerielle Beratungsgremien, gesetzlich geregelte Beteiligungsformen, Mitwirkung in Ausschüssen auf Bundes-, Länder- und kommunaler Ebene (z. B. Jugendhilfeausschüsse), Anhörungen usw. – in den politischen Meinungsbildungsprozeß einbezogen und wirken aktiv und gestaltend in

diesem mit. Sie erbringen den weitaus größten Anteil sozialer Dienstleistungen im stationären, teilstationärem und ambulantem Bereich und gewährleisten damit einen großen Teil der konkreten Umsetzung der Wohlfahrtspolitik, garantieren diese und – nicht zuletzt – fungieren als Anwälte ihrer Klientel.

Mit der Bundesarbeitsgemeinschaft und den Arbeitsgemeinschaften auf Länderebene steht den Gesundheits- und Sozialpolitikern, den Regierungen, Parlamenten und Behörden ein Expertenwissen zur Verfügung, das seinesgleichen sucht. Hier fließen Kenntnisse, theoretische Einsichten und praktische Erfahrungen zusammen und werden gebündelt, die aus den unterschiedlichen religiösen und weltanschaulichen Wurzeln stammen, sich zusammensetzen aus dem Wissen von „Fach"leuten ebenso wie aus dem von „Sozialmanagern". Gerade ihre staatliche Unabhängigkeit sichert vor politischer Einseitigkeit, gerade die Kontinuität der Arbeit bewahrt sie vor politischer Kurzsichtigkeit, gerade die Pluralität vor partikularer Enge.

Die „Spitzenverbände" sind – im Unterschied etwa zu Gewerkschaften und Unternehmerverbänden – nicht als „Interessenverbände" einzustufen und entsprechend zu behandeln. Es handelt sich bei ihnen vielmehr primär – von ihrer Aufgabenstellung und ihrem Selbstverständnis her – um „Sozialleistungsverbände". Als solchen geht es ihnen nicht darum, „die Interessen von sozialökonomischen Gruppierungen bzw. ihrer Mitglieder zu aggredieren, zu selektieren und gegenüber den politischen Entscheidungsgremien zu vertreten"[183], sondern ausschließlich darum – gerade auch im wohlverstandenen Interesse des Sozialstaates – durch die ihnen angeschlossenen Einrichtungen und Dienste soziale Dienstleistungen für bestimmte Klientelgruppen bereitzustellen, die der Staat diesen angeboten und garantiert hat.

Auf regionaler Ebene sind in Landeskirchen Kirchenkreise als Mitglied des Diakonischen Werkes berechtigt und verpflichtet, in ihrem Bereich Aufgaben des Diakonischen Werkes als freier Wohlfahrtsverband wahrzunehmen und z. B. in einer regionalen Arbeitsgemeinschaft der freien Wohlfahrtspflege mitzuwirken. Insoweit unterhalten solche Kirchenkreise eine besondere „Diakoniegeschäftsstelle", die unter der Bezeichnung des Kirchenkreises die Bezeichnung „Diakonisches Werk" führt. In der Regel wird die Funktion des Geschäftsführers – so in der hannoverschen Landeskirche – dem Kirchenkreissozialarbeiter übertragen, so daß dieser damit zugleich zum „Scharnier" zwischen Kirchenkreis – „verfaßter" Kirche – und Diakonischem Werk wird.

Das gemeinsame Ziel, vergleichbare Erfahrungen und eine jahrzehntelange kontinuierliche Zusammenarbeit haben bewirkt, daß grundlegende Konflikte zwischen den Verbänden eher die Ausnahme geblieben – bzw. nicht nach außen gedrungen – sind.

Sie können sich aber stellen und haben sich gestellt, wo es z.B. um ethische Entscheidungen, Stellungnahmen mit entsprechenden Begründungen geht wie u. a. hinsichtlich der Forschung an Embryonen, des Schutzes des ungeborenen Lebens und des Schwangerschaftsabbruches, der Familienplanung und des ihr zugrundegelegten Begriffs und Verständnisses von „Familie", der Eugenik und der Sterilisation.

Je mehr explizit grundlegende ethische Entscheidungen zu treffen, zu begründen, zu vertreten und zu vermitteln sind, je mehr sich die Spitzenverbände gezwungen sehen, das je eigene Profil deutlich herauszustellen, desto stärker werden die Konflikte werden und den Zusammenhalt herausfordern. Die Suche nach „der Stadt Bestem" (Jeremia 29,7) stellt sich in derartigen Situationen als ein besonders schwieriger Prozeß dar, will man diesen Weg gemeinsam gehen, möglichst nach außen mit „einer Stimme" sprechen und dabei doch das eigene Gesicht nicht verleugnen. Daß sich gerade hier Diakonie und Caritas in einer besonderen Konfliktsituation befinden, als „kirchliche Werke" herausgefordert und zugleich gefährdet sind, liegt auf der Hand. Diese Situation spitzt sich zu dadurch, daß zwar die Diakonie – zusammen mit der Caritas – den weitaus größten und stärksten Leistungserbringer und -träger darstellt, ihr aber gerade wegen ihrer „Rückbindung" an die Kirche der öffentlich-gesellschaftliche Wind besonders ins Gesicht bläst.

Die „Routine des Alltags" der Arbeitsgemeinschaften der Spitzenverbände aber ist geprägt durch die kritische Begleitung staatlicher Gesetze und Vorhaben, eigener Initiativen und Aktionen, der Reflexion und Sichtung von Erfahrungen, dem Aufspüren neuer oder drohender Mißstände und – nicht zuletzt – durch die (selbstverständliche, weil gewollte und bejahte) Konkurrenz um den Zugang zu den organisationellen, personellen, technischen, finanziellen und klientenbezogenen Ressourcen. Dieser dem System inhärenten Konkurrenz korrespondiert allerdings, daß alle Partner bei der Verfolgung ihrer jeweiligen besonderen Interessen auf die anderen verbandlichen Träger und – vor allem – auf die öffentlichen Träger und damit auf Zusammenarbeit und möglichst gemeinsames Auftreten angewiesen sind. Damit ist die Notwendigkeit des Austarierens der unterschiedlichen Interessen und der Zwang zur Kooperation gerade dann gegeben, wenn die „Außen"gefährdungen sich zuspitzen.[184]

Konfliktsituationen ergeben sich z. B. auf Länderebene bei der Verteilung staatlicher Mittel unter die Mitglieder der Landesarbeitsgemeinschaft, wenn jene Zuwendungen der Arbeitsgemeinschaft zugewiesen werden und diese damit vor der Aufgabe steht, einen „Verteilerschlüssel" zu erarbeiten, auf den alle Beteiligten sich verständigen können.
Auf regionaler Ebene können sie sich ergeben, wenn es z. B. darum geht, daß eine Kommune einen von ihr errichteten oder geplanten Kindergarten einem der freien Träger zum „Betrieb" überlassen will und sich mehrere Partner darum bewerben. Die Konkurrenzsituation spitzt sich zu, wenn – historisch oder durch bestimmte Personen an „Schaltstellen der Macht" bedingt – von vornherein seitens der Kommune bestimmte Präferenzen bestehen oder aber die freien Anbieter unterschiedlich hohe finanzielle Eigenleistungen zum Betrieb des Kindergartens in die Waagschale werfen können.

Tatsache ist, daß das bisher praktizierte Kooperationsmodell des Zusammenwirkens von öffentlichen und freien Trägern je länger je mehr auf dem Prüfstand steht und damit auch das der Verbände selbst. Durch den enormen Ausbau sozialer Einrichtungen in den vergangenen Jahrzehnten ist die Abhängigkeit von staatlicher Finanzierung unterschiedlichster Art zunehmend gewachsen. Dieses gilt für die selbständigen Einrichtungen des Diakonischen Werkes in gravierender, für die unselbständigen diakonischen Einrichtungen der Landeskirchen, Kirchenkreise und Kirchengemeinden in abgestufter, aber auch bedrohlicher Weise. Nehmen die sozialen Notstände, die Differenzierungs- und Qualifikationsnotwendigkeiten erschreckend zu, so stehen dem immer knapper werdende finanzielle Mittel der öffentlichen Hand gegenüber, die zu entsprechenden Kürzungen bei den Leistungsträgern führen. Dieses fällt in eine Phase, in der die Akzeptanz der Wohlfahrtsverbände „in einer spezifischen Weise kontinuierlich zu schwinden scheint". Dabei schwindet nicht die „Anerkennung des Aufgabenspektrums der Verbände", also der von ihnen erbrachten sozialen Leistungen, wohl aber vermögen „immer weniger Leute ... einzusehen, warum dafür private Initiative, gespendetes Geld und ehrenamtliche Arbeit nötig sein sollte". In alledem sieht man vielmehr einen Teil „des sozialstaatlichen Dienstleistungsangebots", das der Staat gefälligst selbst zu erbringen habe. Abgesehen von der bereits im Ansatz falschen Sichtweise, die hier um sich zu greifen scheint, stellt diese Tendenz die Verbände wie das Diakonische Werk selbst vor sich verschärfende und kumulierende Probleme. Sie begünstigen entsprechende Tendenzen im staatlich-politischen Raum und machen es möglich, daß selbst äußerst grundlegende und einschneidende Entscheidungen in der Öffentlichkeit kaum wahrgenommen und dieser vermittelt werden können. Außerdem beziehen die Verbände – das Diakonische Werk voll eingeschlossen – ihre außerordentliche Innovationsfähigkeit und Flexibilität in der Reaktion und Aufnahme erkannter Notstände sehr wesentlich aus einem hohen Anteil an Eigenfinanzierung und daraus, daß ehrenamtliche Arbeit die hauptberufliche auf den unterschiedlichen Ebenen ergänzt und verstärkt. Sie sind daher auf solche wie auf Spenden in höchstem Maße angewiesen.

Mit derartigen Spendenmitteln ist es einer diakonischen Einrichtung z. B. möglich, technische Geräte anzuschaffen, die Bewohnern und Mitarbeitern die Arbeit erleichtern, Urlaubsfahrten mit ihren Jugendlichen oder mit Behinderten durchzuführen, besondere kulturelle und andere Veranstaltungen in Altenheimen anzubieten, initiative Maßnahmen so lange durchzuführen, bis sie vom öffentlichen Träger anerkannt sind und daher gefördert werden. Besonders wichtig sind solche Spenden auch, um Rüst- und Freizeiten sowie spezielle Fortbildungskurse für Mitarbeiter veranstalten zu können. Machen Spenden auch nur einen kleinen Bruchteil der Einnahmen aus, so sind sie für die Arbeit selbst von einem unvergleichbar höherem „Wert".

Wächst wegen der Kürzung der Mittel die Gefahr der „Anpassung" an staatliche Vorgaben und die „allgemeinen Geschäftsbedingungen sozialstaatlicher Mittelvergabe", so andrerseits die Herausforderung an die Verbände ihr „jeweiliges Profil, ihren Charakter als freier Träger" und die Notwendigkeit eines solchen für den einzelnen wie für die Gesellschaft stärker noch als bisher herauszustellen und plausibel zu machen. Dieses ist zu begrüßen – auch und gerade für die Diakonie als „Werk der Kirche" – hat aber auch zur Konsequenz, „daß Kontroversen und Selbstverständnis-Diskussionen aufbrechen (können), die die verbandliche Gemeinsamkeit gefährden könnten"[185]. Dieses fordert wie das Diakonische Werk so die Kirche selbst heraus, wenn denn jenes ihre „Wesens- und Lebensäußerung" wirklich ist. So sehr gerade auch sie – aus Gründen unterschiedlichster Art – zum Sparen und damit zu noch gezieltem Umgang mit der Gewährung finanzieller Zuwendungen, die nicht auf Rechtsverpflichtungen beruhen, gezwungen ist, sie würde der Diakonie – und sich selbst! – einen mehr als schlechten Dienst erweisen, wenn sie – im Gegensatz zum Staat – in dieser Situation nicht antizyklisch reagieren und damit ihr „eigenes Werk" und die ihm sich Anvertrauenden stützen würde. Das bezieht sich sowohl auf die Gewährung von Mitteln aus der Kirchensteuer als auch auf eine Verstärkung der Bewußtseinsbildung in den Gemeinden, damit diese die diakonische Arbeit stärker als bisher mittragen und begleiten und sich als „hauseigenes Reservoir" für ehrenamtliche Mitarbeit und Spenden bewähren.

Das Diakonische Werk als „kirchliches Werk" und „freier Wohlfahrtsverband" nimmt aufgrund seines mit der Kirche gemeinsamen Auftrages keine „Doppelfunktion" wahr, dient nicht – wie manchmal unterstellt oder befürchtet – „zwei Herren" und trägt kein „Janusgesicht" mit mindestens zwei unterschiedlichen Hüten.[186]

> Dieser Eindruck mag manchmal – auch in der kirchlichen Öffentlichkeit – gerade in Konfliktsituationen (wie z. B. den geschilderten) entstehen. Er ergibt sich aber meist aus dem Nichtdurchschauen des Zusammenspiels im Ganzen und der hier zu beachtenden „Spielregeln". Ein solcher Eindruck kann

auch entstehen z. B. bei Stellungnahmen und gutachterlichen Äußerungen des Diakonischen Werkes in der Öffentlichkeit. Das Diakonische Werk argumentiert – aufgrund entsprechender Voten seiner Fachverbände und seines direkten Kontakts mit den Betroffenen – nicht selten eher situativ und dialogisch und steht damit immer in der Gefahr, Teilaspekte zu verabsolutieren oder Neues zu dramatisieren, wenn es die Träger vor Ungewohntes und Nichtabzuschätzendes stellt. Äußerungen der Kirchenleitungen hingegen erscheinen oft – aufgrund der Konsensfindung in der Kirche selbst – abstrakt, geprägt von der Notwendigkeit des kleinsten gemeinsamen Nenners, zu wenig entschieden und dadurch wenig durchschlagskräftig. Gerade diese, vielleicht in der Natur der Sache liegende Spannung erweist sich aber dann als hilfreich und notwendig, wo man sich wechselseitig mit seinen Möglichkeiten, aber auch Grenzen, nicht überfordert und anerkennt, daß sowohl die unmittelbare „Betroffenheit" als auch die „Distanz" Gefahren wie Chancen in sich birgt und es daher erforderlich ist, in einem kontinuierlichem Dialog den jeweils darzustellenden und zu verwirklichenden Part abzusprechen.

6. „Horizontale" und „Vertikale" Gliederung

Die Überschrift erscheint mysteriös. Das ist sie auch. Deutlich wird daraus, wie überlegt, aber auch wie kompliziert der Aufbau des Diakonischen Werkes sich darstellt. Dieser geht schon auf die Vorstellungen J. H. Wicherns im 19. Jahrhundert zurück. Die Arbeit des Diakonischen Werkes vollzieht sich gleichsam in zwei Organisationssträngen: einem „vertikalem" und einem „horizontalen". Der „horizontale" vereinigt und bündelt die Arbeit des Werkes in bestimmten geographisch bzw. politisch und kirchlich festgelegten Räumen, die sich in der Regel mit den Landeskirchen decken (z. B. „Das Diakonische Werk der Ev.-luth. Landeskirche Hannovers e. V."). In diesen Landesverbänden sind alle diakonischen Rechtsträger des jeweiligen geographischen Raumes zusammengefaßt. Die „Horizontale" setzt sich innerhalb einzelner Diakonischer Werke der Gliedkirchen der EKD fort, wenn in diesen – aufgrund entsprechender Kirchengesetze – die Kirchenkreise der betreffenden Landeskirche zugleich Mitglieder des Diakonischen Werkes sind. In den Kirchenkreisen sind ja wiederum unterschiedliche diakonische Arbeitsfelder in einem fest umrissenen geographischen Bereich zusammengefaßt. Sofern Kirchengemeinden eigene diakonische Einrichtungen betreiben – z. B. Kindergärten oder Gemeindeschwesternstationen – sind sie über den betreffenden Kirchenkreis im Diakonischen Werk ihrer Landeskirche vertreten.

Neben diesem „horizontalem" verläuft der „vertikale" Organisationsstrang: die Arbeit der etwa hundert „Fachverbände". Handelt es sich dort um geographisch zusammengefaßte kirchlich-diakonische „Gruppen", so hier um die Zusammenfassung und Bündelung verschiedener selbständiger diakonischer Rechtsträger und Einrichtungen, die in ein- und demselben Arbeitszweig tätig sind und diesen im Rahmen des Diakonischen Werkes fachlich vertreten (z. B. Jugendhilfe). Ihnen obliegt die Aufgabe der Bearbeitung ihres je fachlichen Gebietes und der Erarbeitung entsprechender allgemeiner Grundsätze und Richtlinien.

> Heute arbeiten im Bereich des Diakonischen Werkes der EKD folgende Gruppierungen von Fachverbänden: Schwestern- und Bruderschaften; Mitarbeiterverbände; Ausbildungsstätten; Ehrenamtliche Dienste; Jugend und Erziehung; Hilfe für Alte, Kranke und Behinderte; Hilfe für Gefährdete und Menschen unterwegs; Missionarische Dienste, Öffentlichkeitsarbeit; Ökumene, Gesellschafts- und Sozialpolitik.

Beide Organisationsformen sollen – bei unterschiedlicher Aufgabenstellung – gewährleisten, daß in der Arbeit des Werkes sowohl die fachlich-spezifischen als auch die „übergeordnet" geographisch-kirchlich-politischen diakonischen Gesichtspunkte angemessen zum Zuge kommen können. Fachliche, berufs- und zielgruppenspezifische als auch organisatorische, rechtliche, finanzielle und politische sowie kirchliche Fragen sollen angemessen berücksichtigt werden und in die Arbeit einfließen. Die „horizontale" Ebene der Landesverbände vor allem soll darüber hinaus eine möglichst enge Orts-, Zielgruppen- und Mitgliedernähe gewährleisten.

> Das hat allerdings nicht verhindern können, daß Diakonische Werke gelegentlich neue Aufgabenstellungen zu spät erkannten, z. B. die teilstationäre Hilfe für Behinderte, die Frauen-

häuser, die Arbeit der „Hospizbewegung", die Begleitung AIDS-infizierter und -kranker Menschen.

Diese ist um so notwendiger, als das Diakonische Werk auf den verschiedenen Ebenen seines Handelns lediglich einen „Verband" darstellt, dessen Mitglieder selbständige eigene Rechtsträger sind. Als „Sozialleistungsträger" ist dieser Verband wie auf Bundes-, so auf Länderebene kaum in der Lage, „Zwang" auszuüben und sich durchzusetzen, wenn es z. B. darum geht, die Mitglieder auf bestimmte, vom Verband ausgehandelte Politikresultate zu verpflichten. Es gibt hier keine „Weisungsbefugnis" von „Oben" nach „Unten", die Zusammenarbeit beruht vielmehr auf gemeinsamer Grundüberzeugung, der kirchlichen Zugehörigkeit und entsprechend vereinbarten Regelungen sowie auf der „Befriedigung utilitaristischer Nutzerwartungen" der angeschlossenen Einrichtungen und Einrichtungsträger, ihrer Erwartung auf Beratung, fachliche Unterstützung, angemessene Vertretung und „Sicherung von Ressourcen"[187]. Bei solcher – historisch bedingter und gewachsener – Anlage und Organisation ist – trotz vielfältiger Verflechtungen der Ebenen und „Stränge" – eine gewisse Schwerfälligkeit, die Gefahr von Doppelarbeit und Überschneidungen und entsprechender Reibungsverluste nicht zu übersehen.

Das Diakonische Werk der Ev.-luth. Landeskirche Hannovers e.V. z. B. vertritt 354 Mitglieder: davon 76 Kirchenkreise und 278 Vereine und Stiftungen mit insgesamt 3000 Einrichtungen und etwa 30.000 Mitarbeitern. Durch seine Organe (Mitgliederversammlung, Präsidium, Vorstand) und seine Geschäftsstelle in Hannover nimmt es – laut Satzung – „insbesondere folgende Aufgaben wahr: die ihm angeschlossenen Einrichtungen, Werke, Verbände und sonstigen Dienste der Diakonie zu beraten, zu Planungen und Tätigkeiten anzuregen, für Abstimmung ihrer Planungen und Tätigkeiten zu sorgen, sie zur Wahrnehmung gemeinsamer Aufgaben zusammenzuführen und ihre Interessen bei kirchlichen, staatlichen und anderen Stellen zu vertreten;
die diakonische Arbeit der Kirchengemeinden und Kirchenkreise anzuregen und zu fördern;
übergemeindliche Aufgaben der Diakonie, namentlich auf dem Gebiet der Sozial- und Jugendhilfe, zu planen und zu

fördern sowie in besonderen Einzelfällen Bedürftigen Hilfe zu leisten;

Maßnahmen zur Erfüllung gemeinsamer Aufgaben, insbesondere für die berufliche Bildung und Zurüstung der Mitarbeiter sowie für die Gewinnung von Helfern und Freunden der Diakonie zu treffen;

die Landeskirche in Angelegenheiten, die die diakonische Arbeit betreffen oder Auswirkungen auf sie haben können, zu beraten und ihr zu berichten;

mit staatlichen und kommunalen Dienststellen und den anderen Spitzenverbänden der freien Wohlfahrtspflege zusammenzuarbeiten und diesen gegenüber sowie in der Öffentlichkeit diakonische Belange zu vertreten;

die Zusammenarbeit mit Trägern diakonischer Dienste im Bereich der Evangelischen Kirche in Deutschland und der Ökumene zu pflegen."[188]

Die Mitgliederversammlung tritt in der Regel jährlich zusammen. Die wesentliche laufende Arbeit geschieht im Vorstand und in der Geschäftsstelle. Dieser tagt – in der Regel – wöchentlich, das Präsidium monatlich. Die Mitgliederversammlung als „oberstes Organ" ist zuständig für:

„die Aufstellung allgemeiner Grundsätze für die Tätigkeit des Diakonischen Werkes und seiner Mitglieder und des Präsidiums, die Anregung neuer diakonischer Aufgaben und die Überwachung der satzungsmäßigen Tätigkeiten der Organe;

die Entgegennahme des Tätigkeitsberichts des Präsidiums;

die Wahl der Mitglieder des Präsidiums ...;

die Festsetzung der Höhe des Jahresbeitrages;

Satzungsänderungen und die Beschlußfassung über die Auflösung des Vereins;

Berufungen gegen Entscheidungen des Präsidiums bei Aufnahme und Ausschluß von Mitgliedern;

die Bestätigung der Wahlordnung;

für andere Angelegenheiten, die ihr vom Präsidium unterbreitet werden."[189]

Dieses Beispiel sei angeführt, um deutlich werden zu lassen, daß die Aufgabe des Diakonischen Werkes nicht in erster Linie Sache der unmittelbaren Hilfeleistung an notleidenden Menschen, aber eben auch nicht solche der Leitung und

Führung sind. Es geht vielmehr um Anregen, Fördern, Vertreten, Zusammenführen, Planen, Abstimmen. Das Diakonische Werk selbst bezeichnet sich – entsprechend bescheiden – als „Dachverband mit Fachberatung und Interessenvertretung seiner Mitglieder".[190]

Die allgemeine Kritik an den Wohlfahrtsverbänden insgesamt ist in den vergangenen Jahren immer lautstärker geworden. Man spricht von einem „Dilettantismus des dritten Sektors", der Unbeweglichkeit sozialer Großkonzerne", der „Monopolisierung der Verbände", der „mangelnden Transparenz der Finanzierung"[191]. Daß diese in ihrer Pauschalität nicht nur überzogen, sondern auch ideologisch bedingt und gefärbt ist, wird bereits aus der Begriffswahl deutlich. Daß sie darüber hinaus auf den Wellen einer entsprechenden Zeitströmung mitschwimmt und diese verstärkt, ist um der Sache willen mehr als bedauerlich, aber hinzunehmen. Leichthin abzutun aber ist sie um so weniger, als sowohl wohlmeinende kritische Beobachter als auch „Insider" und Mitglieder entsprechende Anfragen stellen. Sie sind um so ernster zu nehmen, als die Geschichte der Inneren Mission in den letzten über hundert Jahren zeigt, wie fatal es sich für das Gesamt wie für die einzelnen Einrichtungen auswirkt, wenn die Organisationsstruktur mit dem Auf- und Ausbau des Werkes nicht Schritt hält.

Der Vielzahl und Vielfalt der Mitglieder in der Mitgliederversammlung z. B. kann nur entsprochen werden, wenn man sie wesentliche Aufgaben einer Mitgliederversammlung nicht tun läßt, sondern diese anderen Organen überläßt. Andererseits ist ein Gremium mit z. B. 354 Mitgliedern, das sich zudem nur einmal jährlich zusammenfindet, mit der Wahrnehmung aktueller Fragen und Aufgaben überfordert, zumal es nicht die Möglichkeit hat, aus sich heraus Ausschüsse zu bilden. Daß die Mitgliederversammlung – z. B. durch die Aufnahme der Vertreter der Kirchenkreise – vielleicht eine gewisse „Milieuveränderung" erfahren hat, ist erfreulich, reicht aber kaum aus, das weithin vorherrschende „Binnenklima" zu ändern, die Orientierung an der Zuteilung von (kaum noch vorhandenen) Zuwächsen, Sicherheiten und „Besitzständen" nachhaltig zu verändern und dafür die

Außen- und Klientenorientierung zur ausschlaggebenden Priorität zu machen.

Die Wahrnehmung des gegebenen Auftrags sowie die Zunahme des Wettbewerbs auf dem „Markt sozialer Dienstleistungen", das verstärkte Auftreten privater (und ausländischer) Anbieter, die schwindende Akzeptanz in der Bevölkerung, die verschärfte und z. T. überzogene Tendenz, auch und gerade soziale Leistungen und Aktivitäten nur noch an den Kriterien der „Effizienz", der „Marktfähigkeit" und Kostenminderung zu messen, die Überforderung vor allem kleinerer diakonischer Einrichtungen, sich in dieser Situation zu behaupten, fordern Überlegungen zu einer „inneren Reform"[192]. Mag eine solche langwierig und äußerst schwer durchsetzbar sein, sie wird um so eher zu erarbeiten und zu organisieren sein, wenn die Mitglieder selbst von ihrem „Dachverband" nicht etwas erwarten, wozu dieser von seiner Aufgabenstellung und Ausstattung (noch) nicht imstande ist, und sie aufgrund eines breiten und festen Grundkonsenses loyal und – vor allem – extensiv die bereits vorhandenen und festgelegten Mitgliedspflichten ernst nehmen und ihrerseits verwirklichen.

7. „Gemeindlicher" und „Funktionaler" Dienst

Das Neue Testament bezeichnet mit dem Wort „Kirche" sowohl das Gesamt der Kirche – also die Kirche als „Organisation" oder „Institution" – als auch die Kirche als „Gemeinde". Es gebraucht dafür ein und denselben Begriff (ekklesia). Daraus wird deutlich: Die Kirche als Ganzes ist da, gegenwärtig und lebendig in jeder Ortsgemeinde, überall dort, wo Christenmenschen sich um Wort und Sakrament versammeln. Durchgesetzt hat sich bei uns das parochial-territoriale Organisationsprinzip, wobei „Parochie" und „Ortsgemeinde" meistens, wenn auch nicht immer, deckungsgleich sind. Sie bildet den Zentralbereich geistlich-kirchlicher Kommunikation mit gemeindlichem Gottesdienst, der Darreichung und Feier der Sakramente und den „Amtshandlungen". Sie beruht auf Kontinuität und erhebt den Anspruch, für alle Glieder ihres Bereichs da zu sein und deren Umweltbezüge wahrzunehmen.

Die diakonischen Dienste und Einrichtungen – ob von Körperschaften der „verfaßten" Kirche (also z. B. der Kirchengemeinde oder dem Kirchenkreis) oder von selbständigen Rechtsträgern des Diakonischen Werkes getragen – folgen demgegenüber dem „funktionalen" Organisationsprinzip. Sie sind nicht für alle, sondern nur für eine bestimmte Gruppe von Menschen – z. B. Behinderte, Ratsuchende, Kinder im Vorschulalter – eingerichtet, ausgerüstet und zuständig und entsprechen von dieser ihrer Aufgabenstellung her mehr den Notwendigkeiten einer stärkeren Differenzierung. Sie sind – wie die Soziologen sagen – nur „teilautonome Subsysteme" mit einem „eingegrenzten" Aufgabengebiet. Das gilt wie für den gemeindlichen Kindergarten, so für die Behinderteneinrichtung des Diakonischen Werkes. Daß sich aus diesen unterschiedlichen Organisationsformen – ungeachtet ihrer gemeinsamen Quelle und ihres gemeinsamen Auftrages – Spannungen ergeben, verwundert nicht. Solche verschärfen sich, wenn z. B. Pfarramt und Kirchenvorstand eine „Allzuständigkeit" für sich in Anspruch nehmen oder – umgekehrt – diakonische Dienste und Einrichtungen meinen, sich von der Gemeinde distanzieren und emanzipieren zu müssen. Parochie und Kirchengemeinde sind zwar „bewährte" kirchliche Organisationsformen, haben sich zudem in der langen Geschichte der Kirche als äußerst flexibel, elastisch und anpassungsfähig erwiesen, ihr faktischer Funktionsverlust in der Gegenwart aber wie gleichfalls die Kirchengeschichte zeigen, daß es eine fatale Engführung wäre, würde man dieses Organisationsprinzip absolut setzen. Die Parochie und Kirchengemeinde hat immer ihrer Ergänzung durch ein System bedurft, das mit einem differenzierten Hilfsangebot, entsprechend ausgebildeten Mitarbeitern und dafür eingerichteten Institutionen auf die Nöte der Zeit und der Menschen antworten und diese aufnehmen konnte. Die Apostelgeschichte des Lukas zeigt, daß dieses schon in frühester Zeit geschehen ist und die christliche Gemeinde diesen Dienst nie an den Rand geschoben oder vernachlässigt hat. „Kirchliche" und „diakonische" Arbeit vollziehen sich demnach in diesen beiden einander ergänzenden Organisationsformen.

Die Kirchengemeinde ist zuständig und offen für alle Menschen, die in ihrem geographischen Bereich wohnen und leben – die funktionalen diakonischen Einrichtungen nur für ganz bestimmte Menschen und Menschengruppen; jener Dienst ist prinzipiell nicht zeitgebunden – dieser jedoch ist bestimmt durch den Rhythmus des gesellschaftlichen Arbeitstages; jener beruht auf der „Geh"-, dieser auf der „Komm"struktur; dort – neben anderen Diensten – eine „Alltagsdiakonie" mit punktuellen spontanen und persönlichen oder auch relativ kleinen organisierten Dienstleistungen (Kindergarten, Schwesternstation) – hier z. T. große Diakonische Einrichtungen mit einer schier erdrückend erscheinenden Übermacht an hauptberuflich tätigen Spezialisten und einem entsprechend ausgestattetem räumlichen und technischen „Apparat".

Das ist – wie dargelegt – nicht nur historisch bedingt, sondern es ergibt sich vor allem aus Gründen der Zweckmäßigkeit und Rationalität. Es kann aber dennoch für beide Seiten – zumindest in der Praxis des Alltags – eine nicht unbedeutende Hemmschwelle darstellen: Die Einrichtung lebt ihr Eigenleben neben der Gemeinde, die Gemeinde kennt „ihre" Einrichtung nicht. Die wechselseitig bestehenden Berührungsängste lassen sich nicht übersehen.
Auf diesem Hintergrund ist immer wieder die Rede davon, die Diakonie sei „aus der Gemeinde ausgewandert", die Gemeinde sei diakonisch „unterentwickelt" oder gar „tot". Stimmen werden laut, die eine „diakonische Gemeinde" einklagen und fordern.[193] Gewiß darf und kann nicht übersehen werden, daß mancherorts die gemeindliche Sensibilität für Notstände und -situationen, der Blick für bestimmte Randgruppen und die Bereitschaft zu besonderem Engagement nicht sehr ausgebildet sind. Es darf darüber aber nicht übersehen werden, daß in den Kirchengemeinden, ihren Räumen und ihren Häusern viel mehr „Diakonisches" geschieht als das in Erscheinung tritt, weit mehr geleistet wird ohne daß jemand dabei auch nur an „Diakonie" dächte oder davon spräche. „Diakonie" ist „Lebens- und Wesensäußerung", nicht aber eine „Außen"funktion der Gemeinde. Gemeinde und Kirche selbst bestehen aus Menschen, die gesund sind, aber auch krank, unversehrt sind, aber auch behindert werden können, aus „Verwundeten und Verwundbaren"[194]. Daraus – wie aus 2. Korinther 5,18 – folgt: Sie ist als solche und schon „in sich" eine „diakonische", eine „Kirche für andere". Gewiß sind ihr deutliche Grenzen gesetzt. Das aber darf nicht dazu verleiten, das, was in ihr und durch sie geschieht, als „beiläufige Diakonie" abzutun und zu diffamieren.[195]

In dieser „beiläufigen" Diakonie, an diesem geographischen Ort, wo die Gemeinde lebt, wohnt und ihre Gottesdienste feiert, sich in Gruppen und Kreisen sammelt und versammelt, hat alles diakonische Tun seine Wurzel und seinen Nährboden. Von hier allein aus kann es zu einer „Revitalisierung" kommen, die die Ohnmacht überwindet und Kräfte zur Selbsthilfe entbindet.

Ob das allerdings durch Forderungen erreicht wird, die empfehlen, Gemeinde müsse Diakonie wieder neu „lernen"[196] oder Stimmen, die den „tendenziellen Vorrang des diakonischen Handelns vor dem Kerygma"[197] herausstellen, erscheint zweifelhaft. Derartige Vorstellungen bleiben nicht nur im Appellativen stecken, sondern nehmen auch die Realität nicht wahr und ernst. Hier ist hinzuweisen nicht nur auf das nach wie vor (noch) vorhandene „diakonische" Tun einzelner Menschen in Familie, Nachbarschaft und Verwandtschaft, das spontan und ohne spektakuläres Aufsehen Tag für Tag (und Nacht für Nacht) beinahe selbstverständlich geschieht, und gerade aus diesem Grunde nicht übersehen, sondern anerkannt und gewürdigt werden sollte. Festzustellen ist auch, daß es noch nie so viel „Diakonie in der Gemeinde" gegeben hat wie ausgerechnet in unseren Tagen, angefangen von der Arbeit der Gemeindeschwester und dem Kindergarten über „Brot für die Welt", „Bosnienhilfe", Ferienaktion für Kinder aus Tschernobyl bis hin zu Mütter-und-Kind-Gruppen und Altentreffs. Auszumachen ist schließlich – und nicht zuletzt –, daß die Diakonie selbst zur Zeit der Urgemeinde nie ein die ganze Gemeinde bestimmendes Anliegen gewesen ist, und die Kirchengeschichte erhärtet das. So gut jene Forderungen – und (An)Klagen – gemeint sein mögen, sie müssen als unsachgemäß und realitätsfern, als „überfordernde und deshalb hilflos machende Postulate"[198] abgewiesen werden – und zwar gerade dann, wenn das in ihnen zum Ausdruck kommende Anliegen ernst- und aufgenommen werden soll.

Vor allem anderen kommt es darauf an zu erkennen, daß Diakonie nur ein, wenn auch ein wichtiges und lebensnotwendiges „Element" von Kirche und Gemeinde ist. Sodann gilt es zu sehen, daß dieses Element als prägende Dimension, in der Tat, nahezu alle Bereiche

gemeindlich-kirchlichen Lebens durchzieht. Wenn die Kirchengemeinde trotz allen Funktionsverlustes sich heute nach wie vor als
notwendig erweist, so auch aus dem Grunde, daß sie angesichts
zunehmender Isolierungs- und Anonymitätstendenzen immer noch
– und zunehmend mehr – ein kontakt-, gemeinschafts- und sinn-
stiftendes Beziehungsfeld in einem überschaubaren regionalen
Rahmen darstellt und demgegenüber keine Alternativen sichtbar
sind. Sie bietet die Möglichkeit der Eingliederung des einzelnen in
ein größeres Ganzes, Haft- und Sammelpunkte, die Distanz erlauben
und Nähe ermöglichen, das Bewußtsein von Selbständigkeit und
Zugehörigkeit wecken und fördern helfen. Bereits als derartiges
Beziehungsfeld hat sie eine „diakonische" Dimension und Ausrichtung. Brennpunktartig konkretisiert sich das im – oft so gescholte-
nem – Sonntagsgottesdienst: in der Predigt; die mahnt, erbaut, trö-
stet und aufrichtet und in der „Fürbitte", in Klingelbeutel und „Dank-
opfer" ebenso wie im „Brotbrechen" des Abendmahles. Der innerste
Kern des gemeindlichen Lebens ist nicht denkbar ohne diese diakonische Ausrichtung und hat gerade darin seine christliche Besonderheit. Das gilt erst recht für die „Kasualhandlungen" wie Taufe,
Trauung, Konfirmation, Beerdigung und an anderen Schnittpunkten
des Lebensweges. Und sie wird erfahr- und erlebbar in den Haus-
besuchen wie in den Gruppen und Kreisen. Wird dazu wahrgenommen, wie viele Gemeindeglieder als einzelne diakonisch-ehrenamt-
lich inner- und außerhalb der Gemeinde tätig sind, erfährt das Bild
eine gewisse Abrundung.

> Wer weiß und sieht schon, daß dieser oder jener in der
> Gemeinde tätig ist in Gremien der Diakonie oder anderer
> Wohlfahrtsverbände, in der Bahnhofsmission oder der Tele-
> fonseelsorge, bei den „Grünen Damen" im Krankenhaus
> oder als Begleiter einer der vielen Selbsthilfegruppen, in
> Bürgerinitiativen für Belorußland oder für eine „kinder-
> freundliche Stadt"?

Dann geht es nicht mehr um appellative Forderungen, sondern um
das Wahrnehmen der Wirklichkeit und der in ihr liegenden Möglichkeiten für ein auch besseres Miteinander von Parochie und diakonischer Einrichtung – und umgekehrt. Für die diakonischen Einrichtungen ist dabei ausschlaggebend, daß bereits in ihrem Arbeits-
ansatz deutlich wird, „daß für alle am diakonischen Prozeß

Beteiligten die Erfahrung von Gemeinde intendiert ist" und die „Dimension der Gemeinde in jeder Praxis vom Heilen, Trösten und Begleiten von allem Anfang an hineingehört"[199], damit sich die Dimension des Diakonischen und Gemeindlichen mit- und ineinander wechselseitig verschränken.

Da wird schnell deutlich, daß die Verbindung zwischen Gemeinde und Einrichtung nicht nur über Personen und persönliche Spontankontakte geschehen kann, sondern diese durch Absprachen oder Vereinbarungen, durch Rahmen- oder Kooperationsverträge abgesichert werden müssen, um die „Gewähr auf Dauer" zu bieten.[200] Möglichkeiten wechselseitiger verbindlicher Zusammenarbeit gibt es viele – und wesentlich mehr als bekannt werden bereits seit langem praktiziert:
– gegenseitige Information über besondere Vorhaben oder Probleme. Gegenteiliges Beispiel: Eine diakonische Einrichtung erwirbt in einer Gemeinde ein Haus, um dort eine Außenwohngruppe von behinderten Jugendlichen einzurichten. Ehe die Kirchengemeinde das aus der Zeitung erfährt, proben die Anwohner bereits den Aufstand. Welche Chancen sind hier – zu Lasten der Jugendlichen – vertan;
– Abstimmen von Stellungnahmen gegenüber der Öffentlichkeit. Solche werden – im Grunde zu Recht – immer „der Kirche" zugeordnet und ggf. angelastet. Umgekehrt sorgen solche der Gemeinde immer auch für Unruhe – und ggf. Empörung – bei Mitarbeitern und Bewohnern der Heime. Wechselseitige Information und Abstimmung kann hier allen Beteiligten helfen;
– gemeinsames Planen, Vorbereiten und die Durchführung von „Diakoniewochen" oder -tagen, Gottesdiensten, Veranstaltungen, Festen und Feiern;
– Besuchsdienste in der Einrichtung auf bestimmten Stationen oder bei einzelnen, Paten- und Partnerschaften.[201]

Die Kirchengemeinde kann für die Ausformung von Rahmenbedingungen sorgen, „in denen vielfältige Gruppen, Initiativen und Projekte sich entfalten können". Sie kann „Ehrenamtliche" aufspüren und durch sie Brücken schlagen. Sie kann ihre „relativ stabile gesellschaftliche und binnenkirchliche Dignität ... in die Waagschale" werfen, um spezielle Hilferufe der Einrichtung zu verstärken, „einzelnen Initiativen Anerkennung zu verleihen und deren gesellschaftliche Wirkung zu verbreitern". Sie kann isoliert arbeitende Gruppen miteinander in Kontakt bringen. Gemeinde und diakonische Einrichtung können im Miteinander bei Respektierung der notwendigen Arbeitsteilung gemeinsam helfen, einer „Risikogesellschaft" Gegengifte zu injizieren und Erfahrungen zu ermöglichen, die einer „Kultur der Teilnahmslosigkeit" entgegenwirken.[202]

8. „Amt" und „Dienst"

Mit etwa 370.000 hauptberuflich tätigen Mitarbeiterinnen und Mitarbeitern – vom Hausmeister bis zum Diakoniedirektor, der Kindergärtnerin und dem Pfleger, der Beraterin und dem Sozialarbeiter, dem Arzt, dem Verwaltungsleiter und Juristen, der Altenpflegerin und dem Pädagogen usw., usf. – tut die Diakonie heute ihren vielfältigen Dienst. Ihre Zahl überschreitet bei weitem die der Pfarrer (Theologen), der sog. „Amtsträger", in der „verfaßten" Kirche. Ihr Dienst wird von Millionen Menschen täglich in Anspruch genommen. Er wird anerkannt und geschätzt. Nicht zuletzt gerade dieser Dienst trägt dazu bei, daß der Kirche großes Vertrauen und große Erwartungen entgegengebracht werden. Und dennoch: Man spricht von der „Amtskirche". Der Pfarrer gilt als die Symbolfigur, die Kirche und Gemeinde repräsentiert. Sein Besuch gilt als „amtlich", als Besuch der Gemeinde, der Kirche, der eines diakonischen Mitarbeiters wird zwar freundlich aufgenommen, eher aber als „persönlicher", „privater" registriert. Das gilt nicht nur für Mitarbeiter selbständiger diakonischer Rechtsträger, sondern z. B. auch für die von der Kirchengemeinde angestellte und in ihrem Auftrag tätige Diakonin oder den Sozialarbeiter. Ein Spannungsfeld, in der Tat. Wie ist das möglich?

Man wird feststellen müssen: Die Kirche selbst hat dazu erheblich beigetragen und tut es, leider, bis heute. In der Kirche selbst wird dem Pfarrer und dem „Pfarramt" nicht selten – vielleicht so nicht einmal gewollt – praktisch eine derartige positionelle Vorrangstellung, Allzuständigkeit und Allverantwortlichkeit zugesprochen, daß sich in seinem „Amt" alles konzentriert, alle anderen „Ämter" zu Teilfunktionen dieses einen Amtes degradiert und ihre Inhaber zu bloßen „Gehilfen" des Pfarrers herabgestuft werden. Hier spricht man vom „Amt", dort (nur) von „Diensten", hier von „Geistlichen", dort (nur) von „Laien".

Diese (Fehl-)Entwicklung hat bereits in der Frühen Kirche ihren Anfang genommen. Ursprünglich haben „Amt" und „Dienst" dasselbe bedeutet. Beides wurde als „diakonein" = Beistand (Römer 16,1 f.) oder Dienstleistung für andere (Lukas 10,40) bezeichnet. In Römer 12 beschreibt Paulus, wie sich die dem Glauben geschenkte göttliche Gnade in einzelnen, ganz konkreten Gnadengaben (Charismen) individualisiert. Alle Glaubenden empfangen „natürliche" Gaben und Begabungen, und der Heilige Geist kann sich dieser bedienen – dort und dann nämlich, wo sie in den Dienst am Nächsten gestellt werden und damit dem „Bau der Gemeinde" dienen. Ob Predigen oder diakonisches Tun – alles ist „Amt" bzw. „Dienst", unterschieden nicht durch den Rang, sondern nur durch die jeweils unterschiedliche Funktion. Alle Gaben und entsprechend „Dienste" und „Ämter" haben dieselbe Würde (1. Korinther 12,1 ff.). Die Herrschaft des „Kopfes" über Füße und Hände, ja, übers Herz ist an dem einen „Leibe Christi" ausgeschlossen. Die Aufspaltung der Gemeinde und Kirche in die Inhaber eines „geistlichen" Standes und der (bloßen) Laien hat im Neuen Testament keinen Anhaltspunkt. Dennoch ist sie faktisch entstanden, indem man das Charisma sakramental auf einen exklusiven Trägerkreis – den „ordo" der Priester, später der Pfarrer – eingrenzte. Kriterium für das „Charismatische" ist nicht mehr sein „Dienstcharakter" für die „Erbauung der Gemeinde", sondern nur noch der „durch geordnete Amtsübertragung in ein System von Rechten und Pflichten Eingesetzte verfügt über ein Charisma".[203] „Amt", Charisma und „Dienst" treten auseinander.

Eine weitere Ursache, die zu dieser Spannung zwischen dem einen „Amt" und den anderen „Diensten" führt, dürfte darin bestehen, daß es sich bei den diakonischen Mitarbeitern um sog. „professionals" handelt, deren Ausbildung und Berufsbild sich nicht – wie bei den Theologen – innerhalb, sondern außerhalb der Kirche entwickelt hat, dort anerkannt und institutionalisiert ist.[204] Ihre beruflichen Standards haben sich entsprechend dort entwickelt, und die primäre Bezugsgruppe für diese Mitarbeiter ist zunächst die eigene Kollegenschaft. Sie erheben daher einen eigenen und „hohen Autonomieanspruch", der mit dem des Theologen in der Kirche zusammentrifft. Die Spannung spitzt sich dadurch weiter zu, als das Verhältnis von Theologie und „Humanwissenschaften", die von diesen vertreten werden, nach wie vor nicht geklärt ist. So kommt es auf allen Seiten zu Unsicherheiten und Irritationen. Sie werden verschärft durch den Umstand, daß Pfarrer und Theologe im Gesamt der Kirche und in der Öffentlichkeit zwar ein überaus hohes Ansehen genießen, in ihrem „Amt" alle Funktionen zusammenzufließen scheinen, aber ihre „eigentliche" Qualifikation für Predigt und Sakramentsverwaltung noch lange nicht für andere Tätigkeiten – z. B. diakonische – qualifiziert.

Die Aufhebung der hier bestehenden Unklarheit und Unsicherheit ist immer wieder angemahnt worden, angefangen von J. H. Wichern selbst. Sie erschwert nicht nur das notwendige Miteinander zwischen Theologen und Nichttheologen in Kirche und Diakonie, sondern belastet auch das Verhältnis von Kirche und Diakonie – und umgekehrt. Wenn M. Luther bei den Diensten nach Matthäus 25,42 ff. von „ministerium" = „Amt" und vom „Priestertum aller Gläubigen" spricht, dann dürfte es in der „Kirche der Reformation" keine theologisch-geistliche Unterscheidung zwischen „Amt" und „Diensten" geben. Dieses führt wie zu einer Verzerrung des Predigt- und einer Überforderung des Pfarramtes, so zu einer „Abwertung" z. B. der diakonischen Dienste und einer „Entmündigung" der Gemeinde. Jene „Dienste" sind dem Predigtamt gleichgeordnete – also nicht aus ihm abgeleitete und „unter" ihm stehende – „Ämter" mit jeweils eigenständigen Funktionen.

Die Anerkennung dieser diakonischen Ämter als genuin „kirchliche", d. h. von der Gemeinde gewollte, eingesetzte und institutionalisierte Dienste, setzt allerdings voraus, daß die Bedingungen und Erwartungen beider Seiten geklärt und für alle Beteiligten verbindlich formuliert werden. Indem die Kirche Gemeindeglieder, die ihre Charismen entdeckt und ausgebildet haben und sie für den kirchlich-diakonischen Dienst zur Verfügung stellen wollen, mit einem solchen Amt betraut, stellt sie das Hilfehandeln, das ihr wie jedem einzelnen Christenmenschen aufgetragen ist, gleichsam „auf Dauer" und entzieht es damit der Beliebigkeit der Situation. Das helfende Handeln ist nicht mehr Ausdruck persönlicher Beziehungen, sondern geschieht namens der Kirche und in beruflicher Absicht. Die Kirche, die in dieses Amt zur Wahrnehmung dieser speziellen Funktion an dieser bestimmten Menschengruppe und in dieser dafür eingerichteten Einrichtung beruft, muß dieses durch eine entsprechende kirchliche Beauftragung zum Ausdruck bringen. Das so geordnete diakonische Amt unterscheidet sich von dem „Predigtamt" durch den Inhalt seines Dienstauftrags, von der Ausübung der allgemeinen Liebespflicht, die allen Christen aufgegeben ist, durch eben dieses Mandat der Gemeinde (Kirche). Es kann nur unter bestimmten Voraussetzungen und in bestimmten Formen erteilt werden. Zu den Voraussetzungen gehören neben der Bereitschaft des zu Berufenden, sein Amt im Geist des Evangeliums und im Gehorsam gegen Gottes Gebot wahrzunehmen, die Feststellung des den Amtsaufgaben entsprechenden Charismas und der für das Amt erforderlichen erworbenen fachlichen Kenntnisse und Fähigkeiten (Ausbildung mit Abschluß). Die Beauftragung durch die Gemeinde hat in einem öffentlichen Gottesdienst zu geschehen. Hier erfolgt die Amtsübertragung, die Verpflichtung des Mandatars und seine Einsegnung.

Es ist erfreulich, daß sich die Synode der EKD dieses Themas angenommen hat. Es ist zu hoffen, daß sie ihre Arbeit bald vorlegen kann und – vor allem – diese von den Gliedkirchen der EKD und dem Diakonischen Werk anerkannt und konkret umgesetzt werden.

Ist dieser Schritt – endlich – getan, so ist für die Öffentlichkeit wie für alle Beteiligten und die Mitarbeiter selbst deutlich, daß es sich bei den diakonischen Diensten – in welcher Rechts- und Organisationsgestalt auch immer sie geleistet werden – um einen genuin kirchlichen Dienst handelt. Eine wesentliche Klippe für das Miteinander von Kirche und Diakonie wäre beseitigt.

9. „Hauptberufliche" und „ehrenamtliche" Tätigkeit

Neben den „hauptberuflich" stehen die diakonisch „ehrenamtlich" tätigen Mitarbeiterinnen und Mitarbeiter. Ihre Zahl überschreitet die der „professionals" bei weitem. Ihr Einsatz an Zeit und Kraft ist unübersehbar. Ihre Tätigkeitsfelder und Einsatzmöglichkeiten sind fast unbegrenzt.

> Z.B.: Unterstützung pflegender Angehöriger; Begleitung von Müttern, die ihr Kind zur Adoption freigegeben haben; Reisebegleitung von Kindern auf den Fahrten in oder von der Kur; Babysittingdienst; Schularbeitenhife; Mitarbeit in Telefonketten; Mitarbeit in Gremien und Organen diakonischer Einrichtungen (Mitgliederversammlung, Vorstand, Kuratorium) sowie in Ausschüssen; Partnerschaften für Um- und Aussiedler; Mitarbeit in Gruppen für Suchtkranke, in integrierten Gruppen mit Behinderten; Besuchsdienste in Gemeinden, Gefängnissen, Krankenhäusern, Alten- und Altenpflegeheimen; Mithilfe bei Freizeiten und Urlauben mit Gefährdeten oder Behinderten; Vorlesen bei Blinden; Begleitung Gehörloser bei Behördengängen; Einkaufen für alte oder gehbehinderte Menschen; „Grüne Damen"; Bahnhofsmission.[205]

Eine Vielfalt von Anlässen, wie Menschen entweder spontan und aus eigenem Antrieb oder durch einen Anstoß von außen aktiv werden oder werden können. Gerade die Diakonie kann und will auf diese ehrenamtliche Tätigkeit um ihres Auftrags und der ihr anvertrauten Menschen willen nicht verzichten. Hier liegt – wie nicht nur der Aufbruch der Diakonie im 19. Jahrhundert, sondern die Kirchengeschichte insgesamt zeigt – der Wurzel- und Nährboden, wo das „Priestertum aller Gläubigen" helfende Gestalt annimmt. Hier geht es nicht darum, daß die vielen diakonischen Aufgaben in Gemeinden und Einrichtungen von Hauptamtlichen allein gar nicht bewältigt werden können, erst recht nicht um die Einsparung von Mitteln, obwohl auch das seine gewisse Berechtigung hat. Vorrangig geht es vielmehr darum, daß ehrenamtliche Mitarbeiter eine notwendige Ergänzung der hauptberuflich Tätigen darstellen.

Die helfenden Berufe haben eine Vielfalt und Differenziertheit erfahren, die schier atemberaubend und kaum noch zu übersehen ist. Diese Entwicklung war und ist notwendig. Sie läßt aber zugleich deutlich werden, daß gerade dadurch im Hilfesystem selbst ein „erhebliches Konfliktpotential" besteht. „Die Professionalisierung und fachliche Differenzierung der Arbeit sowie die damit einhergehende Reduktion des ursprünglich komplexeren Rollenrepertoires professioneller Hilfen auf Ein-Rollen-Funktionen schaffen Unsicherheiten und Konkurrenzsituationen." Allzu oft „wird dann auch der Ruf nach ‚Ganzheitlichkeit' zur Leerformel, die verdeckt, daß es oft eher um Berufs- und Rollenprobleme der helfenden Berufe geht als um das Wohl der einzelnen Hilfsbedürftigen"[206].

Das bestehende Konfliktpotential innerhalb der hauptberuflich tätigen Mitarbeiterschaft verschärft sich durch die ehrenamtlichen Mitarbeiterinnen und Mitarbeiter, die darüber berichten und darunter leiden. Dabei darf nicht übersehen und verschwiegen werden, daß ehrenamtliche Mitarbeit, wenn sie sachgemäß angesetzt und begleitet wird, nicht nur eine „Entlastung" für die „professionals" bedeutet. Erst recht aber darf nicht übersehen und verschwiegen werden, daß ehrenamtliche Tätigkeit aufgrund ihres eben sehr viel umfassenderen und komplexeren „Rollenrepertoires" gerade in der heute gegebenen Situation einer zunehmenden Ausdifferenzierung der helfenden Berufe eine besonders notwendige und unerläßliche Aufgabe zukommt. Der ehrenamtlich tätige Mitarbeiter – nicht fixiert auf eine „Ein-Rollen-Funktion" und nicht „betriebsgebunden" oder gar „betriebsblind" – kann aufgrund seines besonderen Lebens- und Berufsweges, seiner sonst völlig anderen Tätigkeit und entsprechenden Erfahrungen in besonders unverwechselbarer Weise auf „allgemeinmenschliche", biographisch-persönliche oder gesamtbetriebliche Erfordernisse und Bedürfnisse achten, reagieren und sie befriedigen. Von ihm kommen Fragen, die ungewohnt sind, Anregungen, die man vielleicht selbst schon angedacht, aber nicht weiterverfolgt hat, Hinweise, die längst Eingeschliffenes und Gewohntes u. U. in Frage stellen, Beobachtungen, die in der Routine des beruflichen Alltags übersehen worden sind. Er durchbricht und erweitert das „Milieu" und „Binnenklima", stellt die Brücke zur „Außenwelt" und ihren „Anwalt" dar. Die gewiß immer auch notwendige Routine des Betriebes und seines beruflichen Alltags werden gleichsam „durchlässig" durch Spontaneität, Unbefangenheit, Ungewohntes und Nichtgesehenes. So bringen haupt- und ehrenamtlich tätige Mitarbeiterinnen und Mitarbeiter ihre je besonderen Erkenntnisse und Erfahrungen, Fähigkeiten und Einsichten in das Hilfesystem ein: jeder mit seinen Gaben und Möglichkeiten, jeder mit seinen Grenzen. Die einen sind auf die anderen gewiesen und angewiesen. Haupt- und ehrenamtliche Mitarbeit sind die zwei Seiten der einen Sache „Diakonie". Der Ruf nach einer Verstärkung des ehrenamtlichen Engagements wird dann nicht nur lauter, sondern auch überzeugender wirken.

Er klingt derzeit zweifelhaft auch aus dem Grunde, daß er ertönt in einem gesellschaftlichem Umfeld, das den einzelnen Menschen in der Bewältigung seiner sozialen Beziehungen und Probleme eher entmündigt und ihn seine Ohnmacht spüren läßt, erst recht, wenn dieser Ruf in Zeiten finanzieller Engpässe erhoben wird, während noch wenige Jahre zuvor allein die bezahlte professionelle Arbeit Sozialprestige und Anerkennung verhieß.

Die Diakonie kann hier – vielleicht stärker noch als die „verfaßte" Kirche – vor allem solche Menschen und Berufsgruppen ansprechen und aktivieren, die aufgrund kürzerer Arbeitszeiten und gewandelter Wertpräferenzen ein gestiegenes Interesse – weniger vielleicht an „kirchlicher", wohl aber – an der Erfüllung sozialer Arbeit haben. Damit es allerdings zu einer sinnvollen und befriedigenden Mitarbeit kommen kann, muß vorher von beiden Seiten möglichst genau abgeklärt werden, welche Aufgaben welche Befähigungen fordern, d. h. welche Voraussetzungen erfüllt sein müssen. Nur so sind Mißverständnisse und Enttäuschungen zu vermeiden. Auf diese Weise aber kann sich verwirklichen, daß wir „Glieder eines Leibes" sind, der „für andere" da ist und da sein will.

Das ausführliche Erstgespräch ist unumgänglich, um die gegenseitigen Vorstellungen abzuklären und genaue, verbindliche Absprachen über Umfang, Inhalt, Zeitaufwand und Dauer der Tätigkeit zu treffen und Informationen über Rechte und Pflichten (z. B. Versicherungsschutz, Kostenerstattung, Teilnahme an Teambesprechungen) auszutauschen. Eine Einführungs- und Erprobungsphase wird immer nötig und hilfreich sein, ebenso aber auch eine kontinuierliche Begleitung während des Dienstes selbst. Dem „Zeitopfer", das der Ehrenamtliche bringt, muß das „Zeitopfer" des Hauptamtlichen entsprechen. Wo diese Symmetrie nicht vorhanden oder nachhaltig gestört ist, werden beide Seiten Schaden nehmen.

10. „Organisierte Nächstenliebe" und „Selbsthilfe"

„Selbsthilfegruppen" sind „Aktionen, zu denen sich Bevölkerungsgruppen (oder einzelne) freiwillig zusammenschließen, um ihre wirtschaftliche oder soziale Lage zu verbessern, sei es, weil geeignete öffentliche Hilfe fehlt (z. B. Mangel an Kindergartenplätzen), sei es, weil man staatliche Hilfeleistung ablehnt"[207]. Letzteres kann sein, ist aber heute wohl eher die Ausnahme. Sie spielen eine nicht mehr zu übersehende und zu unterschätzende Rolle wie für den einzelnen, so für die Gesellschaft.

> Eine Umfrage des Diakonischen Werkes der Ev.-luth. Landeskirche Hannovers e. V. vom Frühjahr 1993 kommt auf etwa 2000 bestehende und etwa 80 in Vorbereitung befindliche Selbsthilfegruppen allein in seinem Bereich. Am häufigsten sind „Mütter-und-Kind-Gruppen" und solche für Suchtkranke, seltener Gruppen von Adoptions- oder Pflegeeltern oder auch von Arbeitslosen.[208]

Selbsthilfegruppen signalisieren Defizite in Staat, Gesellschaft und Verbänden, markieren einen Protest und bedeuten eine Provokation.

> An ihnen wird erkennbar, daß die These, die Krise des Sozialstaates sei nicht lediglich auf konjunkturelle ökonomische Entwicklungen und daraus folgende finanzielle Restriktionen der öffentlichen Hand zurückzuführen, sondern habe ihre zentrale Ursache in der ungleichgewichtigen Beziehung zwischen dem „formellen" (Marktsektor und dem Sektor staatlicher und kommunaler Bürokratien) und dem „informellen" (Primärgruppenbeziehungen wie Familie, Nachbarschaft usw.) Sektor, nicht von der Hand zu weisen ist.[209]

Sie sind eher Symptom einer „Selbstüberlastung" – nicht aber einer „Anspruchsinflation" – des modernen Wohlfahrtsstaates. „Indem das expandierende System der bürokratischen Regulierung von

Lebenszusammenhängen informelle Sozialbeziehungen zerstört, erzeugt es einen Problemstau, der die eigenen Verarbeitungskapazitäten übersteigt."[210] In dieses Defizit stoßen die Selbsthilfegruppen. In ihrem übergroßen Problemdruck fühlen sie sich alleingelassen, von den staatlichen, kommunalen, aber auch von den Organisationen der anerkannten Verbände zurückgesetzt, vielleicht gar von der Gestaltung des „Sozialbonus" ausgegrenzt. Hat der Prozeß der Institutionalisierung, Organisierung, Bürokratisierung und Professionalisierung sozialer Hilfeleistungen zu einer Lähmung der selbstaktiven Felder und dem Gefühl sozial-gesellschaftlicher Ohnmacht geführt, so verschafft sich dieses hier Luft und Raum, will Abhilfe schaffen und aktiv durchsetzen. Selbstbestimmung und Selbstorganisation, Personen-, Ortsnähe und Flexibilität der Hilfeleistung prägen ihr Bild. Zweifellos stellen sie eine „Konkurrenz" zu den Wohlfahrtsverbänden und damit auch zum Diakonischen Werk dar – und wollen auch als solche gesehen und verstanden werden. Sie protestieren gegen die „sozialen Giganten", die den Eindruck erwecken oder gar den Anspruch erheben, das ganze Feld sozialer und gesellschaftlicher Nöte abdecken zu können. Das in diesen Gruppen verborgene Potential sollte wahr- und ernstgenommen werden.

> Die Diakonie hat das weithin relativ spät getan, Kirchengemeinden haben es bis heute kaum in seiner Bedeutung erkannt. Die Ursache liegt vielleicht in einem überzogenem Verständnis des Prinzips des „Altruismus". Hilfe ist für andere da, nicht aber für sich selbst. Sie hat ebenso absichts- wie selbstlos zu sein. Dieses Verständnis hat bereits im 19. Jahrhundert den Weg zum „freien" beruflichem Tun in der Diakonie – außerhalb der Diakonissenmutterhäuser – erschwert. Dieses Verständnis nivelliert die notwendige Unterscheidung zwischen dem spontanen Tun des einzelnen und dem organisiert-beruflichen Tun. Er übersieht darüber hinaus, daß der Helfende immer auch Nehmender, nicht nur „Gebender", das Mitglied einer Selbsthilfegruppe mit der Selbsthilfe immer auch Helfender für andere ist und sein will.

Aufgrund der zu den Verbänden ggf. bestehenden Spannung und entsprechender Anwürfe darf allerdings auch deren Potential und Bedeutung nicht herabgesetzt oder verunglimpft werden. Für sie kommt es ausschlaggebend darauf an, daß sie stärker und bewußter als bisher ihre „intermediäre" (vermittelnde) Funktion wahrnehmen und sie auch tatsächlich ausfüllen. Entscheidend ist für sie in diesem Prozeß, daß sie eine neue „subsidiäre" Vermittlungsfunktion gewinnen zwischen staatlichen und kommunalen Verwaltungen einer- und dem „informellen" Sektor (z. B. Selbsthilfegruppen) andererseits. Die Verbände verfügen über Voraussetzungen und Potenzen zur Förderung und Stabilisierung sich neu abzeichnender und im Feld der Selbsthilfegruppen sich herausbildender autonomer Hilfspotentiale, bieten die Möglichkeit, mit ihren Impulsen und kritischen Vorbehalten diese Gruppen an der Gestaltung des Soziallebens aktiv teilhaben zu lassen. Aufgrund ihrer Beziehungen und Kontakte zu Staat und Kommune, der Infrastruktur von Dachverbänden und Trägerorganisationen bieten sie für alternative oder ergänzende Institutionen und derartige Gruppen wichtige Anknüpfungspunkte.

Die Diakonie als Ausdruck organisierter christlicher Nächstenliebe hat sich im 19. Jahrhundert selbst außerhalb des etablierten Kirchentums organisiert und verfaßt, um – soweit als möglich – angemessen auf die Nöte und Notstände der Zeit aufmerksam machen und auf sie regieren zu können. Daher könnte sie gerade hier ein erfahrener Vorreiter sein. Das setzt voraus und fordert, die eigene Position und Rolle kritisch zu hinterfragen und hinterfragen zu lassen, im Konkurrenten nicht den „Gegner", sondern den notwendig potentiellen Partner zu sehen, ihn mit seinen Grenzen, aber auch seinen besonderen Möglichkeiten und dem ihm eigenen Profil zu respektieren.

Dann aber ist Vorsicht geboten bei Formulierungen wie: „Selbsthilfegruppen sind für das Diakonische Werk seine beweglichen Arbeitsfelder und für die Kirche ein Ausdruck mündiger Gemeinde." Oder: „Die Selbsthilfegruppen wissen sich ihren Gemeinden verbunden und suchen und fördern den Kontakt zu diesen." Kann sein, muß aber nicht – zumindest nicht so generell – so sein. Derartige Vereinnahmungs- und Umarmungsversuche können den notwendigen Dialog von vornherein belasten oder gar unmöglich machen. Richtig ist vielmehr, wenn festgestellt wird: Selbsthilfegruppen wollen sich „vom Grundsatz her nicht vereinnahmen lassen". Jene bereits erwähnte Umfrage[211] besagt ja unmißverständlich, daß die „Kooperation von Selbsthilfegruppen und

Gemeinde bzw. Kirchenkreis" von den Befragten selbst mit „kaum" oder (nur) „gelegentlich" angegeben wird.[212]

Andrerseits bedürfen die Selbsthilfegruppen der „Schallverstärkung", damit die Nöte, auf die sie reagieren, und die Art der Hilfe, die sie anbieten, gesellschaftlich wahrgenommen und diskutiert werden. Sie bedürfen des Rückgriffs auf bestimmte professionelle Hilfeleistungen z. B. hinsichtlich der fachlichen, der Rechts- und Wirtschaftlichkeitsberatung, finanzieller Starthilfen und solcher in Krisensituationen, der Bereitstellung von Räumen. Sie brauchen ggf. einen Mittler, um von Ämtern und Behörden – die sie nicht kennen oder die ihnen von vornherein mit einem gewissen Mißtrauen begegnen – überhaupt gehört und ernstgenommen zu werden. Indem Kirche und ihre Diakonie derartige Brückenschläge zu tun versuchen und sich als Partner zur Verfügung stellen, stoßen sie in die Lücke, die zwischen „anonymen Wähler- und Intimgruppen einerseits und ebenso anonymen, unpersönlich steuernden Großverbänden andererseits klafft". In dem zu führenden Dialog werden die bestehenden Spannungen zur Sprache gebracht und ausgetragen werden müssen, damit Partnerschaft entstehen und wachsen kann, man die jeweiligen Hilfsangebote nicht als alternative, sondern einander ergänzende versteht. „Spannung im Dialog" erscheint angesagt. Insgesamt scheint sich hier ein Subsidiaritätsverständnis abzuzeichnen, das auf eine „komplementäre Vernetzung" im lokalen Feld abzielt und zwar dergestalt, daß die Kommune (als die größere Gemeinschaft) die kleinere Gemeinschaft in die Lage versetzt, Selbsthilfe zu betreiben, und „zugleich die administrativen Strukturen sich zu ganzheitlichen und zielgerichtetem Tun vernetzen". Geht es hier „um ein Höchstmaß an ganzheitlicher Hilfe und Selbsthilfe", dann könnte dieser Weg auf „die Bildung lokaler Sozial- bzw. Wohlfahrtsgemeinden" hindeuten.[213] Ob „Utopie" oder „Modell", in der gegebenen Krise der allgemeinen Wohlfahrt wird die Diakonie die sich hier abzeichnenden Realisierungschancen nicht vernachlässigen wollen.

11. „Liebes"tätigkeit und Ökonomie

„Der Markt sozialer Dienstleistungen ist wenig im Blick und hat bisher in der Literatur nur wenig Beachtung gefunden." Dabei läßt sich dieser Markt in seiner Größe, seinem Umfang und seiner Bedeutung nicht übersehen. Es darf unterstellt werden, daß sein

Umsatzvolumen 27 Mrd. DM bei weitem übersteigt und derzeit etwa zwischen 40 bis 50 Mrd. DM liegen muß.[214]

Die Diakonie hat die Chancen des Freien Wohlfahrtsstaates nach dem Zweiten Weltkrieg optimal genutzt und ist damit zu einem der größten deutschen Arbeitgeber geworden. Damit ist aber auch die Frage der Finanzierung stärker als früher in den Vordergrund getreten. Diese ist die Bühne, auf der sich wichtige Machtkämpfe und entscheidende Beeinflussungen abspielen. Hier wird über Umfang und Art der Hilfeleistung entschieden. Hier findet die tägliche Gratwanderung zwischen Selbstbestimmung und finanzieller Abhängigkeit statt. Damit ist diakonisches Handeln einerseits eine „geistliche" Größe, andererseits stellt die Diakonie als außerordentlich umsatzstarkes Unternehmen eine Institution dar, die – wie jedes andere Unternehmen auch – den ökonomischen Bedingungen des „Marktes" unterliegt. Hier besteht eine Spannung. Soll die „Liebe" alles Handeln bestimmen, so ist es dort das Geld, das erst einmal beschafft und erwirtschaftet werden muß, um jenes Handeln überhaupt zu ermöglichen. Gerade in der Diakonie – wie in der Kirche selbst – wird aber diese Seite meist schamhaft verschwiegen. „Über Geld spricht man nicht" – und tut es, weil es unbedingt notwendig ist, dann um so mehr. Man sieht sich in einem Dilemma: hier der hohe Anspruch des Liebesgebotes, dort die in den eigenen wirtschaftlichen Beziehungen herrschenden eigenen oder fremden ökonomischen Gesetze. Mit dieser Scham sind zwei Gefahren gegeben: Entweder man gibt sich im täglichen diakonischen Geschäft rein zweckorientiert der sog. „Eigendymanik" unternehmerischen Handelns hin, weist damit der „Liebe" nur noch eine Nische im Gottesdienst und in speziellen „geistlichen" Angeboten zu, oder jene ökonomischen Erfordernisse werden in ihrer eklatanten Bedeutsamkeit bagatellisiert und beschönigt.

> Das geschieht dann oft so, daß man die Frage nach der „Christlichkeit" des Unternehmens mit dem Hinweis auf die vorhandenen Pastoren- und Diakonenstellen, die Mitgliedschaft im Diakonischen Werk, die kirchlichen Gelder und die zahlreichen Spenden beantwortet. Geflissentlich verschwiegen wird – obwohl es allzu offen zutage liegt – daß all dieses angesichts des Umfangs und der Größe der Arbeit sowie des Umsatzes nur einen verschwindend kleinen – wenn auch

aus anderen Gründen mindestens ebenso wichtigen – Bruchteil des Erforderlichen ausmacht.

Die eigene Glaubwürdigkeit steht damit auf dem Spiel, denn von Auftrag und Ansatz her ist es für die Diakonie ausgeschlossen, nach der Devise zu handeln: hier der Glaube an die „Heilkraft der Liebe", dort die Ökonomie mit ihrer Eigengesetzlichkeit. Mit einem solchen Denken und Handeln würde das Zeugnis von der Herrschaft Christi über alle Bereiche menschlich-irdischen Lebens in seinem Kern entleert und zu einer bloßen Worthülse deklassiert. Ist die „Herrschaft Christi" und damit die „Liebe" das Entscheidende und Ausschlaggebende, dann werden sie auch in diesem Bereich zum Tragen kommen müssen. Die Spannung ist zu sehen, die Unterscheidung beider Bereiche, aber auch ihre wechselseitige Bezogenheit ist zu beachten. Paulus schreibt an die Philipper: „Darum bete ich, daß eure Liebe je mehr und mehr reich werde in allerlei Erkenntnis und Erfahrung, daß ihr prüfen möget, was das Beste sei, auf daß ihr seid lauter und unanstößig auf den Tag Christi." (1,9 f.) Christlich verstandene „Liebe" ist weder Schwärmerei noch bloßes Gefühl. Sie ist realitäts- und nächstenbezogen und entsprechend nüchtern. Sie schließt „Erkenntnis" nicht aus, sondern, im Gegenteil, ausdrücklich ein. Ein Teil dieser „Erkenntnis" – und nicht der unwesentlichste – besteht darin, daß sie unterschiedliche Möglichkeiten und Gegebenheiten sieht und „prüft", was unter diesen „das Beste" sei. Von hier aus hat Arthur Rich versucht, die mit jener „Spannung" gegebene Herausforderung theologisch anzugehen. Er unterscheidet zwischen „Instanz" und „Kriterium" bzw. „Maßstab". Die Liebe – als das „Gesetzes Erfüllung" – hat die „Aufgabe ..., kritische Prüfungsinstanz zu sein, die in ständiger Bezogenheit auf die Realitäten an kein Ende kommt" und kommen kann, während „die Kriterien" jeweils zu „situativen, vernünftigen und auch revidierbaren Entscheidungsmaximen führen"[215].

Damit tritt Rich gleichzeitig der Auffassung entgegen, die Wirtschaft sei lediglich ein rein mechanischer Zusammenhang „natürlich" ablaufender Gesetzmäßigkeiten, in dem sich Entscheidungen quasi zwangsläufig ergeben. Wirtschaft und Wirtschaften stellen vielmehr „eine täglich neu zu lösende Gesamtaufgabe" dar, durch die „bestimmte Ordnungsgedanken verwirklicht werden sollen". Die ständig eintretende Notwendigkeit – und damit auch die Möglichkeit – Entscheidungen zu treffen, läßt deutlich werden, daß „ökonomisches Handeln" nicht „naturgesetzlich" determiniert, sondern sozialethisch durchaus relevant ist.[216]

Das schließt nicht aus, sondern das nicht zu leugnende Phänomen der sog. „Eigengesetzlichkeit" durchaus ein, allerdings in dem Sinne, daß damit nur „Regeln" gemeint sein können, „an welche soziales, politisches, wirtschaftliches Handeln bei der Auswahl seiner Handlungsvorschläge gebunden ist"[217]. Es gibt keine „christliche Ökonomie", wie es keinen „christlichen Staat" oder eine „christliche Politik" gibt. In diesen „weltlichen" Geschäften wird – nach Luther – nicht aus dem Evangelium, sondern aus der vom Evangelium „erleuchteten" Vernunft, dem Herkommen und der Billigkeit geschöpft. Damit aber werden gerade diese nicht sich selbst und den Eigengesetzlichkeiten überlassen, im Gegenteil: Die Reformation dringt darauf, „daß es die Liebe sein soll, die die Vernunft regiert"[218]. Das diakonische „Unternehmen" kann in diesem Sinn durchaus eine „Rahmen-Konkretion der Liebe" genannt werden[219], die sich als solche nicht zu verleugnen oder schamhaft zu verbergen braucht. Der Zweck des Unternehmens ist darauf gerichtet, in dem betreffenden Handlungsbereich – und damit in der Gesellschaft – einen „Raum zu eröffnen, innerhalb dessen sich real erfahrene Liebe als Selbstzweck ereignen und verwirklichen kann"[220].

Ist demnach die „Liebe" die ausschlaggebende „Instanz", dann entscheidet sich hier die Glaubwürdigkeit des Unternehmens nach innen wie nach außen. Es ist gehalten, „wirtschaftlich" zu arbeiten, d. h. mit einem gegebenen Aufwand einen größtmöglichen Effekt zu erzielen. Gleichzeitig ist es seine Aufgabe, diese ökonomische Notwendigkeit und Vernünftigkeit theologisch konkret zu durchdringen und zu gestalten. „Wirtschaftliche" Gesichtspunkte sind dabei grundsätzlich „Funktionen" solcher theologischen Ziele, sind also als solche nie frei von theologischen Vorgaben oder von diesen unabhängig. Werden staatlich-ökonomische Vorgaben derart, daß sie im eigenen Handlungsraum „Liebe", d. h. personale Zuwendung nicht ermöglichen, so wird sich das diakonische Unternehmen – zumindest aus diesem Raum – zurückziehen müssen.

Kirche und Gemeinde ihrerseits werden ökonomische Fragen diakonischer Aktionen nicht abtun und allein den diakonischen Einrichtungen überlassen dürfen. Auch und gerade in diesem scheinbar so „weltlichem" Bereich ist sie bei ihrer „eigenen Sache". Das schließt hier wie dort das Bemühen um die Erschließung und Aktivierung eigener Finanzquellen ein, wenngleich – mit A. H. Franke – zu sehen ist, daß es hier – gerade in wirtschaftlich schwachen Zeiten – kaum zu überschreitende Grenzen gibt.[221]

Die finanziellen Quellen diakonischer Arbeit sind so vielfältig wie die Diakonie selbst.

- „Die am stärksten sprudelnde Quelle sind die Leistungen der Kommunen, der Länder, des Bundes, der Versicherungsträger. Größtenteils handelt es sich hierbei um Rechtsansprüche ..., die der einzelne (Hilfsbedürftige hat.
- Privatanteile.
- Kollekten.
- Diakoniesammlungen ...
- Zuwendungen der Landes- und Freikirchen.
- Lottogelder (in Niedersachsen).
- Zinserträge.
- Spenden.
- Erträge aus Immobilien."[222]

Ist die „Liebe" die oberste „Instanz", so hat das wie im ökonomischen Bereich so auch Konsequenzen für die Unternehmensorganisationen und -struktur sowie für die Unternehmensleitung und Menschenführung.[223] Von der Situation des Marktes als auch vom Ansatz und Zweck des diakonischen Unternehmens selbst her ergibt sich je länger, je mehr die Notwendigkeit der Erarbeitung einer „Unternehmensverfassung" – wie sie in manchen Einrichtungen bereits seit längerem besteht. Mit ihrer Hilfe soll „mitsamt den Infrastrukturen und Dienstleistungen" die „zweckorientierte, personale Begegnung" zwischen den Dienstleistungen und Klienten ermöglicht werden. Sie soll die Handlungsabläufe des Unternehmens derart strukturieren, daß darin „Handlungs- und Heilungsprozesse in Gang kommen können" und regeln, „wie optimale Fachkunde im Blick auf die

Situation allgemein und besonders in bezug auf die ... Grundinteressen des Betreuten" handlungsdiakonisch zum Zuge kommt.[224]

Es genügt nicht, daß die Satzung oder Stiftungsurkunde von dem „christlichen Menschenbild", dem „Gebot der Nächstenliebe", der Sorge für die „Ganzheit des Menschen" sprechen, der sich die Einrichtung verpflichtet weiß, so notwendig dieses an diesem Platz ist und bleibt. In der „Betriebsverfassung" geht es darum, dieses in „kleine Münze" umzusetzen und zu konkretisieren. Sie stellt insofern eine aktualisierte Orts- und Zielbestimmung dar. Sie läßt die Besonderheit der Arbeit der Einrichtung transparent werden und dient damit zugleich der Motivierung und Selbstvergewisserung der eigenen Mitarbeiterschaft.

Die „Unternehmensverfassung", das „Konzept" sind als „Markenzeichen" sozusagen „das Gesicht" der anbietenden Institution, ein „Geflecht sämtlicher wesentlichen Besonderheiten und Eigenschaften der Dienstleistung"[225], und sind daher für den Anbieter und den, der auf dem Markt unterschiedlicher Hilfsmöglichkeiten seine Wahl treffen muß, ebenso unerläßlich wie für den einzelnen Mitarbeiter, der an seinem Ort mit seiner Kompetenz und Motivation im Gesamt des Unternehmens tätig ist.

12. „Europa"

„Europa bedarf einer bewußten sozialen Gestaltung." Das ist nicht nur eine Forderung der Kirche und ihrer Diakonie.[226] Die Partnerstaaten selbst haben in der Präambel zum EWG-Vertrag proklamiert, daß die Europäische Gemeinschaft „mehr sein" will als lediglich ein Wirtschaftsverband. Sie haben dementsprechend den „sozialen Fortschritt" als eigenständiges Ziel gleichgewichtig neben den „wirtschaftlichen Fortschritt" gestellt.[227] Die Gefahren auf dem bisherigen Weg sind allerdings unübersehbar.

Die Denkschrift der EKD weist darauf hin, „daß Chancen versäumt, Gewonnenes verspielt werden könnte"[228]. Dieses gilt um so mehr, als die sozialen Sicherungssysteme – herausgefordert vor allem durch die Massenarbeitslosigkeit in den Mitgliedstaaten – vor der Aufgabe stehen, die soziale Dimension energischer als bisher anzugehen.

So hat die EG-Kommission im Jahre 1993 eine breit angelegte Kampagne gestartet mit dem Ziel, bisher im Sozialbereich Erreichtes aufzulisten, Probleme aufzuzeigen und von Regierungen, einzelnen und Verbänden (!) Argumente zu hören, wie den europäischen Herausforderungen im Sozialbereich in Zukunft begegnet und eine europäische Sozialpolitik gestaltet werden könnte (das sog. „Grünbuch")[229].

Mit alledem ist auch die Diakonie der Kirche auf dem Wege nach Europa und damit ein „Bestandteil des europäischen Marktgeschehens" zu werden. Leider gilt für sie, was die EKG für sich selbst so umschrieben hat: Ihre Arbeit auf europäischer Ebene sei „ausbaufähig und ausbaubedürftig".[230] Die Versäumnisse liegen klar zutage. Sie sind nicht nur bedauerlich, sondern verwundern auch insofern, als es nach dem Zusammenbruch von 1945 zunächst und vor allem die Kirche gewesen ist, die grenzüberschreitend tätig wurde und die nationalen Grenzen übersprang. Entsprechendes gilt für die Diakonie.

> Die Ursache könnte u. U. auch darin liegen, daß die Kirche in den Aufbaujahren und der Folgezeit in eine immer größere Distanz zur Wirtschaft und ihrer Entwicklung geraten ist. Da gerade aber diese in und für die EG eine dominierende Rolle spielt, hat diese Distanz sich u. U. gleichsam „unter der Hand" auch auf Europa übertragen mit eben der Folge, daß Entscheidendes versäumt und vernachlässigt worden ist.

Aus dem 1964 in der Rechtsform eines internationalen gemeinnützigen Vereins gegründeten „Ökumenischen Zentrums für Kirche und Gesellschaft" in Brüssel und dem „Beratenden Ausschuß von Kirchen für die Europäischen Institutionen" ging schließlich im Jahre 1978 die „Ökumenische Kommission für Kirche und Gesellschaft in der Europäischen Gemeinschaft" (ECCSEC) mit Sitz in Brüssel hervor, in der die EKD von Anfang an Mitglied gewesen ist.[231] Seit dem Jahre 1990 haben EKD und Diakonisches Werk der EKD einen eigenen Vertreter in Brüssel. Die Sorgen um die Gefährdung des „sozialen Fortschritts" sind seither eher noch gewachsen.

> Bereits im Jahre 1990 beklagt die o. g. Denkschrift, daß lediglich noch von „sozialen Begleitmaßnahmen" die Rede ist und die Gefahr besteht, daß sozialpolitische Maßnahmen

lediglich zu einem „Mittel" der Wirtschaftspolitik gemacht und als solche angesehen werden.[232]

Jenes „Grünbuch" der Kommission läßt erkennen, daß der Sozialpolitik und entsprechenden Maßnahmen nur noch eine Nebenrolle zugewiesen werden und alles einem primär am Wirtschaftlichen ausgerichtetem Denken untergeordnet wird. Wie wenig die Stimme der Kirchen und ihrer Diakonie jedoch zur Kenntnis genommen werden, erhellt aus der Tatsache, daß sie in der Zusammenfassung der externen Beiträge zum Grünbuch von der Kommission nicht erwähnt, geschweige denn namentlich aufgeführt werden. Dieses zwingt zum Nachdenken, da die Kirchen und ihre Diakonie mit ihren abgegebenen – kritischen – Stellungnahmen nichts anderes getan haben als der Bitte der Kommission „um Zuarbeit" nachzukommen.[233] Da nimmt es dann auch kaum noch wunder, daß der – in der Maastrichter Protokollerklärung noch enthaltene – Hinweis zur jeweiligen Zusammenarbeit mit den Wohlfahrtsverbänden, da diese als „Träger sozialer Einrichtungen und Dienste von großer Bedeutung sind", im Grünbuch nicht mehr zu finden ist.[234]
Diese Entwicklung ist wohl auch auf dem Hintergrund und im Zusammenhang mit der Entwicklung des Subsidiaritätsprinzips auf europäischer Ebene zu sehen.

Dieses ist in Art. 3b des Maastrichter Vertrages – endlich – aufgenommen und festgeschrieben. Auf den Sondergipfeln des Jahres 1992 hat man es bekräftigt. Inzwischen aber hat sich gezeigt, wie fatal und geradezu verhängnisvoll es ist, wenn Begriffe undefiniert gebraucht werden. Hatte der Europäische Gerichtshof bis dahin in allen Konflikten die der Gemeinschaft zugewiesenen Bereiche als „exclusive Zuständigkeit" betrachtet – also immer zugunsten der Gemeinschaft entschieden –, so hat sich nach Maastricht die Lage geradezu verkehrt. „Der Europäische Gerichtshof ist seiner Entscheidungskompetenz beraubt worden."[235]

Das Subsidiaritätsprinzip – gerade von den Deutschen immer wieder vertreten und gefordert – kann schnell zu einem Zauberwort „für Europamüde", zu einem Hebel werden, um den Vorrang der nationalen Interessen vor denen der Gemeinschaft zu proklamieren und durchzusetzen. Die Denkschrift der EKD hat demnach mehr als begründet zu „einem rechten Gebrauch des Subsidiaritätsprinzips" aufgefordert und dessen „dynamischen Sinn" hervorgehoben.[236] Im innerstaatlichen Bereich wie auf europäischer Ebene geht es nicht um einen „absoluten Vorrang", sondern vielmehr um ein „verantwortliches Zusammenwirken ... der Kräfte und Freien Träger, der Verbände und Kirchen im sozialen Feld", also um die „Schaffung einer partizipatorischen Entscheidungsweise in Europa"[237]. In diesem freiheitsfördernden Prozeß der gesellschaftlich-sozialen Gestaltung geht es darum, daß die Wohlfahrtsverbände und Kirchen als Sozialpartner ernstgenommen, ihre Beteiligung politisch und rechtlich gesichert, ihre Mitwirkung im Wirtschafts- und Sozialausschuß der Gemeinschaft geregelt und „sie im Rahmen der Konsultationspflicht bei Fragen der Sozialpolitik herangezogen werden"[238].

Auf dem Hintergrund der höchst unterschiedlichen sozialen Sicherungssysteme in den europäischen Staaten warnen EKD[239] und Diakonie[240] allerdings eindringlich vor einer vorschnellen „Harmonisierung". Eine solche ist zwar auf lange Sicht begrüßenswert und notwendig, sie aber in einem Zug und auf Dekret von oben durchführen zu wollen, „würde zu unerträglichen Friktionen innerhalb der einzelnen Systeme führen" und den „so unterschiedlichen Lebens- und Arbeitsbedingungen der Menschen" nicht entsprechen.[241]

Waren die Staaten der EG im europäischen Einigungsprozeß über viele Jahre hinweg der Kirche und ihrer Diakonie weit voraus, so gibt es gegenwärtig erhebliche Rückschritte. Eine gewisse Europamüdigkeit breitet sich aus, und der Drang, sich in nationale und regionale Nischen zurückzuziehen, nimmt zu. Gerade in dieser Situation könnte die Kirche und ihre Diakonie Versäumtes wettmachen. Sie werden gegen den Strom schwimmen und die Zeit nutzen müssen, um zunächst eine größere Gemeinsamkeit zwischen den Kirchen und der Diakonie und den Staaten selbst herbeizuführen. Sie werden ihre Kräfte in Europa bündeln und Perspektiven entwickeln.

Solches geschieht z. B. im und durch das Diakoniewissenschaftliche Institut an der Universität in Heidelberg, das Konferenzen, Forschungsaustausch und Konsultationen auf europäischer Ebene durchführt und selber Forschungs- und Informationsarbeit betreibt.

An einer Konferenz Europäischer Kirchen im Jahre 1994 in Bratislava nahmen orthodoxe und protestantische Vertreter aus 26 europäischen Ländern teil. Hier ging es um die „Vision einer Diakonie in Europa" und damit um einen ersten Schritt zur Erarbeitung einer „Ökumenischen Diakoniecharta für Europa". Man verständigte sich, auf dem Wege zu einem sozialen Europa so weit wie möglich die „Partnerschaft mit anderen Bewegungen und Organisationen" zu suchen, „Möglichkeiten für Dialog, Begegnung und Austausch zu schaffen, um Lernerfahrungen und gemeinsames Handeln zu fördern und Schranken abzubauen"[242].

Bei und in alledem gilt es, die nationale deutsche Öffentlichkeit für die notwendigen Veränderungen zu gewinnen, denn diese ist befangen in dem Prozeß, die Beziehungen zwischen Staat und Bürgern neu zu überdenken, Möglichkeiten zu prüfen, wie Arbeit anders und gerechter verteilt werden kann, der Generationskonflikt entschärft, wie ältere, behinderte und kranke Menschen kostengünstiger und doch „menschlich" gepflegt, Renten gesichert werden könnten, mit Asylanten und Immigranten umzugehen ist. Es gilt das Auge dafür zu schärfen, daß sich diese Prozesse auch in den anderen europäischen Ländern – freilich unter anderen Aspekten und Perspektiven – und nicht nur im eigenen Land abspielen. Wegen der Bedeutung dieser Probleme und ihrer Koordination aber bedarf es einer tragfähigen Basis. Diese kann jedoch nur entstehen und geschaffen werden, wenn man sich nicht nur mit der eigenen Besonderheit, sondern vor allem auch und vielleicht besonders intensiv mit den Besonderheiten der anderen Länder befaßt und diese in das eigene Denken und Handeln, Sorgen und Planen einbezieht. Nur auf diese Weise kann Europa reifen und ein neues Vokabular für die gesellschaftlichen, politischen und sozialen Probleme – die gemeinsamen wie die unterschiedlichen – gefunden werden. Hier könnten Gemeinden, Kirchen und Diakonie zu „Lokomotiven des sozialen Fortschritts und Friedens" werden.

13. „Kirchlicher" Auftrag und „Humanum"

Daß Kirche und Diakonie und der Staat ihre je eigene Aufgabe haben, erlaubt nicht nur, sondern fordert eine positive Beziehung zwischen beiden – eine „Partnerschaft"[243]. Beiden geht es um dieselben Menschen und dasselbe Gemeinwesen. Gerade der „weltanschaulich neutrale" Staat ist – weil er selbst keine eigenen Werte schafft, begründet und proklamiert – elementar darauf angewiesen, daß solche von einzelnen Bürgern selbst und direkt oder – indirekt – durch die von ihnen geschaffenen Institutionen geweckt, gefördert und in das Zusammenleben eingebracht werden. Zwar bekennt sich dieser Staat zur „Würde" des Menschen, zur Freiheit und Gleichheit aller Menschen, aber erst die inhaltliche Füllung dieser Begriffe, ihre Operationalisierung, Umsetzung und Vermittlung in den gesellschaftlichen und politischen Alltag und dessen Regelungen, bedeuten die eigentliche Herausforderung und bereiten entsprechende Schwierigkeiten.

> Diese sind um so größer, als sie sich abspielen vor dem Hintergrund einer „tiefen Unsicherheit ..., von der sowohl das Leben des einzelnen wie das Zusammenleben in Staat und Gesellschaft erfaßt" ist.[244]

Gerade in einer pluralen Gesellschaft, die sich immer weiter ausdifferenziert, muß der Staat offen sein für alle weltanschaulichen Prägungen und zugleich darauf zielen, daß sich ein neuer Grundkonsens immer neu herausbildet, der diese Gesellschaft zusammenhält und trägt, sich in Krisen bewährt, seine gemeinschaftsbildende Kraft erweist und damit den gesellschaftlich-sozialen Frieden wahrt. Von ihrem Auftrag und Selbstverständnis sind Kirche und Diakonie hier in besonderer Weise gefordert – nicht als solche, die ein „Monopol" für sich geltend machen und Ansprüche erheben, wohl aber als solche, die sich dem „Humanum", der „Menschlichkeit" des Menschen und des Gemeinwesens verpflichtet wissen.
Das Bemühen um einen Grundkonsens setzt in einem demokratischen Staatswesen voraus, daß der Dialog darüber gefördert, nicht vernachlässigt, nicht hinter „geschlossenen Türen", sondern öffentlich geführt wird. Aufgrund ihres „öffentlichen" Auftrages werden Kirche und Diakonie dafür eintreten und ihre eigene Position in diesem Prozeß zu Gehör bringen.

> Es gibt auch andere Bestrebungen, z. B. jene, die meinen, die Setzung neuer bioethischer Richtlinien und die Bewertung entsprechender Technologien habe „strikt intern" allein in der Diskussion unter den beteiligten Experten stattzufinden. Aus dieser Grundsatzdiskussion sei die Öffentlichkeit aus-

zuschließen. Hier habe nur noch eine „Akzeptanzdiskussion" zu erfolgen.[245]

Wenn sich ethische Normen und Orientierungen wandeln und weiter im Wandel begriffen sind, dann bedeutet das ja keineswegs deren Ende, wenn diese Ansicht auch oft vertreten wird. Im Gegenteil: Jener Wandel fordert eine gesteigerte Sensibilität und noch größere Aufmerksamkeit, da er und das, was sich an Neuem aus ihm herausbildet, jeden einzelnen in sehr konkreter Weise betreffen und das Gemeinwesen zu entsprechenden Regelungen und Handlungen veranlassen.[246]

> Gerade diese Erfahrung des Wandels und die „damit einhergehende Radikalisierung der Frage nach sich selbst sind ein Indiz dafür, daß das Leben des Menschen nicht in sich selbst Bestand hat, sondern in elementarer Weise zu einer Gemeinschaft des Lebens gehört"[247].
> Wenn es z. B. heute zu einer Differenzierung in eine „politische", eine „ökonomische", eine „politische" oder eine „Sexual"ethik gekommen ist, dann geht es hier nicht nur um ganz „spezielle ethische Fragen". Es handelt sich vielmehr um „Fragen und Probleme, die das Wirklichkeitsverständnis insgesamt betreffen und darum mehr als nur Fragen des gebotenen Tuns und des richtigen Handelns zum Inhalt haben"[248].

Mit dem Staat des Grundgesetzes gehen Kirche und Diakonie von einer grundsätzlichen Bejahung des Sozialstaates als Zielgröße aus. Beiden geht es um den „sozialen Frieden" und „gesellschaftliche Stabilität", denn ohne diese ist humanes Leben und Zusammenleben nicht möglich.

> Wer das meint kritisieren zu müssen[249], verkennt die Realität. Er verkennt vor allem, daß es der Diakonie bei diesem Bemühen eben nicht um das „faktische Funktionieren von Mechanismen" zu tun ist, welche „die Gesellschaft zu irgendeinem beliebigen empirischen Zeitpunkt ihrer selbst – insbesondere ihrer Herrschaftsstruktur – beharren lassen", sondern daß es ihr vielmehr um das faktische Funktionieren solcher Mechanismen geht, „durch welche sich die Gesellschaft

auf geregelte Weise ihrer Fähigkeit zur rationalen Veränderung und Verbesserung gegebener Zustände ihrer selbst erhöht"[250].

„Veränderungen" und „Verbesserungen" der gegebenen Zustände und Verhältnisse fordern ein gemeinsames Suchen aller. Ob es um die Manipulation an menschlichen Keimzellen, die Herstellung von Embryonen zu Forschungszwecken, die Kältekonservierung noch nicht gebrauchter Embryonen usf. geht, immer steht das „Humanum" von Mensch und Gesellschaft auf dem Spiel. Hier wird deutlich, daß die sog. „Grundwertediskussion" alles andere als eine abstrakt-theoretische unter Experten, sondern eine solche ist, die in geradezu dramatischer Weise höchst praktisch-konkrete Folgen für den einzelnen wie für das Gemeinwesen hat. Mit dem Humanismus der Moderne teilt die Diakonie der Kirche die Auffassung, daß das „Erkenne dich selbst" als eine „ewige Herausforderung vor dem Menschen steht und der Mensch die Bestimmung des Menschengeschlechts und damit sich selbst verrät, sobald er sich dieser Aufgabe zu entziehen versucht". Sie weiß aber auch, daß eben dieses „Erkenne dich selbst" zur Ideologie verzerrt und zum „Irrwahn" dort wird, wo man die Neugeburt des Menschen als eine „Art innergeschichtlicher Eschatologie" versteht.[251] Kein Gemeinwesen aber ist vor solchen ideologischen und dementsprechenden Vorstellungen geschützt – auch der demokratische Staat nicht. Gerade sie aber bedrohen wie den einzelnen so ihn in seiner Gänze. Kirche und Diakonie kommen also – nicht zuletzt – ihrer staatsbürgerlichen Aufgabe nach, wenn sie hier warnend ihre Stimme erheben.

Die „leeren Kassen" stellen den Sozialstaat auf den Prüfstand und spitzen seine Krise zu. Hier können Quantitäten sehr schnell in Qualitäten umschlagen und auf diese – indirekte – „banale" Weise Menschsein und Mitmenschlichkeit gefährden und substantiell bedrohen.

Hinter dem zähen Ringen von Diakonie und Wohlfahrtsverbänden mit den Krankenkassen um die Pflegesätze im Rahmen der Pflegeversicherung verbirgt sich ein derartiger Grundsatzstreit. Dieser schwelt seit langem, hat aber durch die „leeren Kassen" seine äußerste Zuspitzung erfahren. Es geht um die Frage: Was ist „Pflege"? Was soll „Pflege" sein? Ist sie „Betreuung" oder „Hilfe zur Selbsthilfe"? Ist sie mechanische Dienstleistung „am" Menschen oder partner-schaftliches Miteinander? Kann und darf man sich dieser Frage allein unter fiskalischen Gesichtspunkten nähern und sie von dort zu beantworten suchen? Kann und darf man sich auf Regelungen einlassen, die die Sätze so eng bemessen, daß für Gespräch und Zuwendung kaum noch Raum besteht?

Ein Grundkonsens kann sich niemals nur aus den Vorstellungen und Absichten einer einzigen – und sei es einer noch so machtvollen und großen – Gruppe der Gesellschaft entwickeln und darf ihr erst recht nicht zugeschoben werden. Er ist und muß das Ergebnis eines evolutionären gesellschaftlichen Prozesses bleiben. In diesen mischen sich Kirche und Diakonie auf allen Ebenen ein: mit Wort und Tat, Tat und Wort.

Teil C: Arbeitsfelder der Diakonie

In diesem Abschnitt soll ein kurzer Überblick über Arbeitsbereiche der Diakonie gegeben werden, damit der Leser einen Eindruck von den hier gegebenen Möglichkeiten und Schwierigkeiten gewinnt. Nicht alle Arbeitsfelder – und nicht alle aufgeführten in gleichem Umfang – können in diesem Rahmen vorgestellt werden. Eine vollständige Auflistung findet sich in der vom Diakonischen Werk der EKD herausgegebenen Zeitschrift: Diakonie – Statistische Informationen Nr. 2 vom Juni 1995. Ihr sind auch die im folgenden angeführten statistischen Angaben – wenn nicht ausdrücklich anders angegeben – entnommen.

1. Adoptionsvermittlung

Im Bereich des Diakonischen Werkes der EKD gibt es 23 Stellen für Adoptions- und Pflegestellenvermittlung.

Das Begriffspaar „Witwen und Waisen" begegnet in der Bibel immer wieder (z. B. Jakobus 1,27) und hat diese Zielgruppe diakonischer Arbeit durch die Jahrhunderte begleitet. Die Pflegekindervermittlung und -betreuung wurde seit den Tagen J. H. Wicherns bis 1933 ausschließlich von den konfessionellen Verbänden wahrgenommen. Neben den o. g. Beratungsstellen gibt es stationäre Einrichtungen. Voraussetzung für die Arbeit ist das Adoptions- und Adoptionsvermittlungsgesetz vom 1.1.1977, durch das Kinder und annehmende Eltern eine größere Rechtssicherheit insofern erhielten, als nunmehr die verwandtschaftliche Beziehung zur Herkunftsfamilie als erloschen, das Kind mit seiner neuen Familie als „verwandt" gilt. Eine weitere gesetzliche Grundlage stellt das Kinder- und Jugendhilfegesetz von 1990 dar.

Der Dienst der Beratungs- und Vermittlungsstellen umfaßt die Beratung im Vorfeld (Informationsphase), die Einzelberatung der künftigen Pflegeeltern und die begleitende Hilfe für und während des Vermittlungsprozesses und der anschließenden Pflegezeit. Da Pflegeeltern und -familien dem Kind lebenswichtige neue Chancen eröffnen, sie aber auch vor große Risiken stellt, so daß die Aufnahme eines Pflegekindes für die Pflegefamilie, die Herkunftsfamilie sowie vor allem für das Kind zu einer menschlichen Tragödie werden kann, ist die Beratung durch entsprechend ausgebildete und erfahrene Berater um so wichtiger.

2. Altenhilfe

Diakonische Altenhilfe reicht in ihren Ansätzen bis in die Urkirche zurück. Später gab es in „Hospitälern" und „Stiften", dann in Diakonissen- und Brüderhäusern die sog. „Siechenpflege". Daneben hat es immer die ganz selbstverständliche Pflege alter Menschen in den Häusern und Familien der Gemeinden gegeben. Als besonderer Arbeitszweig aber ist die Altenhilfe ein relativ später Teil der organisierten Diakonie, der erst und vor allem nach dem Zweiten Weltkrieg seinen eigentlichen Aufschwung und im Jahre 1977 seine rechtliche Grundlage erhielt. Danach sollte jeder einen für ihn bezahlbaren Altenheimplatz bekommen bzw. ein Kostenträger zur Verfügung stehen, wenn die eigenen Mittel für die Finanzierung eines solchen Platzes nicht ausreichten. Durch das Bundessozialhilfegesetz von 1961 wurde die flächendeckende Versorgung der Bevölkerung mit Altenwohnheimen, Altenheim- und Altenpflegeheimplätzen verpflichtend. Das Diakonische Werk der EKD veröffentlichte im Jahre 1974 eine Verlautbarung zur Neuordnung der Gemeindekrankenpflege und schuf damit die Voraussetzungen für den Auf- und Ausbau einer neuen ambulanten Altenhilfe – die heutigen Diakonie-, Sozialstationen.

Im Jahre 1995 gab es im Bereich des Diakonischen Werkes der EKD:

1.929 stationäre Einrichtungen mit 140.572 Betten/Plätzen,

  258 teilstationäre Einrichtungen (Altentages-, Begegnungsstätten; Tagespflegestätten; Seniorenbildungsstätten) mit 11.131 Plätzen/Betten,

  580 Beratungsstellen und ambulante Dienste (Beratungsstellen, Mahlzeitendienste, Reinigungs-, Fahr- und Haushaltsdienste, Telefon-Notruf-Dienste, Entsendestellen für Seniorenheime und Altenerholung),

1.811 Selbsthilfegruppen und andere Initiativen alter Menschen (auch Altenclubs),

   96 Fachschulen für Altenpflege,

   27 Telefonketten.

Die Entwicklung der letzten Jahrzehnte hat mehr und mehr zum Auf- und Ausbau von Altenheimen mit Pflegestationen bzw. -plätzen und Altenpflegeheimen, zugleich zu einem Netz von teilstationären und ambulanten Diensten geführt. Seniorenclubs, Selbsthilfegruppen sowie Senioren- und Heimbeiräte tragen dazu bei, daß die Lebensgestaltung von älteren Menschen selbst in die Hand genommen werden kann. Im Raum der Kirche ist ein „Evangelisches Seniorenwerk" im Werden. Der seit 1992 vom Bund aufgebaute „Bundesaltenplan" mit regionalen „Seniorenbüros" soll die Altenarbeit und -hilfe weiterentwickeln helfen. Die forcierte Schaffung von Einzelzimmern in den Pflegeheimen, von Wohngruppen auch für pflegebedürftige alte Menschen mit Angeboten zu eigener – dezentralisierter – Versorgung, neue Wege im Umgang mit altersverwirrten Menschen, ergänzende teilstationäre Angebote wie Tages- und Kurzzeitpflege gehören zu den richtungweisenden Entwicklungen der Zukunft.

Der brisant gewachsene Kostendruck auf der einen, die personalintensive und -aufwendige Pflege auf der anderen Seite, die z. B. durch immer älter werdende und die zunehmende Zahl altersverwirrter Menschen immer notwendiger wird, stellen Träger und Mitarbeiterschaft je länger je mehr vor ein Dilemma, das für die Betroffenen um so belastender spürbar wird, als immer mehr Bewohner der Heime auf die Sozialhilfe angewiesen sind. Das Problem der verschämten „Altersarmut" verschärft sich.

Die wachsende Zahl privater, gewinnorientierter Anbieter steigt. Die hiermit und durch den Kostendruck gegebene Situation braucht nicht dazu zu führen, daß das Ziel einer „aktivierenden" Pflege verwässert oder gar aufgegeben wird, so bedrohlich manches darauf hindeutet. Sein Aufgeben würde Diakonische Altenhilfe vor die „Existenzfrage" stellen, ob sie unter solchen Rahmenbedingungen ihren Dienst noch weiter tun kann und tun darf. Zunächst aber sind alle Bemühungen zu unterstützen, die darauf zielen, sich künftig noch mehr als bisher an den persönlichen Erfordernissen der alten Menschen selbst auszurichten und damit die in pauschaler, typisierter und in relativ starrer, den Bedarf festschreibender Form gewährte Hilfeleistung zu überwinden. Eine zugespitzt individuelldifferenzierende Begleitung und Pflege könnte u. U. sogar den Kostendruck mindern, zumal wenn sie Hand in Hand geht mit entsprechenden Bemühungen, das Hilfspotential älterer Menschen für sich und andere zu aktivieren. Zugleich fordert die gegebene Situation besonders heraus, das gegenwärtige Rehabilitationsverständnis für den Altenhilfebereich neu zu spezifizieren und „Verbundsysteme" auszubauen, die die Träger von Maßnahmen der Altenhilfe, die heute z. T. unkoordiniert und ohne inneren Zusammenhang nebeneinander stehen und arbeiten, für eine Koordinierung und Abstimmung ihrer Dienste auf örtlicher Ebene zu gewinnen. Entscheidend erscheint, daß sich stationäre Einrichtung und Umfeld (Kirchengemeinde) – und umgekehrt – stärker für einander öffnen. In den Kirchengemeinden gibt es vielfältige Aktivitäten mit und für ältere Menschen in Form von Senioren-Nachmittagen, -Freizeiten, -Ausflügen und Besichtigungen sowie Seminaren. Der Brückenschlag zu den teil- und stationären Einrichtungen insgesamt aber ist noch nicht gelungen. Kirchengemeinden, Kirchenvorstände und Pfarrämter müssen stärker als bisher in dem Altenheim „ihr" Heim erkennen, eine Gruppe, der sie verantwortlich sind wie anderen Gruppen in der Gemeinde auch. Die Bewohner sind Gemeindeglieder, mögen sie gemeldet sein wo immer. Es gibt hier ermutigende Erfahrungen von Kirchengemeinden, die Besuchsgruppen für „ihr" Heim ins Leben gerufen haben, in denen Gemeinde und Heim ihre Feste gemeinsam planen und feiern und das Miteinander von Alt und Jung – z. B. durch Einbeziehung des Kindergartens – gefördert wird.

3. Arbeitslosenhilfe

Wie in fast allen europäischen Ländern, so werden auch in der Bundesrepublik – und hier vor allem in den „neuen" Bundesländern – Tendenzen einer gesellschaftlichen Spaltung sichtbar: der Spaltung in Arbeitende und Arbeitslose. Diese Spaltung läßt „Mauern" entstehen, führt allzu bald zu Ausblendungs- und Ausgrenzungstendenzen auf der einen, Perspektiv- und Hoffnungslosigkeit, Isolierung und Einsamkeit auf der anderen Seite. Diese Spaltung belastet den einzelnen und birgt einen gefährlichen Sprengstoff in sich, der wie den „sozialen Frieden", so auch den so oft beschworenen „Wirtschaftsstandort Deutschland" bedroht. Ein ständig wachsender Anteil der Bevölkerung leidet unter Armut und dem Bewußtsein, seinen Platz im Leben und der Gesellschaft verloren zu haben. Das gilt vor allem für die Dauer- und die jugendlichen Arbeitslosen, die

Ausländer, die Behinderten, die Frauen und die Alleinerziehenden. Hier ist der Staat gefordert, die „soziale" Marktwirtschaft weiter zu entwickeln, der ungerechten Verteilung von Arbeit und Einkommen entgegenzuwirken und neue Wege der Arbeitsbeschaffung zu finden.[252]

Die Caritas der Kirche hat sich von allem Anfang an Arbeitsloser besonders angenommen. Die Reformatoren haben das Recht und die Pflicht auf Arbeit und Beruf hervorgehoben und in ihnen den „vernünftigen" Gottesdienst gefeiert. Das 19. Jahrhundert hat auf dem Hintergrund der industriellen Revolution die Diakonie in diesem Bereich verstärkt, die Krise der Gegenwart Kirche und Diakonie besonders gefordert.

Derzeit gibt es im Bereich des Diakonischen Werkes der EKD:

 60 Werkstätten/Projekte/Qualifizierungseinrichtungen für junge Arbeitslose mit 2.803 Plätzen,

500 Beschäftigungs- und Qualifizierungseinrichtungen für erwachsene Arbeitslose mit etwa 12.000 Plätzen,

400 Tagesstätten für Arbeitslose (Arbeitslosentreffs mit sozialpädagogischer Begleitung),

 42 Beratungsstellen für arbeitslose Jugendliche,

133 Beratungsstellen für Arbeitslose, ·

250 Arbeitslosen-Selbsthilfe-Initiativen.

Viele dieser Aktivitäten werden von Kirchengemeinden und Kirchenkreisen getragen. Besonders fördert die Diakonie darüber hinaus die Ausbildung und Rehabilitation Behinderter (z. B. in 46 Lehrwerkstätten/Ausbildungsstätten in Einrichtungen der Jugendhilfe – auch Berufsvorbereitung z. B. für Lernbehinderte; 30 Berufsbildungswerke mit 6.601 Plätzen, 29 Einrichtungen zur beruflichen Ausbildung und Förderung behinderter Jugendlichen mit 1.560 Plätzen; 11 Berufsförderungwerke für Behinderte mit 3.613 Plätzen) und anderer schwer zu vermittelnder Arbeitsloser.

Dem dient u. a. auch das Projekt „Neue Arbeit Saar", in dem die Kirche selbst als Gesellschafter einer Firma und als Unternehmer tätig wird. Dieses Projekt könnte sich insofern als richtungweisend herausstellen, als es aufzeigt, wie Arbeitsangebote für Menschen aussehen können, die den durch Rationalisierung und Arbeitsintensivierung geprägten Anforderungen im allgemeinen Arbeitsmarkt nicht mehr entsprechen können bzw. nach deren Arbeitskraft nicht mehr gefragt wird.

Die Vielfalt der Angebote wird begleitet davon, daß Kirche und Diakonie ihre Aufgabe als „Mund der Verstummten" (und der Verstummenden) zu bewähren suchen, dadurch entstehende Konflikte nicht scheuen, Kirchengemeinden und Kirchenkreise neben Gottesdiensten und Seelsorge besondere Gesprächs- und Kontaktangebote initiieren, ihre Räume für Arbeitslosentreffs zur Verfügung stellen, den betroffenen Familien beistehen.

4. Aussiedler-, Ausländer- und Hilfen für Asylsuchende

a) Hilfen für Aussiedler

Waren es zunächst die „Ostverträge" des Jahres 1970, so später der Zusammenbruch der ost- und südosteuropäischen Regime, die den legalen geregelten Zuzug von deutschstämmigen Menschen in die Bundesrepublik ermöglichten. Die häufigste Begründung für die Umsiedlung ist die Minderheitensituation der Deutschen in den jeweiligen Herkunftsländern, die damit häufig gegebene Chancenungleichheit und Benachteiligung sowie ggf. auch die Furcht vor einer eventuellen Rückkehr der alten Machthaber und entsprechend neuen Repressalien. Die Eingliederungsprobleme sind für alle Seiten z. T. enorm. Den Umsiedlern fehlen weitestgehend die Rollen- und Verhaltensmuster für das Leben in einer pluralen und durch und durch städtisch geprägten Industriegesellschaft. Sprachprobleme kommen hinzu.

Die Schwierigkeiten verschärfen sich in der gegebenen Situation durch die Tatsache, daß die Beschaffung von Wohnung und Arbeitsplätzen vor erhebliche Probleme stellt.

Derzeit gibt es im Bereich des Diakonischen Werkes der EKD:

17 Wohn- und Übergangsheime für Aussiedler mit 3.084 Plätzen/Betten,

4 Tages-/Begegnungsstätten für Aussiedler und Flüchtlinge,

246 Beratungsstellen für Aussiedler.

Das Diakonische Werk hat besondere Fachabteilungen eingerichtet, um sich den hier bestehenden Aufgaben angemessen stellen zu können. Neben speziellen Sprachförderungsmaßnahmen, die regional angeboten werden, steht die Beratung im Vordergrund sowie Hilfen bei der Wohnungs- und Arbeitsplatzsuche. Daneben stehen Eingliederungshilfen durch Freizeiten, Seminare, Gottesdienste, gemeinsame Begegnungen von Aussiedlern und Einheimischen in Zusammenarbeit mit den Kirchengemeinden, denen gerade hier eine ausschlaggebende Rolle zufällt, die durch Initiativen von einzelnen und Gruppen zunehmend wahrgenommen wird.

Nachdem sich die politischen Rahmenbedingungen hinsichtlich der Voraussetzungen bei den Aufnahmeverfahren sowie die staatlichen Zuwendungen verschlechtert haben, stoßen die Möglichkeiten von Kirche und Diakonie an ihre Grenze. Dieses ist um so bedenklicher, als nicht davon ausgegangen werden darf, daß sich der Zustrom von Aussiedlern in absehbarer Zeit verringern wird.

b) Hilfen für ausländische Arbeitnehmer

„Ich bin ein Gast gewesen, und ihr habt mich beherbergt", spricht der Weltenherr den Gesegneten „seines Vaters" zu (Matthäus 25,1 ff.). So hat die Christenheit von Anfang an versucht, sich der hier bestehenden Aufgaben in besonderer Weise anzunehmen. Die hier gemeinten ausländischen Arbeitnehmer und ihre Familien sind solche Gäste. Im Jahre 1955 erfolgte die erste Anwerbephase für italienische Arbeitnehmer, die sich alsbald sprunghaft auf andere Länder – bis hin nach Tunesien und Marokko, ja, selbst den Philippinen – ausgeweitet hat. Das entspricht nicht nur den Interessen dieser Menschen und ihrer Herkunftsländer, sondern vor allem denen der anwerbenden Bundesrepublik, die ohne diese zusätzlichen Arbeitskräfte das Wirtschaftswachstum gefährdet sah. Sehr verschiedene Interessen haben sich hier in guter Weise gefunden.

Von Anfang an standen sich in der Bundesrepublik allerdings zwei Positionen gegenüber: die von Regierung und Arbeitgeberverbänden vertretene Auffassung nach einer quasi automatischen Rückkehr der ausländischen Arbeitnehmer nach zeitlich befristeten Arbeitsaufenthalten und die von Kirchen, Wohlfahrtsverbänden und Gewerkschaften vertretene Vorstellung der Integration, die – auf Dauer – weithin nicht nur den Bedürfnissen der ausländischen Arbeitnehmer und ihrer Familien (vor allem ihrer hier geborenen und aufgewachsenen Kinder), sondern auch der tatsächlichen Situation und den Erfordernissen der deutschen Wirtschaft weit besser entsprach. Hier stehen noch viele Fragen offen.

Folgende Hilfen stehen im Bereich des Diakonischen Werkes der EKD derzeit zur Verfügung:

2 Wohnheime für ausländische Arbeitnehmer mit 111 Plätzen,
16 Tages-/Begegnungsstätten für ausländische Arbeitnehmer und ihre Familien mit 650 Plätzen,
8 Beratungsstellen für ausländische Jugendliche,
127 Beratungsstellen für ausländische Arbeitnehmer und ihre Familien.

Der Schwerpunkt der Arbeit liegt demnach bei der Sozialberatung – und hier vornehmlich für griechische Arbeitnehmer und ihre Familien, da dieses einer Absprache zwischen den Wohlfahrtsverbänden entspricht. Aufgrund der Tatsache, daß sich die griechische Wohnbevölkerung kontinuierlich erhöht und immer mehr griechische Arbeitnehmer auch nach Erreichen des Rentenalters in der Bundesrepublik verbleiben, ergeben sich für die diakonische Arbeit weitere spezifische Herausforderungen, z. B. nach entsprechenden Angeboten der Altenhilfe bzw. ihrer besonderen Gestaltung.

Die bisherige soziale Betreuung schließt neben der Beratung therapeutisch orientierte Hilfen für Kinder und Jugendliche, Hausaufgaben- und andere praktische Hilfen ebenso ein wie Clubarbeit, Begegnungs- und Freizeitveranstaltungen gerade auch mit deutschen Familien. Auf enge Kooperation mit den Kirchengemeinden und entsprechenden Initiativen kann nicht verzichtet werden. Allein hier können Vorbehalte abgebaut und wechselseitige Brückenschläge versucht werden.

c) Hilfen für Asylsuchende

Eines der abenteuerlichsten Kennzeichen unserer Zeit ist die unfreiwillige Wanderung von Millionen von Menschen, die sich gezwungen sehen, ihr Heim und ihre Heimat zu verlassen. Als Opfer von ungerechten gesellschaftlichen, wirtschaftlichen und politischen Strukturen sind sie „auf der Suche nach Nahrung und Unterkunft, Identität und Zugehörigkeit" und „kämpfen ... um ihr Überleben"[253]. Es sind Flüchtlinge und Kriegsflüchtlinge, Menschen, die eine neue Heimat suchen oder sobald wie möglich wieder in ihre alte Heimat zurückkehren möchten. Ob diese oder jene: Die Situation dieser Menschen hat sich immer weiter verschlechtert, wenn sie in die Länder des „Westens" – und damit in die Bundesrepublik – wollen. Sie werden als Konkurrenten auf dem Arbeits-, Wohnungs- und Wohlstandsmarkt eingestuft, zu „Wirtschaftsflüchtlingen" abgestempelt und als Empfänger unverhältnismäßig hoher finanzieller

Zuwendungen angesehen. Mag gegenüber Aussiedlern bei vielen auch dort bestehenden Vorbehalten noch eine relativ breite Akzeptanz herrschen, hinsichtlich der Ausländer und Asylsuchenden ist das öffentliche Klima polarisiert: Einer zunehmenden Asylfeindlichkeit, die eine „Überfremdung" um so mehr fürchtet, als die Zahlen nicht kalkulierbar zu sein scheinen, steht eine engagierte Minderheit gegenüber, die in Wort und Tat – bis hin zum „Kirchenasyl" – für die Rechte und den Schutz gerade dieser Menschen eintritt. Kirche und Diakonie betonen seit langem die Notwendigkeit einer positiven Integrationspolitik und ausländerrechtlichen Regelungen, die dieser Notwendigkeit entsprechen. Sie setzen sich dafür ein, daß Art. 16 Abs. 2 Satz 2 GG weder direkt noch indirekt angetastet oder in Substanz und Zielrichtung verwässert wird. Daß „Politisch Verfolgten ... Asylrecht" gewährt werden soll, hat der Parlamentarische Rat seinerzeit im vollen Bewußtsein dessen, daß dieses Recht auch von Massen in Anspruch genommen werden kann, in das Grundgesetz aufgenommen. Die Angebote des Diakonischen Werkes im Bereich der EKG umfassen derzeit:

5 Wohnheime (Internate) der Förderschulen für Kinder und Jugendliche, von Aussiedlern und Asylberechtigten mit 159 Plätzen,

114 Beratungs-/Eingliederungsdienste für jugendliche Aussiedler,

246 Beratungsstellen für Aussiedler,

127 Beratungsstellen für Flüchtlinge,

3 Förderschulen für Kinder und Jugendliche von Aussiedlern und Asylberechtigten.

Die Vielfältigkeit und die besondere rechtliche Problematik dieser Zielgruppe stellt die Diakonie vor besondere Schwierigkeiten, die durch das gesellschaftliche Umfeld oft noch verschärft werden. Das stellt eine Herausforderung dar, der sie sich nicht entziehen kann, darf und will. Die Hilfe der Diakonie bietet Beratung, Überbrückungshilfen, Unterstützung bei Verwaltungs- und Anpassungsprozessen für diese Menschen. Sie versucht vor allem in enger Zusammenarbeit mit den Kirchengemeinden Vorurteile, Mißverständnisse und Mißtrauen abzubauen. Kirchengemeinden sind gewiß kein „rechtsfreier Raum", stellen aber die Grundlage für alles Handeln dar und bieten Möglichkeiten vielfältiger Hilfen zur Unterstützung und Begleitung dieser Menschen, z. B. durch Erstversorgung neu Ankommender, Besuche in Wohnungen und Sammelunterkünften, Sprachunterricht, Einladungen in die eigenen Familien, Orientierungskurse und Betätigungsangebote wie Malen, Basteln, Sport und Gymnastik. Was hier durch einzelne und Gruppen geschieht, ist ebenso erstaunlich wie dringende Notwendigkeit.

5. Behindertenhilfe

Auch dieser Zweig diakonischer Arbeit reicht weit zurück. Daß die „Blinden sehen und die Lahmen gehen", weil Jesus sie geheilt hat, ist ein Zeichen, daß das Himmelreich angebrochen ist (Matthäus 11,5). Petrus macht einen Mann, „lahm von Mutterleib" an, im Namen Jesu Christi gesund (Apostelgeschichte 3,1 ff.). Das ist um so bedeutsamer, als es geschieht in einer Zeit und Umwelt, die – bis ins hohe Mittelalter und die Reformationszeit hinein – die sog. „Krüppel" weithin lediglich als „massa carnis" (Fleischmasse) angesehen und ihnen das Lebensrecht abgesprochen hat. Männer wie z. B. Johannes von Gott (1495-1550), der weit über seine spanische Heimat hinaus bekannte und wirksame Reformator der „Irrenbehandlung" und Stifter des „Hospitalsorden", sind einsame Rufer in der Wüste. Erst das 19. Jahrhundert und der Pietismus brachten den entscheidenden Durchbruch. Angeregt durch den dänischen Pastor Knudsen nahm Friedrich von Bodelschwingh (1831-1910) energisch den Ausbau der Epileptikeranstalt Bethel bei Bielefeld auf. Andere folgten ihm. Den schwersten und beschämendsten Einbruch erlebte die Arbeit während der Zeit des „Dritten Reiches". Erst nach dem Zweiten Weltkrieg konnte sich die Behindertenhilfe voll entfalten.

Das Schwerbehindertengesetz von 1974 regelt die Stellung und Rechte der Früh- und Spätbehinderten (d. h. derer, die während des Erwerbslebens schwerbehindert geworden sind) hinsichtlich ihrer beruflichen Eingliederung und besonderer Erleichterungen für ihre Lebensführung. Grundlegend ist das Bundessozialhilfegesetz aus dem Jahre 1961, das seither mehrfach novelliert worden ist. Die letzte Novellierung aus dem Jahre 1993 und entsprechend neuere Entwürfe bedeuten allerdings insofern einen in seiner Bedeutung noch nicht abzuschätzenden Einschnitt in der bisherigen Entwicklung, als durch die Aufhebung des bis dahin geltenden „Selbstkostenprinzips" ein entscheidender Faktor der arbeitsteiligen Zusammenarbeit zwischen öffentlichen und Freien Trägern der Wohlfahrtspflege aufgehoben und „der für die bisherige Ausgestaltung der Subsidiarität tragende Grundgedanke" des „bedingten Vorrangs" des Freien Trägers gefährdet wurde.[254] Diese Neuordnung gefährdet die Einrichtungen dieses Arbeitszweiges wie in der Qualität, so im Bestand und der Freiheit ihrer Arbeit.

Dabei ist zudem zu bedenken, daß nicht nur im Gebiet der ehemaligen DDR ein gewaltiger Nachholbedarf besteht. Dadurch, daß viele Menschen mit Behinderungen vom damaligen Regime als „nicht bildungsfähig" bezeichnet und aus der Gesellschaft ausgegrenzt wurden, konnte die Diakonie hier zwar tätig werden – und ist das mit großem Engagement gewesen –, konnte mit der Entwicklung der Förderungsmöglichkeiten aber nicht Schritt halten. Auch in den „alten" Bundesländern ist die rehabilitationsmedizinische Grundversorgung körperbehinderter Menschen vor allem im ländlichen Raum unbefriedigend. Die Situation psychiatrischer Patienten hat sich zwar infolge der Psychiatrie-Enquete der Bundesregierung aus dem Jahre 1975 erheblich verbessert, aber eine rechtliche Gleichstellung dieses Personenkreises mit somatisch Kranken ist bisher ebensowenig erfolgt wie der volle Auf- und Ausbau einer gemeindeintegrierten Versorgung. Alarmierend ist schließlich, daß nur etwa 15 bis 20 % der sich bei Heimen anmeldenden körperbehinderten und lediglich 12,5 % der geistig behinderten Menschen tatsächlich von den Einrichtungen aufgenommen werden können, was sie und ihre Familien vor schwerste Probleme stellt.[255]

Die Behindertenhilfe gehört zu den größten Arbeitsfeldern der Diakonie. Die vielen Arten der Behinderung – zusammengefaßt in den Gruppen: körper-, geistig-, psychisch- und sinnesbehindert – fordern entsprechend differenzierte Hilfs-, Förder- und Begleitmaßnahmen im stationären, teilstationären und ambulanten Bereich. Die Statistik zeigt folgende Zahlen im Bereich des Diakonischen Werkes der EKD:

806 Heime und andere stationäre Einrichtungen für Behinderte und psychisch Kranke mit 60.177 Plätzen/Betten (darunter z. B. auch Kurzzeitpflegeeinrichtungen, Erholungs- und Kurheime, Internate, Wohn- und Übergangsheime, Außenwohngruppen, Wohngemeinschaften, Betreutes Wohnen),

625 teilstationäre Einrichtungen mit 71.338 Betten/Plätzen (darunter z. B. auch Tagesstätten, Nachtkliniken, Sonderkindergärten, Werkstätten, Schulen, Tages- und Tagesbildungsstätten, Berufsbildungs- und Berufsförderungswerke, Förder- und Begegnungsstätten,

84 Beratungsstellen für Behinderte und deren Angehörige,

83 ambulante und mobile Dienste für Behinderte,

92 Stellen für sonstige offene Hilfen (Freizeit-, Ferien-, Clubarbeit),

27 Hilfsmittelverteilstellen,

43 Fachschulen für Heilerziehungspflege, Heilerziehungspflegehilfe, Logopädie, Arbeitserziehung, Arbeits- und Beschäftigungstherapie mit 2.627 Plätzen,

10 Fachschulen für Heilpädagogik,

324 Helfer-, Selbsthilfe-, Kontakt-, Angehörigengruppen.

Alle Maßnahmen des Angebots und der helfenden Begleitung sollen dem einzelnen behinderten Menschen dienen. Sie setzen nicht an bei seinen „Defiziten", sondern bei seinen auch ihm gegebenen Möglichkeiten. Sie zielen auf seine größtmögliche Integration in die Gesellschaft.

In diesem Zusammenhang hat der Begriff „Integration" inzwischen seinen festen Ort wie in der wissenschaftlichen Diskussion so in der Praxis der Förderung: „Gemeinsam leben und lernen im Kindergarten", Klassen mit behinderten und nichtbehinderten Schülerinnen und Schülern, integrative Gruppen des Zusammenlebens und -wohnens sowie der Freizeitgestaltung. Die Diskussion hat bisher allerdings noch nicht zu einer Verständigung darüber geführt, ob mit dem Stichwort „Integration" das Ziel eines Weges oder der Weg selbst beschrieben ist. Sie ist notwendig und dringlich, weist sie doch nicht selten ideologische Züge und entsprechende Verzerrungen der Wirklichkeit auf, so daß z. B. Sondereinrichtungen für Behinderte von vornherein und pauschal als „Ghettobildung" gebrandmarkt und einer „Integration" abträglich abgetan werden. Es wird nicht gesehen, daß u. U. bestimmte individuelle Behinderungen allen Integrationsbemühungen deutliche Grenzen setzen, die, wo sie nicht angemessen berücksichtigt werden, die Würde des so behinderten einzelnen Menschen verletzen und bis zur Infragestellung seiner personalen Identität führen können. Diese Einsicht stellt das Bemühen um das Ziel der Integration nicht in Frage, sondern fordert es – allerdings in differenzierender Weise – erst recht heraus.

Das gilt um so mehr, als – trotz aller gegenteiligen Bemühungen – die latente Furcht vor dem „Andersartigen" und daher seine Ablehnung und der Drang zur Ausgrenzung in der Gesellschaft nach wie vor vorhanden ist und sich – zumindest punktuell – entsprechend aggressiv äußert.

Rollstuhlfahrer werden auf offener Straße nicht nur angepöbelt, sondern auch angegriffen; Proteste von Anwohnern, als in einem Stadtteil eine Außenwohngruppe Behinderter eingerichtet werden soll; Beschwerden von Gästen, daß gleichzeitig mit ihnen Behinderte ihren Urlaub im Hotel verleben.

Derartige Tendenzen kulminieren in der wieder aufgelebten Diskussion um die sog. „Euthanasie", zuletzt angestoßen durch Peter Singers Buch und seine These, daß die Tötung mißgebildeter Säuglinge nicht gleichgesetzt werden kann mit dem Töten „normaler" menschlicher Wesen[256], dem Vordringen des Nützlichkeitsdenkens (Utilitarismus), der pränatalen Diagnostik, die stillschweigend davon ausgeht, daß das „Behindertsein" möglichst vermieden werden sollte, und andererseits in dem Schweigen um die „eugenische Indikation" bei Schwangerschaftsabbrüchen, die kaum je öffentlich diskutiert worden ist. Gerade auch aufgrund der Erfahrungen im „Dritten Reich" und des eigenen Versagens wissen sich Kirche und Diakonie besonders gerufen, derartigen Tendenzen in Wort und Tat entgegenzutreten. Der Blick für eigene Schwächen macht fähig zur Verantwortung gegenüber den Schwachen und Hilfslosen, die unter uns leben.[257] Der Grundsatz, „mit" und nicht „für" den Behinderten zu arbeiten und ihn damit in seiner Würde ernstzunehmen, das Bemühen um eine weitere Ausdifferenzierung der Arbeit und der Wohnmöglichkeiten, die Förderung von kleinen und der Ausbau von Außenwohngruppen sowie von Übergangsheimen und Service-Häusern, das begleitende Einzelwohnen sind dabei ebenso wichtig wie alle Initiativen in der Gesellschaft, der Kirche und in den

Gemeinden Vorurteile, Ängste und Befürchtungen und daraus resultierende Hemmschwellen für eine Begegnung abzubauen.

Die Aufarbeitung von Alltagssituationen mit Behinderten durch Vortrag und Diskussion, durch Filme von Behinderten, Gespräche mit Behinderten, durch Planspiele, Rollenspielkonstellationen, „elementarisiertes Musizieren", „handicap-Sport" und Theater, Lebensweltbeispiele und Selbsterfahrung – wie sie z. B. im Rahmen eines Projektes der hannoverschen Landeskirche „Gemeinsames Leben von Behinderten und Nichtbehinderten" entwickelt worden sind, bekräftigen durch „konkretes Handeln ..., daß alle Menschen mit Behinderungen lebendige Bausteine im Hause Gottes sind".[258]

Besuche und Patenschaften, gemeinsame Unternehmungen und Gottesdienste, integrativ arbeitende Jugend-, Sport-, Bastel-, Musik- und Gesprächsgruppen stellen weitere Brückenschläge dar, daß Behinderte und Nichtbehinderte, indem sie einander erleben, sich wechselseitig erfahren und von einander lernen, zu mehr Miteinander und Gemeinschaft finden können.

6. Diakonische Beratungsdienste [259]

Im Bereich des Diakonischen Werkes der EKD gibt es derzeit:
442 Beratungsstellen für Ehe-, Erziehungs- und Lebensfragen,
255 Beratungsstellen für Familienplanung und Schwangerschaftskonflikte,
  5 Mütterberatungsstellen,
 10 Beratungsstellen für AIDS-Infizierte und -Kranke,
 19 Beratungsstellen für Krebskranke,
127 Beratungsstellen für ausländische Arbeitnehmer und ihre Familien,
 50 Beratungsstellen für ausländische Jugendliche,
430 Psychosoziale Beratungsstellen für Suchtkranke sowie Beratungsstellen für Suchtkranke und Angehörige (geschätzt),
 84 Beratungsstellen für Behinderte und deren Angehörige,
167 Beratungsstellen für Wohnungslose,
 98 Beratungsstellen für Straffällige und Haftentlassene,
192 Schuldnerberatungsstellen.

„Beratungs"arbeit im engeren Sinne des Wortes ist ein relativ junger Zweig diakonischer Arbeit der Kirche, der sich nach dem Ersten, vor allem aber nach dem Ende des Zweiten Weltkrieges entwickelt hat. Im weiteren (und grundlegenden) Sinn des Wortes hat es Beratung in der Kirche immer gegeben.[260] Träger der Beratungsstellen sind Diakonische Werke, Landeskirchen, Propsteien, Kirchenkreise oder Kirchengemeinden. Die Fachberatung liegt – in der Regel – bei den Diakonischen Werken, hinsichtlich der Erziehungs-, Ehe- und Lebensberatungsstellen bei den „Hauptstellen" für Ev. Lebensberatungsstellen, die oft an einer solchen auch angesiedelt sind. Die Arbeit basiert und geschieht im Rahmen des seelsorgerlich-diakonischen Auftrags der Kirche und ihrer Diakonie. Sie wird geprägt durch den Anlaß bzw. Grund, durch den sie zustandekommt; durch die speziellen Methoden, derer sie sich bedient.[261] Sie vermittelt Informationen und Kontakte und zielt auf eine angemessenere Realitätswahrnehmung und -bewältigung. Da diese nach christlichem Verständnis wie die Beziehung des Menschen zu sich selbst und zu dem anderen so grundlegend die Gottesbeziehung einschließt, versteht sie sich als eine „ganzheitliche", die von ihrem Ansatz her in der Bearbeitung von Realitäts-, Partner- und Lebensproblemen auf „Seelsorge hin offen ist"[262].

> Obwohl es hinsichtlich der Unterscheidung – nicht Trennung! – von „Seelsorge" und „Beratung" nach wie vor Irritationen und Differenzen gibt, der geltende – an dem Medizinverständnis des 19. Jahrhunderts orientierte – „Therapie"begriff „Beratung" nicht ohne weiteres als „Therapie" anerkennt, hat sie sich wie in Kirche und Diakonie, so auch im Gesundheitswesen insgesamt einen festen Platz erobert und ist aus ihm nicht mehr wegzudenken.

Beratung wird immer an konkreten, vom Ratsuchenden selbst vorgebrachten Konflikten zentriert durchgeführt. Ihr geht es – neben Information und Vermittlung – nicht, wie manchmal selbstverständlich erwartet, um das Erteilen von „Ratschlägen". Sie zielt vielmehr primär darauf, innere Änderungsprozesse bei dem Ratsuchenden auszulösen, die ihn befähigen, an der Lösung seiner Probleme selber aktiv mitzuwirken (Hilfe zur Selbsthilfe). Daher ist das freiwillige Aufsuchen der Beratung – fachlich – von entscheidender

Bedeutung. Zwei Beratungsfelder mögen Beratung beispielhaft verdeutlichen:

a) die Schwangerschaftskonfliktberatung

Ist das freiwillige Aufsuchen der Beratung für diese von „entscheidender" Bedeutung, so handelt es sich hier um eine „Zwangsbera-
tung", sofern die Schwangere einen Abbruch der Schwangerschaft
anstrebt. Die Neufassungen des § 218 I Nr. 1 des Strafgesetzbuches,
zuletzt das Schwangeren- und Familienänderungsgesetz vom
21. August 1995 setzen fest, daß die Schwangere vor einem Abbruch
verpflichtet ist, sich einer Beratung durch eine staatlich anerkannte
Beratungsstelle zu unterziehen. Die ohnedies besondere Problematik der Beratung unter dieser Voraussetzung und in diesem Feld verschärft sich dadurch, daß im Gegensatz zum sonstigen Verständnis
von „Beratung" das Beratungsziel vom Gesetzgeber – aus wohler-
wogenen Gründen – strikt vorgegeben ist. Das Ziel der Beratung ist
der Schutz des ungeborenen Lebens. Die Schwangere soll zur Fort-
setzung der Schwangerschaft in und durch die Beratung „ermutigt"
werden. Wenn der kirchliche Auftrag auch über den des Staates hin-
ausgeht, indem „nach Gottes Willen (ein Schwangerschaftsabbruch)
nicht sein" soll[263], so wird evangelische Beratung aufgrund einer
kritisch-reflektierenden umfassenden Aufhellung der Konfliktsituation die Schwangere zu einer eigenen verantwortlichen Entscheidung zu ermutigen versuchen. So klar das Beratungsziel festgeschrieben ist und besteht, so handelt es sich insofern doch um eine
„offene" Beratung. Die Beratung wird eine Entscheidung der Ratsuchenden auch dann respektieren, wenn die Schwangere sich nicht
in der Lage sieht, das in ihr heranwachsende Leben anzunehmen und
auszutragen. Sie wird in den zu einer solchen Entscheidung führenden Gründen und Umständen um so mehr eine „Herausforderung
zum Gespräch, zum Mitfühlen und zu tatkräftiger Hilfe"[264] sehen
und sich um eine nachfolgende begleitende Beratung bemühen.

Wenn die Kirche und ihre Diakonie sich auf diese Beratung
eingelassen und Trägerschaften übernommen haben, dann
aus dem Grunde, daß nach dem Abwägen vieler Argumente
und Gegenargumente den Ausschlag gegeben hat, daß wir
Gemeindeglieder und andere Ratsuchende gerade in einer

solchen Konfliktsituation nicht alleinlassen dürfen, sondern ihnen Hilfe und Beistand schuldig sind.

Die Probleme dieses Konfliktfeldes liegen zutage. Sie verschärfen sich dadurch, daß die Erwartungen des Gesetzgebers weithin nicht mit denen der Frauen übereinstimmen. Dieses gilt vor allem für Frauen in den „neuen" Bundesländern, da in der DDR der Schwangerschaftsabbruch als legales Mittel der „Familienplanung" angesehen, entsprechend gesetzlich geregelt und über die Jahrzehnte praktiziert worden ist. Die zur Beratung kommenden Schwangeren sind durchweg zum Abbruch der Schwangerschaft entschlossen. Trotz aller Schwierigkeiten und Bedenken hat die Erfahrung der Jahre gezeigt, daß es in einem Teil der Beratungsfälle gelingt, die Schwangere zu einer nachfolgenden begleitenden Beratung zu motivieren.

b) Schuldnerberatung

Infolge des rapiden Anstieges der Arbeitslosenzahlen und der Zwangsvollstreckungen kam es Anfang der achtziger Jahre zur Gründung der ersten Schuldnerberatungsstellen, zumal die Behandlung von Schuldenproblemen die diakonische Sozialarbeit immer begleitet hat. „Schuldnerberatung" im spezifischen Sinne des Begriffes hat sich „von unten" her aus der praktischen Sozialarbeit entwickelt, mußte daher auch zunächst ihre eigenen Aus- und Fortbildungskonzepte selbst entwickeln. Aufgrund der seither immer weiter anwachsenden Zahl überschuldeter Haushalte ist die Dringlichkeit dieser Aufgabe zunehmend gewachsen. Zu den Schuldnerberatungsstellen des Diakonischen Werkes mit etwa 300 Mitarbeitern sind die Sozialarbeiter hinzuzurechnen, die z. B. als Kirchenkreissozialarbeiter tätig sind und hier einen Schwerpunkt ihrer Tätigkeit entwickelt haben.

Kürzungen im Sozialhilfebereich, stagnierende oder rückläufige Realeinkommen, Diskrepanzen zwischen Rechtsanspruch und Praxis bei Gewährung von „Hilfen zum Lebensunterhalt" sowie zwischen Norm und Praxis von Kreditvergaben, Scheidung, Schwierigkeiten in der Wirtschaftsführung und ein nicht erwachsenes Konsumverhalten stehen nach den Erfahrungen der Schuldnerberater meist am Anfang einer „Schuldnerkarriere", wobei der berühmte

„Dispo-Kredit", von den Banken oft allzu leicht gewährt, häufig die „Einstiegsdroge" darstellt.

Da die Schuldnerberatung einen integralen Bestandteil diakonischer Sozialarbeit darstellt und sich wie diese der „Ganzheitlichkeit" des Menschen verpflichtet weiß, wird sie nicht nur durch Finanzexperten aus dem Bank- und Verwaltungsbereich, aus entsprechenden kaufmännischen und juristischen Berufen, sondern vor allem auch durch dafür besonders aus- und fortgebildete Sozialarbeiter und Sozialpädagogen durchgeführt. Die Beratung schließt neben einer „Bestandsaufnahme" der Schulden usw. und der Entwicklung eines „Sanierungskonzepts", der Kontaktnahme zu Fachberatungsdiensten, Rechtsanwälten, Verbraucherberatung und Banken die psychosoziale Beratung und Stabilisierung der Betroffenen ein, um eine tatsächliche Veränderung der Einstellung und des Verhaltens und so echte „Hilfe zur Selbsthilfe" leisten zu können.

Die Beratungsarbeit, finanziert aus erheblichen Eigenanteilen von Kirche und Diakonie sowie Zuschüssen der Kommunen und ggf. der Länder, gerät zunehmend mehr in finanzielle Bedrängnis, die um ihre Arbeit fürchten lassen. Dies ist um so schmerzhafter, als die Konflikte in Erziehung, Ehe und Partnerschaft, die Schwierigkeiten in der Realitäts- und Lebensbewältigung vor allem auch durch die äußeren Bedingungen zunehmen und sich verschärfen. Der z. T. von den Klienten selbst aufgebrachte Eigenbeitrag ist daher ebenso wenig verzichtbar wie die Erschließung neuer Geldquellen, z. B. durch die Bildung von Freundes- und Förderkreisen, wie sie mancherorts bereits bestehen.

Die Kooperation der Beratungsstellen mit anderen kirchlichen und diakonischen Einrichtungen, z. B. der Offenen Sozialarbeit, Kliniken, Pfarrämtern und Kirchengemeinden ist gewiß nicht nur ausbaufähig, sondern auch ausbaubedürftig.

7. Diakonie-/Sozialstationen

Wie die Kindergärten, so wird auch der Dienst in den Diakonie-, Sozialstationen oft, wenn nicht sogar meistens von den Kirchengemeinden, z. T. allerdings auch von Diakonischen Werken, Vereinen oder Einrichtungen getragen, denn von Anfang an hat sich die christliche Gemeinde in besonderer Weise der Pflege kranker Menschen verpflichtet gewußt. Hatten vordem die Gemeinden „ihre" Gemeindeschwester, so hat der Auf- und Ausbau ambulanter Dienste im Gesundheitswesen – wesentlich initiiert und entwickelt von der Diakonie der Kirche – seit den siebziger Jahren zu der „Bündelung" ambulanter pflegerischer Dienste in der Kranken-, Alten-, Haus- und Familienpflege in den Diakonie- bzw. Sozialstationen geführt. Dieses sollte nicht nur den personellen Engpaß in der Gemeindepflege überwinden helfen, sondern vor allem dem betroffenen Personenkreis zwar keine „Alternative", wohl aber eine familienfreundliche Ergänzung zu einem stationären Aufenthalt im Krankenhaus, Alten- und Altenpflegeheim bieten. Das Ziel war und ist es, dem kranken und alten Menschen möglichst lange ein Verbleiben in seinen eigenen „vier Wänden" zu ermöglichen. Die „Bündelung" jener verschiedenen Dienste entspricht dem Anspruch einer „ganzheitlichen" Unterstützung und Begleitung, zumal die Stationen zugleich ein Depot für notwendige Hilfsmittel als auch der Ort sind, der pflegende Angehörige für die Pflege zurüstet und begleitet, ehrenamtliche Helfer z. B. zum Vorlesen einbezieht, Brücken zur Nachbarschaft und zur Kirchengemeinde zu schlagen versucht. Daß das „Ist" dem „Soll" nicht immer zu entsprechen vermag, stellt eine immer neue Herausforderung für alle direkt und indirekt Beteiligten dar.

In den Stationen arbeiten Mitarbeiterinnen und Mitarbeiter unterschiedlicher Fachrichtungen und Ausbildungsvoraussetzungen. Nicht nur sie müssen sich zu einem „team" zusammenfinden und als solches bewähren, sondern auch die oft verschiedenen Träger, die ihre Dienste durch Vereinbarungen oder Verträge miteinander verbunden haben. Können die Stationen daher ein überschaubares Einübungsfeld für echte Kooperation unterschiedlicher Verbände – bei Wahrung ihrer jeweiligen Eigenständigkeit – sein, so gilt es hier z. B. immer wieder unterschiedliche Pflegeansätze und -konzepte aufeinander abzustimmen und mit unterschiedlichen Anstellungsmodi und ggf. Vergütungen umzugehen. Hinzu kommt die immer schwieriger gewordene Frage der Finanzierung der Leistungen, die, wenn auch der Grundsatz gilt: „Hilfe vor Bezahlung", heute die Arbeit für die Mitarbeiterschaft und die Träger oft über das Maß des Zumutbaren hinaus belastet.

Dieses gilt z. B. für die Situation, daß es nicht gelingt, mit den Kassen angemessene Leistungsentgelte auszuhandeln, und Länder und Kommunen ihre Zuwendungen in gleichem Atemzug kürzen. Das „Gesetz zur sozialen Absicherung des Risikos der Pflegebedürftigkeit" von 1994 – als erster Schritt und grundsätzlich durchaus begrüßt, weil längst überfällig und angemahnt – hat derzeit die Probleme noch zugespitzt, da seine rein medizinisch-diagnostischen Gesichtspunkte zur Beurteilung des „Pflegebedarfs" dem „ganzheitlichen" Anspruch, der allein der Komplexität der Pflegebeziehungen entspricht und entsprechen kann, auch nicht annähernd gerecht wird und die Höhe der „Sachleistungen" weit unter dem erforderlichen Bedarf liegt. Dieses kann – zumindest für eine „Übergangszeit" – einen Rückschritt im Verständnis und der Praxis der Kranken- und Altenpflege bedeuten, führt ggf. eher zu einer Beschneidung als zu einem Ausbau ambulanter Dienste, zumal das Gesetz die kommunale Verantwortlichkeit nicht einmal erwähnt, die Kommunen also faktisch aus ihrer Verantwortung entläßt und diese allein dem Träger der Pflegeversicherung, also den Kassen, überträgt, die Risiken aber allein den Trägern zumutet.

Wenn das Gesetz vorschreibt, daß dem „Auftrag kirchlicher und sonstiger Träger der freien Wohlfahrtspflege kranke, gebrechliche und pflegebedürftige Menschen zu pflegen, zu betreuen, zu trösten und sie im Sterben zu begleiten ... Rechnung" zu tragen ist, dann bleibt es selbst mit seinen einseitig an einem finanziellen Entlastungseffekt orientierten Regelungen hinter diesem Auftrag und den Möglichkeiten, ihm zu entsprechen, zurück. Wenn darüber hinaus in Zukunft immer noch mehr private Anbieter, die durch das Gesetz mit denen der freien Wohlfahrtspflege gleichgestellt werden, auf den Markt drängen, so kann das zunächst und grundsätzlich für die Pflegebedürftigen als positiv angesehen und daher begrüßt werden. Sollte sich allerdings durch die finanziellen Regelungen die Befürchtung bewahrheiten, daß jene sich auf die kostengünstigeren „lukrativen" Teile im Pflegebereich konzentrieren und die anderen den Trägern der freien Wohlfahrtspflege überlassen, dann könnte sich die Grundsatzfrage stellen, ob die Diakonie sich von ihrem Auftrag her um der Menschen willen nicht aus dieser Arbeit herausziehen müßte.

Der sich immer stärker anbahnende „Konkurrenzkampf" zwischen den unterschiedlichen Anbietern birgt zudem die Versuchung in sich, Tendenzen zur Nivellierung des je eigenen Profils in der Arbeit zu verstärken, um sich möglichst ohne „Reibungen" auf dem Markt und gegenüber den Kassen zu behaupten. Es ist gut, daß diese Gefahr gesehen und ihr – nicht zuletzt durch rechtlich-organisatorische Maßnahmen – entgegengetreten wird. Dieses ist um so dringlicher, als sich durch den forcierten Auf- und Ausbau der Diakonie/ Sozialstationen mancherorts die Bindungen zwischen Kirchengemeinden und Mitarbeiterschaft – und umgekehrt – gelockert haben.

Diese von beiden Seiten her verständliche, allerdings auf Dauer gesehen fatale Entwicklung, hat in den letzten Jahren zu verstärkten Bemühungen geführt, die seelsorgerlichen Fähigkeiten der Mitarbeiterinnen und Mitarbeiter in den Stationen durch Begleitung und Fortbildung zu fördern und praktische Schritte einer intensiveren Kooperation zwischen Station und Gemeinde – und umgekehrt – zu erproben (gemeinsame Rüstzeiten und Seminare; gemeinsame Vorbereitung und Durchführung von Gottesdiensten und gemeindlichen Veranstaltungen; gemeinsamer Aufbau und Begleitung von Besuchsdiensten und Selbsthilfegruppen; regelmäßiger Informations- und Erfahrungsaustausch).

Alle Bemühungen werden sich nur dort bewähren, wo die Station nicht nur rechtlich, sondern auch konkret als Dienst der Gemeinde gesehen wird.

Ein Pastor, der in eine Gemeinde wechselt, in der sich eine Diakoniestation befindet, muß zur regelmäßigen und kontinuierlichen theologisch-seelsorgerlichen Begleitung der Mitarbeiterschaft verpflichtet werden – es sei denn, der Kirchenkreis habe diese Aufgabe einem Beauftragten für diese Region übertragen. So oder so aber sind wöchentliche Dienstbesprechungen, die zugleich dem Informations- und Erfahrungsaustausch dienen, unerläßlich.

Die Rechts- und Organisationsformen der Stationen sind vielfältig, z. B. Arbeitsgemeinschaft, Verein oder GmbH. Nicht diese, wohl aber das ist entscheidend, daß auch durch die rechtliche und organisatorische Gestalt – sei es durch Vereinbarung, Satzung oder

Gesellschaftsvertrag – das Profil des Trägers nach außen und innen deutlich gemacht und gewährleistet wird. Eine kompetente starke Geschäftsführung, die heute in der Regel kaum noch von Nicht-fachleuten wahrgenommen werden kann, sowie ein in sich geschlossener, einheitlicher Finanzkreislauf (Kaufmännische Buchführung) sind um so notwendiger, je komplizierter und aufwendiger sich die Finanzierungsmodi darstellen. Ebenso stellt die Berufsbegleitende Weiterbildung für die Wahrnehmung von Leitungsaufgaben und zur Fachkrankenschwester für Gemeindekrankenpflege sowie zur besseren psychiatrischen und gerontopsychiatrischen Pflege eine Aufgabe dar, um den Erfordernissen der Situation einigermaßen angemessen entsprechen zu können.

8. Familienhilfe

Nicht nur im biblischen Zeugnis, sondern auch nach dem Grundgesetz der Bundesrepublik werden der „Familie" zentrale Aufgaben im Zusammenleben der Menschen in Volk, Staat und Gesellschaft zugeschrieben. Gerade in dem Funktionsverlust und dem Funktionswandel, die die Familie erfahren hat und in der Gegenwart durchlebt, sieht diakonische Familienhilfe in Ehe und Familie „die bestimmenden Lebensformen für das Miteinander der Geschlechter und der Generationen. Das Zusammenleben in einer überschaubaren Gruppe wie der Familie ist die notwendige Voraussetzung für das Leben des Menschen"[266].

Der biblische Befund allerdings macht auch deutlich, daß es nicht darauf ankommt, sich „an den überlieferten, aber wechselnden Erscheinungsformen der Familie", wohl aber an dem „Richtpunkt zu orientieren, von dem aus das menschliche Zusammenleben auf seinen Sinn hin beurteilt werden kann. Das im Neuen Testament immer wieder für die christliche Gemeinde gebrauchte Bild vom Leib und seinen Gliedern (Römer 12; 1. Korinther 12) schließt die Ehen, Familien und Hausgemeinschaften ein; es besagt, daß wir bei allen Unterschieden gleichwertig sind."[266] Nicht dem „formalen Bestand der Institution", sondern der „Qualität des Miteinander-Lebens" gilt das Hauptinteresse.[267] Maßstab für alles ist die Liebe (1. Korinther 13).

Dabei kann es nicht darum gehen, den verpflichtenden Charakter der Familie gleichsam zu überhöhen, sondern durch die „Anerkennung ihrer Lebensnotwendigkeit" wie „die einzelnen Glieder der Familie", so „ihre Gemeinschaft unter einander" zu fördern.[268] In diesem Sinne setzen sich Kirche und Diakonie für Hilfen ein und bieten solche an. Dieses Angebot umfaßt derzeit im Bereich des Diakonischen Werkes:

324 Heime und andere stationäre Einrichtungen der Familienhilfe mit 17.124 Betten/Plätzen (darunter: Müttergenesungs-, Mütterkur- und Erholungsheime, Familienerholungsheime und -ferienstätten, Freizeitheime, Frauen- und Kinderschutzhäuser, Kurzzeitpflegeeinrichtungen),

44 Tageseinrichtungen der Familienhilfe mit 4.195 Plätzen (darunter 33 Familienbildungsstätten; Näh- und Handarbeitsstunden und -schulen; Erholungs- und Clubheime; Tagesstätten),

442 Beratungsstellen für Erziehungs-, Ehe- und Lebensfragen,

1.365 Diakonie-/Sozialstationen,

294 Entsendestellen für Kuren und Erholung,

255 Beratungsstellen für Familienplanung und Schwangerschaftskonflikte,

5 Mütterberatungsstellen,

10 Beratungsstellen für AIDS-Kranke und -infizierte,

334 Stellen für Arbeitsvermittlung hauswirtschaftlicher Fach- und Hilfskräfte,

19 Beratungsstellen für Krebskranke,

333 Gemeindekrankenpflegestationen,

213 Haus- und Familienpflegestationen,

185 Dorfhelferinnenstationen,

40 Landwirtschaftliche Betriebshilfsdienste,

163 Mobile soziale Dienste,

10 Fachschulen für Haus- und Familienpflege/Dorfhilfe mit 146 Plätzen,

816 Initiativ-, Selbsthilfe- und Kontaktgruppen.

Neben den vielfältigen Beratungsdiensten, den Diakoniestationen u. a. kommt bei zunehmender Gewalt in Familien den Frauen- und Kinderschutzhäusern eine besondere Bedeutung zu, zumal z. B. beim Erkennen von Kindesmißhandlungen sowie in therapeutischer, präventiver und nachgehender Hinsicht relativ große grundsätzliche und praktische Unsicherheiten im Umgang mit Mißhandelten und ihren Familien bestehen. Diese Unsicherheiten – und die nicht selten ideologisch verzerrten Schwierigkeiten – scheinen ein Symptom überlasteter staatlicher und verbandlicher Institutionen, eines hoffnungslos diffusen Systems von Verantwortlichkeiten und Zuständigkeiten sowie – vor allem – mangelnder Orientierung, Kommunikation und Kooperation zu sein. Gerade aber wegen des „Ideologieverdachts" auf diesem Feld sind Kirche und ihre Diakonie gefordert.

Die Müttergenesungs-, Mütterkur- und Erholungsheime bemühen sich um ein größeres Angebot für Mütter-und-Kind-Kuren und solche für Familien mit behinderten Kindern, zumal die Nachfragen nach solchen immer dringlicher geworden sind. Das Angebot wird unter medizinischen, psychologischen, pädagogischen und seelsorgerlichen Gesichtspunkten gestaltet.

Die Arbeit mit „Alleinerziehenden" ist zunehmend verstärkt worden, da die Zahlen dieser Zielgruppe weiter kontinuierlich steigen. Hier sind die Kirchengemeinden für die Förderung und Begleitung von Selbsthilfegruppen, der Treffpunktarbeit, dem Angebot von Freizeiten besonders gefordert. In den „neuen" Bundesländern liegt in diesem Bereich für Kirche und Diakonie ein großer Nachholbedarf.

Eine stärkere Kooperation zwischen den Familienbildungsstätten (früher: Mütterschulen) und Kirchengemeinden wird von allen Seiten gewünscht, stößt aber auf Schwierigkeiten. Die Bildungsstätten können gemeindliche Projekte und Vorhaben initiieren und fördern. Die Gemeinden müßten deren Angebote der Hilfe zur Erziehung, Haushaltsführung, Gesundheit, Hygiene, Freizeit, Vorbereitung auf die Familie stärker wahrnehmen und in ihre Arbeit einbeziehen. Gerade hier wird versucht, ausgehend von Alltagsfragen und -situationen, diese im Gesamt der komplexen Lebens- und Arbeitsvollzüge zu verstehen und gemeinsam zu bearbeiten.

> Das dem Angebot entsprechend multiberuflich zusammengesetzte Team der Bildungsstätten, das meistens überwiegend nebenberuflich beschäftigt ist, stellt an die Leitung wie an die Mitarbeiterschaft besondere Anforderungen, als es immer wieder darum geht, sich in der Erarbeitung und Durchführung eines Konzepts des gemeinsamen Ansatzes zu vergewissern, damit Auftrag und eigener Anspruch angemessen dargestellt und verwirklicht werden können.

Die stationären und teilstationären Angebote werden ergänzt durch die immer größer werdende Zahl der Initiativ-, Selbsthilfe- und Kontaktgruppen. Sie sind – bei aller Betonung ihrer Eigen- und Selbständigkeit – oft darauf angewiesen, daß ihnen Räume zur Verfügung gestellt, Unterstützung gegenüber Verbänden und Behörden gewährt und – zumindest punktuell – Begleitung ihrer Arbeit durch hauptberuflich tätige und erfahrene Fachkräfte zuteil wird. Die wechselseitige Bezogenheit von offener gemeindlicher und organisiert diakonischer Arbeit in diesem Bereich konkretisiert sich auch durch das Angebot von Familiengottesdiensten, Ehe-, Tauf- und Elternseminaren, Gesprächs- und Hauskreisen, Familienfreizeiten und -ausflügen.

9. Jugendhilfe

Diese Arbeit mit Kindern und Jugendlichen reicht z. T. bis in die Zeit der Frühen Kirche zurück, die sich insonderheit der Waisen- und Findel- sowie der gefährdeten Kinder annahm. Die Arbeit der Kindertagesstätten und -horte ist mit den Namen Pfarrer Oberlin und Luise Scheppler (1780), Pestalozzi (1799) und Fröbel (1840) verbunden, während die Arbeit mit Kindern im schulpflichtigen Alter bis in die Zeit des Pietismus zurückreicht.

Im Bereich des Diakonischen Werkes der EKD gibt es:

910 Heime und stationäre Einrichtungen (ohne Behindertenhilfe) mit 39.906 Betten/Plätzen (z. B. Heime für Mutter und Kind, Heime für Kinder und Jugendliche, Kinder- und Jugenddörfer, Heilpädagogische Heime, Wohngemeinschaften für alkohol- oder drogenabhängige Jugendliche und junge Volljährige, Freizeit-, Übernachtungs-, Erholungs- und Genesungsheime),

8.980 teilstationäre Tageseinrichtungen (darunter z. B. 8641 Kindergärten/Kindertagesstätten, Häuser der Offenen Tür, Allgemein- und Berufsbildende sowie Sonderschulen, Ausbildungs- und Lehrwerkstätten),

53 Fachschulen für Sozialpädagogik mit 5606 Plätzen,

6 Fachschulen für Kinderpflege mit 362 Plätzen,

163 Hausaufgabenhilfegruppen und andere Schülerhilfen,

62 Klubs und Gruppen für Jugendliche,

344 Beratungsstellen.

Die Jugendhilfe soll nach Möglichkeit ein ganzheitliches System vorsorgender und fürsorgerischer Hilfen für Familien, Kinder und Jugendliche bereitstellen. Hat sie lange Zeit nur der Erziehung gefährdeter oder geschädigter Kinder und Jugendlicher gegolten – auch heute noch Kernbereich dieser Arbeit –, die weitgehend in Heimen und Pflegestellen erfolgte, so bezieht sie heute, wie die Statistik zeigt, auch ergänzende Hilfen zur Erziehung in der eigenen Familie ganz selbstverständlich ein (z. B. Kindergärten) und sieht die Unterbringung und Förderung o. g. Zielgruppe in Heimen und Pflegefamilien nur dann vor, wenn durch die immer weiter ausgebauten ambulanten Hilfen „Erziehungs- und Sozialisationsdefizite" nicht ausgeglichen oder aufgefangen werden können.

Trotz bahnbrechender Ansätze unter J. H. Wichern (familienorientierte Gruppen), für geistig und körperliche behinderte Kinder und Jugendliche unter H. Löhe und F. von Bodelschwingh, trotz weiterführender Arbeiten besonders in den zwanziger Jahren, wurde die Arbeit während des „Dritten Reiches" weitgehend zerschlagen und erfuhr einen furchtbaren Rückschritt. Nach dem Kriege wurde sie verstärkt von der Diakonie wieder aufgenommen und erhielt starke und durchschlagende reformerische Impulse in den sechziger und siebziger Jahren. Gerade in diesem Bereich ist die Diakonie einen auch von Niederlagen und Rückschlägen geprägten Weg gegangen und hat sich z. T. äußerst einschneidenden äußeren und inneren Wandlungsprozessen unterzogen und unterziehen müssen.

Die Arbeit erfolgt nach dem Kinder- und Jugendhilfegesetz (KJHG). Für dieses Gesetz ist die herausgehobene Stellung, die es den freien, nichtgewerblichen Trägern bei der Erbringung von Leistungen wie auch in der Formulierung der Kinder- und Jugendpolitik einräumt, charakteristisch. Selbst bei sog. „hoheitlichen" Aufgaben (Zwangsunterbringung bzw. – Einweisung) können die öffentlichen Träger – meist die Jugendämter – die freien Träger an der Aufgabenerbringung beteiligen – eine für die Diakonie der Kirche problematische Möglichkeit. Insgesamt wird die Tendenz deutlich, eine weitere Pluralisierung der „anerkannten" Träger herbeizuführen. Zugleich ist die Mehrzahl der Leistungen in ihrem Verpflichtungscharakter – gemessen an den sog. Muß-Bestimmungen – deutlich und spürbar reduziert. Dieses und die Tatsache, daß viele Kommunen aufgrund der finanziellen Engpässe ihre „freiwilligen" Leistungen nur noch durch „Kostendeckelung" oder Budgetierung erbringen können, stellt die Kinder- und Jugendhilfe vor erhebliche, nicht nur finanzielle Probleme.[269] Notwendiger denn je ist die Jugendhilfeplanung, um ein wirkungsvolles, auf die Bedürfnisse der Hilfesuchenden abgestimmtes Leistungsangebot erhalten bzw. ausbauen und verstärken zu können. Hierzu ist auch eine erheblich verbesserte Koordination der Vertretung von Kirche und Diakonie in den Jugendhilfeausschüssen mit den Leistungsanbietern im Bereich der Diakonie erforderlich.

Trotz aller Schwierigkeiten wird durch weitestgehende Öffnung und Dezentralisation der Organisation in den Heimen, die Schaffung von selbständig arbeitenden und lebenden Einheiten, durch „Betreutes Wohnen" außerhalb oder in Verbindung mit der Einrichtung, dem Auf- und Ausbau eines Netzwerkes helfender Angebote mit dem Heim für besonders schwierige „Fälle" versucht, den einzelnen zu stützen, die Kräfte zur Selbsthilfe zu mobilisieren und das Bewußtsein für Verantwortlichkeit und Solidarität zu wecken und – wo irgend möglich – auch die Familie in diesen Prozeß aktiv einzubeziehen. In diesem Netzwerk kommt den Kirchengemeinden eine besondere Rolle zu. Sie können durch Information und wechselseitige Besuche helfen, Barrieren und Schranken abzubauen oder doch zu mildern. Dem dienen auch gemeinsame Veranstaltungen, Sportbegegnungen, Bastelgruppen u. ä. Besonders hilfreich, wenn auch leider noch zu selten sind Patenschaften und Einladungen für Wochenenden, Feiertage oder andere besondere Gelegenheiten, um die Kinder und Jugendlichen in das „normale" Leben und Zusammenleben einzugliedern.

Die Kindertagesstätten stellen heute eine notwendige familienergänzende Hilfe dar, die besondere Möglichkeiten bietet, durch enge Zusammenarbeit mit der Kirchengemeinde und religionspädagogische Arbeit die immer mehr fehlende christliche Sozialisation der Kinder auszugleichen, diese mit biblischen Geschichten bekanntzumachen und sie in das Kirchenjahr und das Leben der Gemeinde einzuführen.

Gerade dort, wo zwischen Kindergarten und Träger – und umgekehrt – Hemmschwellen und eine entsprechende

Distanz bestehen, kann die gemeinsame Teilnahme von Pastor, Vertretern des Kirchenvorstandes und den Mitarbeiterinnen an Seminaren und Rüstzeiten, die Unterstützung durch die Fachberatung des Diakonischen Werkes und der kollegialen Praxisbegleitung, die Durchführung regelmäßiger gemeinsamer Dienstbesprechungen aller gemeindlichen und der Mitarbeiter des Kindergartens, die kontinuierliche theologische Begleitung des Teams durch einen Pastor oder Beauftragten bei wechselseitiger Respektierung der Grenzen und besonderer Möglichkeiten des anderen, das Profil evangelischer Kindergartenarbeit nach innen und nach außen deutlicher werden lassen. Auch durch die gemeinsame Planung und Durchführung von Elternabenden, Festen und Morgenkreisen sowie einen geregelten Erfahrungsaustausch kann der Kindergarten zu einem hilfreichen Ort der Begegnung zwischen Kindern und den Generationen und damit des Gemeindeaufbaus werden.

Die Entwicklung nach dem Zweiten Weltkrieg hat es mit sich gebracht, daß in manchen Regionen oder Orten die kirchlich-diakonischen Kindertagesstätten fast eine „Monopolstellung" haben. Das ist so nicht gewollt und wird voraussichtlich dadurch eine Korrektur erfahren, als das neue Kinder- und Jugendhilfegesetz von 1991 die Garantie für einen Kindergartenplatz für jedes Kind im Alter von drei bis sechs Jahren mit sich gebracht hat. Diese wird nur im Verein der Kommunen mit allen Wohlfahrtsverbänden verwirklicht werden können, zumal sie in einem Zeitraum erfolgt, wo Länder und Kommunen vor übergroßen finanziellen Schwierigkeiten stehen und auch die Kirchen ihre Zuwendungen neu überdenken müssen. Dabei ist die Arbeit des Kindergartens durch die Zunahme verhaltensauffälliger bzw. verhaltensgestörter Kinder, von Kindern aus anderen europäischen und außereuropäischen Ländern und fremden Religionen, sowie von behinderten Kindern in Form der Einzelintegration oder integrativ zusammengesetzter und arbeitender Gruppen, zunehmende Erwartungen der Eltern und Erfordernisse der Familien derart gefordert, daß die Schere zwischen Aufgaben und Möglichkeiten immer weiter auseinanderzuklaffen droht.

10. Das Evangelische Krankenhaus

Kranke zu pflegen und zu besuchen ist immer eine besondere Verpflichtung der Christenheit gewesen. Vorgängereinrichtungen des heutigen Krankenhauses waren die „Hospitäler" und „Spitäler" des Mittelalters. Hatte in diesen – bis weit in das 19. Jahrhundert hinein – die Betreuung und „Pflege" den Vorrang, so hat sich seither immer mehr die Medizin durchgesetzt, wobei allerdings die Therapie mit der enormen Entwicklung der Diagnostik nicht Schritt zu halten vermochte.

Die Leistungen werden nach dem Krankenhausgesetz von 1972, das seither mehrfach Änderungen erfahren hat, durch die Kassen finanziert. Durch die staatliche Pflegesatzgestaltung geraten die Häuser zunehmend unter finanziellen Druck, dieses um so mehr, als ab 1996 landeseinheitliche, von der individuellen Kostenstruktur des Krankenhauses unabhängige Preise festgesetzt werden sollen. Diese – scheinbar nur finanzielle – Änderung bedeutet – zusammen mit anderen vorgesehenen Maßnahmen –, insofern etwas total „Neues", das „mit dem Bisherigen unvereinbar ist", als es praktisch die Infragestellung der „partnerschaftlichen Zusammenarbeit zwischen einem freien Träger und einem dann quasi-staatlichen Träger", nämlich der damit „omnipotenten" Krankenkasse, darstellt. Entgegen dem bis dahin geltenden „Ordo" – liberalen Ordnungskonzept, das der sozialen Marktwirtschaft zugrundeliegt und eine wesentliche Aufgabe darin gesehen hat, Monopolbildungen auszuschließen", wird der freie Anbieter nunmehr gezwungen, auf die ihm von der Kasse vorgegebenen Preise einzugehen. Hier besteht die akute Gefahr sowohl einer Minderung der auf die einzelne Person zugeschnittenen Qualität des medizinischen und pflegerischen Angebotes als auch die, „daß die Pflegeeinrichtungen zu bloßen Erfüllungsgehilfen der Pflegekassen" werden – und dies um so mehr, als die Kassen einseitig – und nicht mehr partnerschaftlich – Wirtschaftlichkeitsprüfungen anordnen sowie Prüfungsumfang und Prüfer bestimmen können und damit einen „allumfassenden Zugriff" auf das Krankenhaus und seine Arbeit haben, der praktisch eben durchaus auch inhaltliche Eingriffe einschließt. Damit wäre die „Freiheit des Trägers" eingeengt.[270] Hier könnte ein grundsätzlicher Einschnitt für die ganze Arbeit gerade der Evangelischen Häuser liegen.

Die Krankenhaushilfe im Bereich des Diakonischen Werkes umfaßt derzeit:

353 Kranken-, Fachkranken-, Kinderkranken- und Rehabilitationskrankenhäuser mit 70.420 Betten,

196 Fachschulen für Krankenpflege, Kinderkrankenpflege, Krankenpflegehilfe, Krankengymnastik, Massage, Medizinisch-Technische Assistenz mit 10.642 Plätzen,

12 Fortbildungsstätten für Spezialgebiete der Krankenpflege mit 297 Plätzen/Betten,

1 Schwesternhochschule,

577 Ev. Krankenhaushilfe,

36 Patientenclubs.

Im Bewußtsein der Endlichkeit und Begrenztheit menschlichen Lebens und menschlicher Hilfe bemüht sich das Evangelische Krankenhaus um eine patientengerechte ganzheitliche Krankenversorgung. Diese schließt das Bemühen um einen menschenwürdigen Umgang mit Sterben und Tod ein. Diesem umfassenden Auftrag dient auch das Bestreben um eine Einbettung der Arbeit in das Umfeld, der Brückenschlag zu Kirchengemeinden, die Vernetzung mit anderen, vor allem den sozialen und ambulanten Diensten, die Ausbildung und der Einsatz ehrenamtlicher Helferinnen und Helfer, die – wie z. B. die „Grünen Damen" oder Besuchsgruppen der Kirchengemeinden – dem Kranken das Einleben und Sichzurechtfinden in den Krankenhausbetrieb erleichtern, ihm Gesprächsmöglichkeiten und andere Hilfen anbieten wollen. Dazu gehört – nicht zuletzt – die (vielfach) von den Landeskirchen getragene – und selbstverständlich auch in nichtkirchlichen Häusern angebotene – Krankenhausseelsorge, die durch dafür besonders aus- und fortgebildete Pastoren und Diakone durch Einzelgespräche, in Andachten und Gottesdiensten erfolgt. Sie gilt besonders dem Patienten und seinen Angehörigen, schließt aber als „Krankenhausseelsorge" selbstverständlich die Begleitung der Mitarbeiterschaft ein. In bestimmten Regionen wird sie ergänzt und verstärkt durch den Evangelischen Seelsorgedienst im Krankenhaus (ESDK), der durch dafür besonders zugerüstete und begleitete ehrenamtliche Mitarbeiterinnen und Mitarbeiter auf den Stationen durchgeführt wird.

Wenn heute festgestellt werden kann, daß aufgrund der Umbrüche und Neuordnungen im Gesundheitswesen der

„Pflegemarkt sich als monopolistischer Nachfragemarkt mit atomistischem Angebot typisieren läßt"[271], auf dem dem „Monopol" der Kassen eine Vielzahl von unterschiedlichsten Anbietern unterschiedlicher Träger mit ihren entsprechenden Kosten gegenüberstehen, dann wirft das u. a. allerdings auch die kritische Frage auf, ob sich die Evangelischen Anbieter dieses Bereichs in Orten, wo mehrere solcher Einrichtungen bestehen, nicht weit stärker als bisher in ihrem Angebot, ihrer medizinisch-technischen Ausstattung und der allgemeinen Ausrüstung, z. B. im Einkauf und der Apothekenführung aufeinander abstimmen, intensiver kooperieren oder gar fusionieren müßten.

Vor allem gilt es der Dominanz der technischen und apparativen Prozesse kritisch zu begegnen und dem Pflegedienst, der damit – weniger grundsätzlich als vielmehr in der täglichen Arbeit – in Gefahr steht, sich vornehmlich an spezialisierten Funktionen zu orientieren und somit die Gesamtheitlichkeit des Menschen aus dem Blick zu verlieren, die Dimension der wirklich personalen Zuwendung zum einzelnen Kranken zu erhalten und beispielhaft zu verdeutlichen, daß und wie auch unter erschwerten Rahmenbedingungen die Verbindung von technisch-funktionalen Aufgaben mit denen individueller Diakonie am Krankenbett möglich ist.

Dieser besonderen Herausforderung versucht das Evangelische Krankenhaus, dessen Arbeit seit weit über hundert Jahren durch den selbstlos-aufopfernden Dienst der Diakonissen getragen und weit über den eigenen Bereich hinaus geprägt worden ist, die heute aber zu einer verschwindenden Minderheit geworden sind, durch besondere hauseigene und überregional durchgeführte Aus- und Fortbildungsmaßnahmen, Rüst- und Freizeiten, Seminaren und begleitenden Angeboten für ihre Mitarbeiterinnen und Mitarbeiter sowie durch Gesprächsangebote „Arzt und Seelsorger" gerecht zu werden.

Nicht zuletzt gilt es, daß das Evangelische Krankenhaus und seine Ärzteschaft Einzelentscheidungen, die sich für das Gesamt des Hauses wie hinsichtlich des einzelnen Patienten ergeben, auf einer Grundlage und in einem Rahmen treffen, die diese Entscheidungen ebenso ethisch zu legitimieren wie – auch nach außen – einsichtig zu machen vermag.

11. Diakonische Dienste für „Menschen unterwegs"

Hier sind beispielhaft zu nennen:

a) die Evangelische Bahnhofsmission

Diese ist ein relativ junger Zweig diakonischer Arbeit, entstanden im Jahre 1892 mit der Gründung der ersten „Bahnhofsmission" durch Pastor Johannes Burckhardt in Berlin. Mehr und mehr sind unsere Bahnhöfe seither – wie jeder sehen und erleben kann – zu sozialen Brennpunkten geworden. Da sind nicht nur Fahrschüler und die immer größer werdende Zahl von alten, kranken, behinderten Menschen, die bei ihren Reisen einer helfenden Begleitung bedürfen, sondern auch Nichtseßhafte, Ausländer, Asylsuchende, Aus- und Umsiedler, Strafentlassene, entlaufene Jugendliche, psychisch kranke Menschen, die von den Bahnhöfen angezogen werden. Der Dienst der Bahnhofsmission, vornehmlich von ehrenamtlich tätigen Mitarbeiterinnen und Mitarbeitern getragen, wird heute in 107 Stationen im Bereich des Diakonischen Werkes der EKD angeboten. Die dafür besonders aus- und fortgebildeten Mitarbeiter, die engstens mit der katholischen Bahnhofsmission zusammenarbeiten, tun ihren Dienst wie auf den Bahnsteigen so in den Stationen. Sie helfen aus und in den Zug, wo dies erforderlich ist, tragen Koffer und Gepäck, holen Auskünfte ein oder übernehmen telefonische Benachrichtigungen. In den Stationen können sich Reisende aufhalten, einfache Mahlzeiten zu sich nehmen, ausruhen oder Mütter ihre Kleinkinder versorgen. Überall besteht die Möglichkeit zum Gespräch oder auch zu gezielten anderen Hilfsmaßnahmen.

Dieser anstrengende und zeitintensive Dienst – auch nachts, in Urlaubs-, Ferien- und an Feiertagen – läßt es schwer werden, hinreichend Mitarbeiterinnen und Mitarbeiter zu finden, andererseits ist dieser Dienst ohne ehrenamtliche Mitarbeit nicht möglich. Finanzielle Einbußen der öffentlichen Hand kommen hinzu. So kommt es entscheidend darauf an, daß Kirche und Gemeinden diese Arbeit in ihr Blickfeld einbeziehen.

b) Deutsche Seemannsmission

Der Dienst der Deutschen Seemannsmission gilt allen deutschen und ausländischen Seeleuten, die ihn in Anspruch nehmen möchten. Er ist international und ökumenisch ausgerichtet, gilt selbstverständlich auch Seeleuten anderer Religionen und geschieht in über 80 Stationen in Hafenstädten in Deutschland und in aller Welt. Die Mitarbeiterinnen und Mitarbeiter stehen den Seeleuten und ihren Familien als Beistand und Berater bei allen Problemen wirtschaftlicher, familiärer, ethischer und religiöser Art zur Verfügung. Sie bieten in ihren Räumen Begegnungs- und Übernachtungsmöglichkeiten an – Dienste, die um so notwendiger sind, als die Liegezeiten der Schiffe immer kürzer, der auf den Seeleuten liegende Leistungsdruck immer größer, die Isolierung und Vereinzelung des einzelnen Seemannes im Rahmen der meist international zusammengesetzten Mannschaft auf den Schiffen immer härter werden und die sozialen Probleme zunehmen. Hinzu treten die vielfältigen Schwierigkeiten der zunehmenden Zahl arbeitsloser Seeleute und die Folgen des Fahrens von Schiffen unter fremder, weil steuergünstigerer Flagge.

c) Evangelische Binnenschiffermission

Den Binnenschiffern und ihren Familien, die auf den Flüssen, Kanälen und sonstigen Wasserstraßen Europas unterwegs sind, stehen 8 Heime mit 383 Plätzen und Anlaufstationen zur Verfügung. Die sozialen Probleme dieses Personenkreises haben zugenommen. Sie verschärfen sich bei den Menschen aus dem Osten und Südosten Europas. So wird dieser diakonische Dienst gern angenommen.

12. Wohnungslosenhilfe

Dieser seit altersher von der Diakonie der Kirche wahrgenommene Dienst (Matthäus 25,31 ff.), der im 19. Jahrhundert die Anfänge einer Qualifizierung (Friedrich von Bodelschwingh) erfahren hat, hat heute seine Grundlage im Bundessozialhilfegesetz (BSHG) aus dem Jahre 1962, das seither allerdings einschneidende Änderungen erfahren hat. Untersuchungen haben ergeben, daß Obdachlosigkeit meist nicht begründet ist in einem „Wandertrieb", der Menschen von Ort zu Ort treibt. Sie hat ihre Ursache vielmehr darin, daß Armut, Arbeitslosigkeit und der Verlust der Wohnung (und meist der

Familie) die Menschen auf die Straßen treibt, da Kommunen für Gemeinde- bzw. Stadtarme – um Kosten zu sparen – kaum entsprechende Angebote bereithalten. Sind diese Menschen – zunehmend mehr auch Frauen – erst „unterwegs", fallen sie nicht mehr in die Zuständigkeit des örtlichen (kommunalen), sondern des überörtlichen Trägers, und die Kommunen sind dieses Problem „los". Die Zahl der Obdachlosen hat sich in den vergangenen Jahren dramatisch erhöht. Die Ursachen sind die Einschränkung des Sozialen Wohnungsbaues, das Fehlen von geeignetem Wohnraum, zu teure Mieten.

> Dadurch daß die Sozialhilfe, die ursprünglich das Überleben des einzelnen auf einem Minimalniveau sichern sollte, inzwischen mehr und mehr unter dem Stichwort „Leistungsgesetz" subsumiert und damit der gleichen Betrachtung und Bewertung unterzogen wird wie andere, aber eben mit der „Sozialhilfe" nicht vergleichbare Maßnahmen – droht sie damit wieder auf die längst überwunden geglaubte Stufe eines staatlichen „Gnadenerweises" zurückzufallen.

Andererseits geraten auch die Anbieter zunehmend in finanzielle Schwierigkeiten. An die Stelle der bisher in bilateralen Verhandlungen nach dem Selbstkostenprinzip ausgehandelten Pflegesätze sollen nunmehr[272] vorauskalkulierte prospektive Pflegesätze treten, wobei ein nachträglicher Defizitausgleich weitestgehend ausgeschlossen ist. Sollen jene Regelungen Anreize für „unternehmerisches Handeln" geben, so werden solche durch diese wieder zunichte gemacht.

> Hinzu kommt, daß privat gewerbliche mit den verbandlichen Anbietern gleichgestellt sind.

Gerade dieser Bereich, der die in der Gesellschaft vorhandenen Ausgrenzungstendenzen besonders kraß und für die Betroffenen hart widerspiegelt, gehört zu den für die Diakonie der Kirche unaufgebbaren Bereichen. Derzeit umfaßt das Angebot im Bereich des Diakonischen Werkes der EKD:
   88 Heime und andere stationäre Einrichtungen,
   13 Wohngruppen,
   28 Übernachtungsheime für Obdach- und Wohnungslose,

33 Werkstätten und Beschäftigungseinrichtungen mit 1.938 Plätzen,
167 Beratungsstellen.

Um den Bedürfnissen des einzelnen besser gerecht werden zu können, haben die Einrichtungsträger in den vergangenen Jahren Differenzierungsmöglichkeiten des Wohnens und Lebens, der Ausbildungs- und Arbeitsmöglichkeiten gesucht und verwirklicht. Sie haben Maßnahmen zur Selbsthilfe und der Führung eines selbständigen Wohnens und Lebens durchgeführt, deren weiterer Ausbau dringend erforderlich wäre. Das gilt ebenso wie für die weitere Qualifizierung der Mitarbeiterschaft so für die Angebote der Freizeitgestaltung, des Brückenschlages zum Umfeld – was besonders schwierig ist – und jener Projekte von Diakonie und Kirche, die darauf zielen, angemessenen und bezahlbaren Wohnraum für diese Personengruppe zu schaffen – bzw. Anreize dafür zu geben.

Ein Mitte 1992 von der Diakonie der hannoverschen Landeskirche entwickeltes und von dieser finanziell erheblich gefördertes Projekt „Wohnraum schaffen" hat ermutigende Wege aufgezeigt. Bisher haben zehn kirchlich-diakonische Träger Mittel aus diesem Fonds zur Schaffung von 82 Wohneinheiten beantragt.

Gelingt es nicht, hier Verbesserungen zu erreichen, besteht die Gefahr, daß das Vertrauensverhältnis zwischen Anbieter und Klient gestört und damit der Hilfe die wesentliche Grundlage entzogen wird.

Sehr deutlich muß aber gesehen und immer wieder – gerade auch in den politischen Raum hinein – gesagt werden, daß diakonische Obdachlosenhilfe auch nicht annähernd die Möglichkeiten hat, auf Massennotstände angemessen reagieren zu können. Um solche aber handelt es sich heute, nachdem Jahre hindurch vieles nicht getan und versäumt ist.

13. Offene diakonische Sozialarbeit

Basis, Rückgrat und „Scharnier" aller diakonischen Arbeit ist die offene regionale Sozialarbeit, die meist auf Dekanats- bzw. Kirchenkreis- oder Propsteiebene angesiedelt ist. Wiewohl demnach übergemeindlich verankert, ist ihr Dienst strikt auf die Gemeinden bezogen. Er schließt die direkte Arbeit mit und für die Klienten durch Beratung, Einzelfallhilfe und Gruppengespräche ebenso ein wie die Planung, Organisation und ggf. Mitwirkung bei bestimmten Projekten als auch das Anregen und Beraten der Gemeinden oder des Kirchenkreises sowie die Zurüstung und Fortbildung von Mitarbeitern.

Die in diesem Bereich tätigen Mitarbeiterinnen und Mitarbeiter sind also nicht nur für eine u. U. relativ große Region (Dekanat, Kirchenkreis, Propstei), für Klienten der verschiedensten Zielgruppen (z. B. Behinderte, Ausländer, Arbeitslose, Übersiedler, Asylsuchende, Sozialbehinderte, Alleinerziehende, Obdachlose), sondern auch für eine Vielzahl kirchlich-diakonischer Körperschaften (Kirchenkreis, Kirchengemeinden), Mitarbeiterinnen und Mitarbeiter sowie – nicht zuletzt – für Vertretungsaufgaben gegenüber Kommunen und anderen Verbänden tätig. Sie nehmen damit eine „Schlüsselfunktion" wahr, die ihnen als „Generalisten" mit dem Erfordernis eines breiten „Grundwissens" zugleich erhebliche besondere Qualifikationen abfordert. Diese Schlüsselfunktion ist um so unerläßlicher, je weniger diakonische Mitarbeiter noch in den Gemeinden tätig und je mehr diakonische Einrichtungen in den Regionen vorhanden sind. Zwar haben die Sozialarbeiterinnen und Sozialarbeiter z. B. in der hannoverschen Landeskirche den Diakonieausschuß des Kirchenkreises, ggf. auch einzelne Gemeinden bzw. deren Diakoniebeauftragte zur Seite, da diese meist aber nur „ehrenamtlich" tätig sind, sind und bleiben die Sozialarbeiterinnen und Sozialarbeiter die ausschlaggebende Mitte im diakonischen Hilfenetz der Region und zentrale Anlaufs- und Vermittlungsstelle für den einzelnen wie für die Einrichtungen. Dieses gilt um so mehr dort, wo ihnen die Geschäftsführung des örtlichen diakonischen Werkes zufällt und sie auf diese Weise zusätzlich die Brücke darstellen zwischen den kirchlichen und den diakonischen Körperschaften und ihren Organen – und umgekehrt. Da die Notwendigkeit der „Vernetzung" diakonischer Initiativen, Aktivitäten und Einrichtungen, der „bürokratische Aufwand", die Zahl der Hilfeanbieter immer größer, die zu führenden Verhandlungen immer komplizierter geworden sind, scheint derzeit ein Einschnitt in der Entwicklung erreicht, der – innerbetrieblich – die Organisations- und Verwaltungsabläufe neu strukturiert und Kompetenzen und Zuständigkeiten klarer regelt.[273] Jede Neuregelung wird aber wie die nach wie vor vordringliche direkte Arbeit mit dem einzelnen Klienten auch die als selbständig zu definierende Arbeit der Fachdienste und Einrichtungen beachten.

14. Hilfen für sinnesbehinderte Menschen

Ob von Geburt an oder durch Krankheit oder Unfall erworbene Blindheit- oder Gehörlosigkeit – die blinden und gehörlosen Menschen leben mitten unter uns. Das gilt auch für die Schwerhörigen, die noch über einen Rest ihres Hörvermögens verfügen und die (nur) fast Blinden. Ihre Integretation ist eine Aufgabe, die – bei den Gehörlosen oder gar Taubblinden – auf kaum zu durchbrechende Grenzen stößt und daher besonders großes Einfühlungsvermögen, Phantasie und Fachkunde erfordert. Die „Gebärdensprache" – das Kommunizieren durch Zeichen und Gesten – ist dafür besonders wichtig. Für die Blinden ist das Entsprechende die Blindenschrift. Ihnen steht ein breites Angebot auch an christlicher Literatur zur Verfügung.

Für blinde, taubblinde und gehörlose Menschen gibt es Sonderschulen, Berufsbildungs- und Berufsförderungswerke. Vor allem aber sammeln sie sich in regionalen Gruppen. Dabei werden sie auch durch dafür besonders aus- und fortgebildete Seelsorgerinnen und Seelsorger begleitet, deren Dienst selbstverständlich die Familien und Angehörigen einschließt und vor allem versucht, wo und wie immer möglich, Brücken zu Sehenden und Hörenden durch Gottesdienste, Andachten und andere Veranstaltungen zu schlagen.

15. Hilfen für Straffällige

Solche Hilfen sind für das weithin geltende gesellschaftliche Bewußtsein vermutlich am wenigsten selbstverständlich, für Kirche und Diakonie daher um so dringlicher. Nicht nur viele der alttestamentlichen Propheten, sondern auch Jesus selbst, Apostel wie z. B. Paulus und Petrus sind eingekerkert gewesen, so daß man die Bibel durchaus als ein „Gefängnisbuch" bezeichnen könnte, als Buch von Gefangenen für „Gefangene" geschrieben. Das Gleichnis vom Großen Weltgericht macht das Auf- und Besuchen von Gefangenen zu einer christlichen „Kardinaltugend" (Matthäus 25,31 ff.). Sie wurde in der Urgemeinde und Frühen Christenheit und im Mittelalter wahrgenommen. Im 19. Jahrhundert setzte sich J. H. Wichern für eine grundlegende Gefängnisreform ein. Diese sollte auch das gesamte Vollzugssystem z. B. durch Abschaffung der Massenhaft,

Qualifizierung des Personals verändern und stellte die Rehabilitation des Gefangenen – und nicht seine Bestrafung – in den Vordergrund. Durch das seit 1977 in Kraft getretene Strafvollzugsgesetz ist der deutsche Strafvollzug heute grundsätzlich in einer Weise geregelt, die sämtlichen Grundrechten des Grundgesetzes Rechnung trägt. Als Ziel des Vollzuges stellt das Gesetz heraus, daß der Gefangene durch den Vollzug befähigt werden soll, „künftig in sozialer Verantwortung ein Leben ohne Straftaten" zu führen. Trotz zweifellos erheblicher Verbesserungen im Strafvollzug klaffen Gesetzesnorm und -wirklichkeit weit auseinander;

> z. B. durch teilweise Überbelegung der Gefängnisse und dadurch immer weiter eingeschränkte Differenzierungsmöglichkeiten, Überlastung und z. T. nach wie vor fehlende Qualifikation des Personals, nicht ausreichende Ausbildungs- und Arbeitsmöglichkeiten für Gefangene, keine angemessene Entlohnung für die geleistete Arbeit, Drogenmißbrauch und die zunehmende Gewaltbereitschaft sowie fehlende Einübungsmöglichkeiten für „soziale Verantwortung" – lassen „hinter den Kulissen" ein oft bedrückendes Bild entstehen. Forderungen o. g. Gesetzes nach Differenzierung der Gefangenen, ihre Zusammenführung in bestimmte Behandlungsgruppen, die Aufstellung und Durchführung entsprechender „Behandlungspläne" usw. – von alledem sind die Gefangenen aufgrund der gegebenen baulichen, personellen, organisatorischen und atmosphärischen Bedingungen weit entfernt.

Um so notwendiger ist die Diakonische Straffälligenhilfe, die im Bereich des Diakonischen Werkes der EKD folgende Angebote umfaßt:

32 Übergangsheime und Gemeinschaften für gefährdete Erwachsene, insbesondere Strafentlassene mit 739 Betten,

  1 Werkstatt/Beschäftigungseinrichtung für Straffällige und Haftentlassene,

  4 Stellen der Jugendgerichtshilfe,

118 Stellen zur Führung von Betreuungsverhältnissen – Betreuungsvereinen,

38 Beratungsstellen für Straffällige und Haftentlassene.

Die Statistik läßt deutlich werden, daß das Angebot – auch wenn es erklärtermaßen nie „flächendeckend" sein kann und will – dringend ausbaubedürftig wäre. Dieses stößt an – primär finanzielle – Grenzen. Im Rahmen des Möglichen versucht die Diakonische Straffälligenhilfen,

– auf die Gefangenen einzuwirken mit dem Ziel, daß diese sich aktiv an ihrer Wiedereingliederung beteiligen,
– auf den Gesetzgeber einzuwirken, damit der Strafvollzug Menschen nicht endgültig verlorengehen läßt,
– auf die Gesellschaft einzuwirken, damit diese ihre Mitschuld und -verantwortung für die Straffälligen erkennt und besser wahrnimmt,
– vor allem auf die christlichen Gemeinden einzuwirken, Glaube in Tat umzusetzen durch Annahme und Reintegration.[275]

In den Justizvollzugsanstalten geschieht geregelte Seelsorge, die haupt-, nebenberuflich oder ehrenamtlich durch dafür besonders aus- und fortgebildete Seelsorgerinnen und Seelsorger wahrgenommen wird. Diese stehen überwiegend im Dienst der jeweiligen Landeskirche. Alle Gefangenen haben ein Recht auf Seelsorge. Sind die Seelsorgerinnen und Seelsorger selbstverständlich an den Auftrag der Kirche und ihr Ordinationsgelübde gebunden, so andererseits – wie alle diakonischen Mitarbeiter – gehalten, „den Vollzug und seine Ordnungen in ihrer Arbeit zu respektieren". Damit ist eine – für alle Seiten – notwendige Spannung gegeben, die in der Praxis oft vor erhebliche Anforderungen stellt. Die Seelsorge schließt die Bediensteten ein, gilt jedoch primär den Gefangenen und geschieht durch Einzelgespräche, Gottesdienste, Gesprächsgruppen, Freizeitangebote sowie durch Zusammenarbeit mit Einrichtungen und Gruppen, die in die Gefängnisse kommen und dem Gefangenen und seiner Familie während der Haft und nach der Entlassung zu helfen versuchen. Obwohl Kirche, Diakonie und Caritas – auch aufgrund der Tätigkeit vieler ehrenamtlicher Mitarbeiterinnen und Mitarbeiter – die weitaus meisten Hilfen stellen, bleibt es bedrückend, daß Kirche und Gemeinden weithin nur das gesellschaftlich sich allgemein bietende Bild widerspiegeln.

16. Hilfen für Suchtkranke

Die Abhängigkeitserkrankungen gehören heute zu den am meisten verbreiteten Krankheiten in der Bundesrepublik. Dabei handelt es sich nicht nur um Alkohol- und Drogenkranke, sondern immer mehr auch um medikamentenabhängige Menschen. Sie kommen nicht nur – wie früher – aus den sog. „Randgruppen", sondern aus den ganz „normalen" bürgerlichen Schichten. Alle Erfahrungen deuten darauf hin, daß es nicht gelingen wird, in absehbarer Zeit eine Reduktion dieses gesundheits- und sozialpolitischen Problems mit all seinen Folgen für den einzelnen wie für die Gesellschaft zu erreichen. Um so dringender sind die Forderungen von Diakonie und Kirchen nach einem qualifizierten differenzierten Angebot, das Prävention und Nachsorge einschließt. Hier sind die Schwierigkeiten in den „neuen Bundesländern" besonders groß, da die Arbeit hier erst aufgebaut und auf die besonderen Verhältnisse abgestimmt werden muß.

Trotz aller Schwierigkeiten stößt diese Arbeit immer mehr auf Akzeptanz und Anerkennung. Sie umfaßt derzeit im Bereich des Diakonischen Werkes der EKD:

27 Krankenhäuser (Heilstätten) für Suchtkrankheiten mit 1.381 Betten/Plätzen,

6 Fachkrankenhäuser für Alkohol- und Medikamentenabhängige mit 426 Betten/Plätzen,

1 Stationäre Einrichtung für Drogenabhängige mit 50 Plätzen/Betten,

12 Tee-/Kaffeestuben für Suchtkranke,

430 Psychosoziale Beratungsstellen für Suchtkranke sowie für Suchtkranke und Angehörige mit 3.542 Plätzen,

34 Nachsorgeeinrichtungen für suchtkranke Erwachsene mit 772 Betten/Plätzen,

1.967 Selbsthilfe- und Kontaktgruppen Suchtkranker.

Das Suchtverhalten in seinen vielfältigen Erscheinungsformen ist seit 1968 von den Krankenkassen und anderen Kostenträgern anerkannt. Der Suchtkranke hat Anspruch auf ärztliche ambulante und stationäre Hilfe und ggf. auch auf Krankengeld. Entsprechendes gilt für die sog. „Entziehungskuren". Im Rahmen „freiwilliger Leistungen" sind die gesetzlichen Krankenversicherungen bereit, auch Angehörige mit in die Therapie einzubeziehen. Die Diakonie will mit ihrem vielfältigen Netz an Hilfen vorbeugen, begleiten und nachgeben, zugleich dazu beitragen, daß Hemmschwellen weiter abgebaut werden. Bereits o. g. Statistik läßt deutlich werden, daß und wie diese Arbeit auf ehrenamtlicher Tätigkeit und Engagement beruht. Ohne diese ist sie nicht denkbar. Ob Anonyme Alkoholiker (AA) oder „Blaues Kreuz" und andere Gruppen – sie sind einer der ausschlaggebenden Faktoren für Gesundung und Rehabilitation.

17. Telefonseelsorge

Es war der anglikanische Geistliche Chad Varah, der 1953 mit der Gründung der ersten Stelle in London diesen jungen Zweig diakonischer Arbeit ins Leben rief. Heute gibt es im Bereich des Diakonischen Werkes 79 Telefonseelsorgestellen, die ihren Dienst rundum-die-Uhr anbieten und stark in Anspruch genommen werden. Begleitend zur Hilfe am Telefon werden heute ggf. auch persönliche Gespräche und Hausbesuche angeboten, wenn der Anrufende dieses erwartet, aus seiner Anonymität heraustreten will und die Stelle über entsprechende Möglichkeiten räumlicher und personeller Art verfügt. Seitens der Stelle und ihrer Mitarbeiterschaft wird das Gebot der Anonymität strikt eingehalten und nicht durchbrochen. Ging es in den Anfangsjahren vor allem um sog. „Krisenintervontionen" – d. h. plötzlich auftretende akute Konflikte –, so stehen heute Anrufende mit Erziehungs-, Ehe- und Partnerschaftspoblemen und solchen aus zunehmender Armut und Arbeitslosigkeit bis hin zu psychischen Störungen im Vordergrund. Die Telefonseelsorge versucht, sich in Aus- und Fortbildung vermehrt darauf einzustellen und ihren Ort zu finden zwischen dem „Nachbarn am Zaun" und fachlicher „Beratung" und Hilfe. Es wird allerdings immer schwieriger, geeignete ehrenamtliche Mitarbeiter in den Gemeinden für diesen Dienst und die entsprechende Aus- und Fortbildung zu finden, obwohl er gerade damit „steht und fällt".

18. Ausblick

Mit Enttäuschung und darum einer gewissen Gereiztheit mag der Leser in diesem Teil wieder und wieder von finanziellen Veränderungen, rechtlichen Neuregelungen und organisatorisch-strukturellen Vorgaben gelesen und sich geärgert haben, daß solches derart in den Vordergrund gestellt wird. Genau das aber ist die Realität heutiger organisierter Diakonie der Kirche, und jener Reflex gibt sie in ihrer alltäglichen Banalität treffend wieder. Sie offenbart darüber hinaus, daß – nimmt man alle Detailsveränderungen zusammen – wir uns in einer Situation befinden, in der sich eine neue Phase sozialstaatlicher Wirklichkeit anzubahnen scheint, deren „Ausgang in die Zukunft offen ist" (Th. Strohm). Der Abschied von einer Dualität von sozialer Dienstleistungsproduktion und freier Güterproduktion – wie er bisher rechtlich gesichert und selbstverständlich gewesen ist – scheint bereits eingeläutet.

> Entgegen bisherigen Auslegungen des Grundgesetzes wird das Grundgesetz zunehmend mehr – wie in den Zeiten der Weimarer Republik – nicht mehr als ein „Zugleich von norma normans und norma normata interpretiert, sondern lediglich noch als norma normans für die aktuelle und durchaus wandlungsfähige Gesetzgebungsarbeit"[275].

Dieses entscheidende Grundproblem, daß der Staat des Grundgesetzes im Begriff zu stehen scheint, sich aus seiner Aufgabe für die allgemeine Daseinsfürsorge für seine Bürger zu verabschieden, wird durch jene Fülle von fiskalischen, rechtlichen, organisatorisch-strukturellen Veränderungen, sieht man sie nur als solche und je für sich, eher verdeckt. Hier ist – gerade in der gegebenen Umbruchsphase – eine umfassende öffentliche Diskussion gefordert und dieses um so dringlicher, als gerade die Parteien in ihren Auseinandersetzungen sich eher in pauschalen Anwürfen oder Detailfragen zu erschöpfen scheinen. Gefordert sind aber auch Diakonisches Werk und Kirche selbst. Aufgrund der Neuinterpretation des Subsidiaritätsprinzips stehen sie in dieser Phase vor der Herausforderung, ihre soziale Arbeit im Blick auf die Glaubwürdigkeit und ihren Beitrag zur Zukunft des „demokratischen und sozialen Rechtsstaates" einer grundlegenden Prüfung zu unterziehen.[276]
Diese Überprüfung schließt nicht nur ein, auch bisher Bewährtes auf den Prüfstand zu stellen, sondern auch eine grundsätzliche Neubesinnung über die „Professionalisierung"[277]. So groß die Gefahr ist, sofort in die „falsche Ecke" gestellt zu werden und von der falschen Seite Beifall zu erhalten – es muß gefragt werden, ob denn die Praxis – natürlich nicht die Theorie – des Hilfehandelns tatsächlich noch getragen ist von einer „Klientenzentriertheit" oder ob diese nicht zunehmend mehr „durchlöchert" worden ist durch eine „Mitarbeiterorientierung". Wer freilich heute diese Frage stellt, muß sofort beteuern, daß und wie notwendig Professionalität ist, daß und wie abenteuerlich-menschenverachtend es wäre, die mühsam errungenen Rechte der Mitarbeiterschaft zur Disposition zu stellen, daß und welchen Respekt man dem Einsatz der Mitarbeiterinnen

und Mitarbeiter gerade in diesen Bereichen entgegenbringt. Ich tue das gern und von Herzen, aber es macht traurig, solche Bekenntnisse voranstellen zu müssen, bevor man auf die kritische Frage auch nur zu sprechen kommt. Die Diakonie hat sich nicht gescheut, diese Frage zu stellen – seinerzeit, als es um die Einführung der 48 oder 44 usw. Wochenstunden ging. Sie hat hingewiesen darauf, was es bedeutet, wenn z. B. ein Kind in ein Heim der Jugendhilfe eingeliefert wird, das aufgrund ständig wechselnder Bezugspersonen schwer verhaltensgestört ist, und nun ausgerechnet in diesem Heim aufgrund des Arbeitszeitrhythmus wieder mit ständig wechselnden Bezugspersonen zu tun hat (es z. B. morgens von dieser aufgeweckt, abends von jener ins Bett gebracht wird). Die Beispiele ließen sich beliebig vermehren. Wird denn jemand allen Ernstes zu behaupten wagen, der Tagesrhythmus in einem Krankenhaus sei „patientenorientiert" strukturiert? Die „Schlüsselfrage" lautet: „patienten-" oder „mitarbeiterorientiert"? Daß dieses durchaus keine Alternative zu sein braucht, ist unbestritten. Ob sie es nicht gleichsam unter der Hand doch geworden ist, wäre zu untersuchen und zu diskutieren – nicht zuletzt um der helfenden Berufe und des Sozialstaates selbst willen.

Teil D: Diakonie und Theologie

Aufrißartig sollen hier einige verschiedene Ansätze zur theologischen Begründung der Diakonie dargestellt werden.[278] Eine Diskrepanz tut sich auf: Da ist – wie dargelegt – die ungeheure Expansion, die die Diakonie der Kirche – vor allem nach dem Zusammenbruch des „Dritten Reiches" – erfahren hat, das enorme Engagement, das große Ansehen und die Wertschätzung, die sie erfährt und die ihr auch öffentlich zuteil werden. In der wissenschaftlichen Theologie der Universitäten aber herrschte lange eine „gewisse Randständigkeit" hinsichtlich der Diakonie.[279] Kam sie überhaupt in den Blick, dann eben „nur am Rande". In der „Werteskala" von Homiletik (Lehre von der Predigt), Seelsorge, Katechetik (Lehre vom kirchlichen Unterricht), der Liturgik und Gemeindeleitung wurde der Diakonie – neben dem Kirchenrecht – die unterste Stelle zugewiesen. Fragt man nach den Ursachen, so wird die Antwort nicht falsch sein, daß sich die Praktische Theologie überwiegend an den Erfordernissen des Pfarrerberufs orientiert und es leider trotz o. g. Entwicklung immer noch nicht zur Kenntnis genommen hat, daß die Diakonie im Handlungsfeld der Kirchengemeinde und des Kirchenkreises und damit auch für ihre Organe – Kirchenvorstand und Pfarramt – eine immer größere Rolle und Bedeutung spielt. Erst in den letzten Jahren hat sich das Bild hier etwas verändert.

> Dieser Befund ist um so bedauerlicher, als er nicht nur den Vorwurf, die Diakonie sei „theorielos", begünstigt, sondern gerade auch die Erfahrungen im „Dritten Reich" gezeigt haben, wie fatal es ist, wenn Theologie und Diakonie einander nicht durchdringen.

In dem ersten Jahrzehnt nach dem Zweiten Weltkrieg ging es in der Theologie zunächst um die Ortsbestimmung und Legitimierung der Diakonie im neu gegründeten Sozialstaat des Grundgesetzes. Das von der „verfaßten" Kirche ins Leben gerufene „Evangelische Hilfswerk" und der erklärte Wille von Diakonie und Kirche, auch rechtlich und organisatorisch stärker aufeinander zuzugehen, bedeutete eine epochale Herausforderung. Der damalige Direktor des

Evangelischen Hilfswerks und spätere Bundestagspräsident Eugen Gerstenmaier hat versucht, das Selbstverständnis des Hilfswerks in den seit Mitte des vorigen Jahrhunderts sich vollziehenden Prozeß der „Umwandlung des bürgerlichen Staatskirchentums zur Lebensgemeinschaft der Gemeinde" einzuzeichnen.[280] War angesichts der ungeheuren Notstände nach dem Ende des Zweiten Weltkrieges eine organisatorische Gliederung der Hilfe von oben nach unten erforderlich, so kommt es nun darauf an, der „Spontaneität in der Gemeinde selbst Gestalt und Dauer zu geben". Die Gemeinde ist eine brüderliche Lebens- und Liebesgemeinschaft, die ihren Kristallisationspunkt im „Diakonat" hat. Dieses Amt steht neben dem Predigtamt der Kirche, ist als solches eigenständig und ihm gleichgeordnet.[281] In seinem Dienst verwirklicht sich das „Priestertum aller Gläubigen". Es will individuelle Nöte lindern und zugleich „politische Diakonie" sein, die aktiv Aufgaben im Bereich der Gesellschafts- und Sozialpolitik aufgreift. In ihm realisiert sich Gemeinde „in der Perspektive leibhafter, tathafter Gemeinschaft". Hier ist jeder Paternalismus und jede Subjekt-Objekt-Beziehung überwunden. „In der Wohlfahrt gibt es einen, der Gutes tut und einen, der nimmt. Wir aber sind eine Bruder- und Schwesternschaft, die füreinander da ist. Wir sind Gebende und Nehmende zugleich."[282]

Nach Hans Christoph von Hase[283] ist die Gemeinde „stellvertretende Liebe schuldig, stellvertretend für den Sozialstaat, der überhaupt nicht lieben kann, stellvertretend für die Familie, deren Liebeskraft so geschrumpft ist".

> Ungeklärt bleiben in der Folgezeit die Fragen nach dem Verhältnis von „diakonischer" und „missionarischer" Arbeit sowie von „Verkündigung" und „Diakonie". Der Begriff „politische Diakonie" bleibt umstritten. Der Entwurf eines „diakonischen Amtes", seit Wichern angemahnt und überfällig, als eines eigenständigen Dienstes neben dem Predigtamt der Kirche bleibt in endlosen Diskussionen stecken. Die „Vision" einer „diakonischen Gemeinde" dagegen, zunächst mehr im Hintergrund, wird später um so vehementer aufgegriffen.

Heinz-Dietrich Wendland bringt mit seinem im Jahre 1962 in Zürich erschienenen Buch „Christus Diakonus" einen Neuanfang. Wie der

Titel sagt, geht Wendland davon aus, daß das gesamte Leben und Wirken Jesu Christi und seine Sendung durch das „Diakon-Sein", d. h. durch das Dienen bestimmt sind. Das Verhältnis zwischen „Kirche" und „Welt" ist dementsprechend als ein „diakonisches" zu verstehen.

> „Es geht also in der Diakonie um die ungeheure ‚Spannung' der diakonischen Präsenz Christi in seinen Knechten, seiner Gemeinde (und in den diakonischen Charismen) auf der einen Seite, und der verborgenen Präsenz desselben Christus als des in den Tiefen des Weltelends und des Weltleidens in eigener Person verborgen anwesenden und anzutreffenden Herrn der Welt."

Diakonie vollzieht sich in der charismatischen Gemeinde, die an die Seite des in den Geringsten verborgen gegenwärtigen Christus gehört.[284]

Wendland zeichnet vier Dimensionen des Begriffes „Diakonie" auf:
– D. bezeichnet zunächst und grundsätzlich die Existenz und den Auftrag der Kirche in und an der Welt,
– sie verwirklicht sich vorinstitutionell-personal in der Bruder- und Nächstenliebe,
– zugleich realisiert sie sich in institutionellen Ausprägungen,
– und sie verwirklicht sich in der „gesellschaftlichen Diakonie". Diese gründet in der Universalität des Christus Diakonus, bezieht sich auf den Menschen in seiner institutionellen Verflochtenheit und zielt auf die Humanisierung – nicht: „Verchristlichung" – der säkularisierten Gesellschaft. Sie gehört zu den entscheidenden Handlungsformen der Kirche.

Gut zehn Jahre später legt Paul Philippi den umfassenden Entwurf einer „christozentrischen" Diakonie vor.[285] „Der Menschensohn ist Gottes endzeitlicher Offenbarer, indem er nicht nur als leidensbereitender Gottesknecht die Sünde der Welt auf sich lädt, sondern auch als ein aktiv Dienender göttliche Art und Wirklichkeit unter den Menschen real präsent sein läßt."[286] Der christozentrischen Diakonie entspricht die diakonisch strukturierte Gemeinde. Die

Gemeinde, die in, mit und unter dem heiligen Abendmahl die Christuswirklichkeit und die damit gegebene soziale Verbindlichkeit des bruderschaftlichen Lebens wahr- und ernstnimmt, ist „diakonische" Gemeinde und hat eine entsprechende Struktur.

> Philippi beklagt eine Kirche, die ihr Selbstverständnis auf die Verkündigungsfunktion reduziert und sich daran gewöhnt hat, das „Diakonische zu delegieren und ihr Eigentliches in der Verwaltung der Wörter und des Kultus zu suchen". Von seinem christozentrischen Ansatz aus fordert er, daß die Diakonie als kontinuierliche, geordnete Gemeindeverantwortung mit dem Amt der Kirche verbunden ist, untrennbar zu ihm dazugehört und damit einen Teil der Gemeindeleitung darstellt. „Das Kennzeichen der Gemeinde ist die Diakonie – und das Kennzeichen der Diakonie ist die Gemeinde."[287]

Diakonie zielt auf die Bewährung der in Christus genahten Gottesherrschaft und meint die „solidarische Zuwendung der stärkeren Glieder zum Schwächeren innerhalb der Bezüge des alten, aber nach dem Maße des neuen Äons". Sie ist primär ein Handeln innerhalb der Gemeinde selbst, daher von „Mission", die sich nach außen richtet, zu unterscheiden. Daß von diesem „Modell" Gemeinde Impulse nach außen ausgehen, die in Gesellschaft und Staat wirksam werden, ist erst „sekundär zu erwarten".

In der gegenwärtigen theologischen Diskussion lassen sich – grob gesehen – zwei Grundtendenzen ausmachen. Es geht um die Frage nach dem Verhältnis von Gemeinde und Diakonie und um den Versuch, eine „Praxistheorie" zu gewinnen, die sich auf die gegenwärtigen Bedingungen und Handlungsprobleme der institutionalisierten Diakonie bezieht.

1. Führte z. B. bei Philippi die christozentrische Begründung der Diakonie dazu, der „Sammlung" der Gemeinde die Priorität vor der „Sendung" in die Welt zu geben, so geht Arnd Hollweg strikt von dem Gedanken des Reiches Gottes aus, das mit Christus in der Welt angebrochen und bereits wirksam ist, so daß Zeichen dieses Reiches nicht nur innerhalb, sondern auch außerhalb der Kirche – in der „Welt" – anzutreffen sind. Indem diese wahr-, ernst- und aufgenommen werden, eröffnen sich für die Kirche neue und weitere Kooperationspartner.[288]

„Diakonie im Horizont des Reiches Gottes. Schritte zum Diakonentum aller Gläubigen": Mit diesem Titel seines im Jahre 1984 in
Neukirchen-Vluyn erschienenen Buches zeigt Jürgen Moltmann
programmatisch den Ansatz und die Richtung seines theologischen
Denkens an. Diakonie gründet im Tun Jesu im Rahmen seiner
Reich-Gottes-Predigt, wie sie uns in den ersten drei Evangelien
überliefert ist. „Das Himmelreich ist nahe herbeigekommen" (Matthäus 3,2) beinhaltet eine umfassende – auch und gerade gesell-
schaftsverändernde – Dynamik. Von diesem Ausgangspunkt her
kann Diakonie nicht nur in Notlinderung, Wundbehandlung und
Kompensation bestehen, sondern sie ist zugleich und vor allem
„Vorwegnahme neuen Lebens, der neuen Gemeinschaft, der neuen
Welt". Ohne diese Perspektive aber verkümmert sie „zur ideenlose
Liebe, die nur kompensiert und wiedergutmacht", verliert sie „ihre
christliche Bestimmung und wird in Theorie und Praxis zu einem
Teil der sozialstaatlichen Dienstleistungen"[289].

> Knapp zehn Jahre vorher hatte Johannes Degen in seiner
> Dissertation gerade dieses der Diakonie der Kirche vorge-
> worfen: Sie habe sich zu einem Instrument des Staates zur
> Entschärfung der Schäden des Kapitalismus machen lassen.
> Die Diakonie habe die „politische und gesellschaftliche
> Großwetterlage" nicht als „strukturelle Pathologie" erkannt,
> sei theorielos gewesen und habe das kritische Gegenüber
> zum Staat vom Reich-Gottes-Gedanken her aufgegeben.
> Ähnlich kritisch äußerte sich Olaf Meyer in seinem im Jahre
> 1974 in Göttingen erschienenen Buch „Politische und
> Gesellschaftliche Diakonie in der neueren theologischen Dis-
> kussion"[290].

In diese „Suchbewegung" theologischen Denkens nach sozialen
Erfahrungsräumen, gelebter Solidarität und „einer Kultur der Teilnahme und des Teilens" hat sich Gerhard K. Schaefer mit seiner
Habilitationsschrift: „Gottes Bund entsprechen. Studien zur diakonischen Dimension christlicher Gemeindepraxis" eingereiht, die im
Jahre 1994 in Heidelberg erschienen ist und sich mit allen bisher
vorliegenden Entwürfen kenntnisreich, kritisch und weiterführend
auseinandersetzt. Schaefer stellt sich die doppelte Aufgabe: „Zum
einen ist die gegebene gemeindliche Praxis in kritischer Hinsicht
daraufhin zu befragen, ob und inwieweit sie sich als Bezeugung der

diakonischen Bewegung Gottes vollzieht, ob und inwieweit sie als menschliche Praxis transparent ist für die Menschenfreundlichkeit Gottes und dessen Diakonie. In der Perspektive gelingender Praxis gilt es zum anderen jenseits von Blaupausen und Rezepten zu einer Verständigung darüber beizutragen, welche gemeindlichen Strukturen und Handlungsformen auf der Folie geschichtlicher Entwicklungen angesichts gesellschaftlicher Herausforderungen der gebotenen Umkehr in die Diakonie Gottes am ehesten entsprechen, und dafür Leitkategorien und -kriterien zu entwickeln."[291] Damit zielt Schäfer auf jene zweite Linie theologischen Nachdenkens, der es um eine Praxis- bzw. Entscheidungstheorie zu tun ist und die – zumindest implizit – in sich den Vorwurf enthält, jene systematisch-theologischen Begründungen und Bestimmungen trügen für die Praxis diakonischer Arbeit wenig aus. Nach Ulrich Bach bezeichnet Diakonie einen „Lernprozeß", der seinen entscheidenden Orientierungspunkt am Konzept des „Leibes Christi" (Römer 12; 1. Korinther 12) gewinnt, nicht aber an einer „sozialen Strategie". Im Kreuze Christi wird deutlich, daß das „Defizitäre" in die Definition des „Humanum" selbst hineingehört, der „Wert" des Menschen also nicht in einem wie immer gearteten „Können" des Menschen, sondern allein in der Liebe Gottes besteht. So wird Diakonie vom Ansatz zu einer „solidarischen" Diakonie, die in der Kirche selbst als „Geschwisterkreis" Christi gelebt wird und zwar derart, daß in ihr das Gegenüber von „Oben" und „Unten", von „Gesunden" und „Behinderten", von „Helfern" und „Hilfsbedürftigen" grundsätzlich aufgehoben ist. Die Struktur des „Für" (den anderen) ist ersetzt durch die des „Mit". Die „Defizite" des einen wie des anderen gelten als „gemeinsame Belastungen" wie als „Möglichkeiten als gemeinsames Kapital".

Heftig kritisiert Bach die Einfügung der Diakonie in die „Amtsstruktur" der Kirche wie auch jene Auffassung, die der Gemeinde eine „heilende" Dimension zuspricht, wie damit und dadurch Krankheit und Behinderung mit dem „Bösen", d. h. dem von Gott Nichtgewollten in Verbindung gebracht werden.[292]

Ähnlich wie Bach geht Andreas Härmer von einer „solidarischen" Kirche aus, um eine Kirche „von Behinderten" im Kampf „gegen die gemeinsame Behinderung Behinderter und Nichtbehinderter"[293].

Horst Seibert bestimmt diakonische Praxis als organisiertes Hilfehandeln an spezifisch sozialwissenschaftlich bestimmbaren Personengruppen im Auftrag der Kirche unter sozialstaatlichen Bedingungen. Aus dem „Lebensvorgang" Jesu entwickelt er Kriterien, die das Hilfehandeln Jesu konkretisieren. Daran hat sich alles diakonische Handeln zu messen und messen zu lassen. Diakonie zielt – wie die Diakonie Jesu selbst – sowohl auf die Heilung einzelner Menschen als auch auf die Korrektur kultureller Normen.[294]

Karl-Fritz Daiber hat in besonderer Weise sozialwissenschaftliche Fragestellungen für das theologische Nachdenken furchtbar gemacht. Gerade weil sich das diakonische Handeln der Kirche im „Stadium seiner Identitätsbedrohung" befindet, ist es die „Aufgabe theologischer Begründungsversuche ..., den notwendigen Realitätsbezug in der Weise zu gewinnen, daß bei geschehender Praxis angesetzt wird". Daiber selbst vollzieht das, indem er exemplarisch an verschiedenen Handlungsfeldern kirchlicher Diakonie konkretisiert, wie die Theologie zu einem echten Diskussionspartner im Prozeß der notwendigen Entscheidungsfindung auf den verschiedenen Handlungsebenen diakonischer Arbeit werden kann.[295]

Teil E: Anhang

1. Literaturauswahl

a) Zur Geschichte:

Erich Beyreuther: Geschichte der Diakonie und Inneren Mission in der Neuzeit. Berlin, [3]1983 (übersichtliche und kurz gefaßte Darstellung)

Adolf Harnack: Die Mission und Ausbreitung des Christentums in den ersten drei Jahrhunderten. Leipzig, 1902 (das für diesen Zeitraum nach wie vor lesenswerte Standardwerk)

Jochen-Christoph Kaiser: Sozialer Protestantismus im 20. Jahrhundert. Beiträge zur Geschichte der Inneren Mission 1914-1945. München, 1989

Herbert Krimm (Hrsg.): Quellen zur Geschichte der Diakonie. 3 Bände. Stuttgart, 1960

Gerhard Uhlhorn: Die christliche Liebestätigkeit. (Unveränderter fotomechanischer Nachdruck der zweiten verbesserten Auflage von 1895. Heppenheim, 1959 (das nach wie vor interessante, ausführliche detaillierte Standardwerk zur Geschichte)

Johannes Michael Wischnath: Kirche in Aktion. Das Evangelische Hilfswerk 1945-1957 und sein Verhältnis zu Kirche und Innerer Mission. Göttingen, 1986

b) Zur theologischen Diskussion:

Ulrich Bach: Boden unter den Füßen hat keiner. Plädoyer für eine solidarische Diakonie. Göttingen, 1980

Karl-Fritz Daiber: Diakonie und kirchliche Identität. Hannover, 1988

Eugen Gerstenmaier: Reden und Aufsätze, Hrsg. vom Evangelischen Verlagswerk. Stuttgart, 1956

Arnd Hollweg: Gruppe – Gesellschaft – Diakonie. Praktische Erfahrung und theologisches Erkennen. Stuttgart, 1976

Jürgen Moltmann: Diakonie im Horizont des Reiches Gottes. Schritte zum Diakonentum aller Gläubigen. Neukirchen-Vluyn, 1984

Paul Philippi: Christozentrische Diakonie. Stuttgart, [2]1975

Gerhard K. Schäfer: Gottes Bund entsprechen. Studien zur diakonischen Dimension christlicher Gemeindepraxis. Heidelberg, 1994
Gerhard Schäfer/Theodor Strohm: Der Dienst Christi als Grund und Horizont der Diakonie. Stuttgart, 1987
Horst Seibert: Diakonie – Hilfehandeln Jesu und soziale Arbeit des Diakonischen Werkes. Eine Überprüfung der gegenwärtigen Diakonie an ihrem theologischen und sozialen Anspruch. Gütersloh, [2]1985
Reinhard Turre: Diakonik. Grundlegung und Gestaltung der Diakonie. Neukirchen-Vluyn, 1991

c) Zur (staatskirchen-)rechtlichen Diskussion:

Axel Frhr. v. Campenhausen/Hans-Jochen Erhardt: Kirche – Staat – Diakonie. Hannover, 1982
Axel Freiherr von Campenhausen: Staatskirchenrecht. Ein Leitfaden durch die Rechtsbeziehungen zwischen Staat und den Religionsgemeinschaften. München, 1973 (informiert nicht nur über die „geschichtlichen Grundlagen", die „Rechtsstellung der Kirchen und Religionsgemeinschaften", sondern bezieht auch außerdeutsche „staats- und volkskirchliche Modelle" ein)

d) Periodica:

danken und dienen. Arbeitshilfen für Verkündigung, Gemeindearbeit und Unterricht. Hrsg. vom Diakonischen Werk der Evangelischen Kirche in Deutschland. Stuttgart (jährlich; seit 1948)
Diakonie. Zeitschrift des Diakonischen Werkes der Evangelischen Kirche in Deutschland und des Internationalen Verbandes für Innere Mission und Diakonie. Stuttgart (zweimonatlich; seit 1975; vorher: „Die Innere Mission")
Diakonie 70 (usw., seit 1978 zweijährig; seit 86/87 ohne Titel „Diakonie). Jahrbuch des Diakonischen Werkes der Evangelischen Kirche in Deutschland. Hrsg. von der Hauptgeschäftsstelle des Diakonischen Werkes der Evangelischen Kirche in Deutschland. Stuttgart
Diakonie Report. Informationen aus dem Diakonischen Werk der Evangelischen Kirche in Deutschland. Zweimonatsschrift. Hrsg. von der Hauptgeschäftsstelle in Stuttgart. Stuttgart
RELIPRAX. Religionspädagogisches von der Praxis für die Praxis. Unterrichtsentwürfe – Arbeitsblätter – Bilder – Hintergrundmate-

rialien. Unterrichtsmaterialien für die Sek I und II, Berufsbildende Schulen und Fachschulen. Herausgeber: Arendt Hendriksen. Bestellanschrift: RELIPRAX, Melcherstr. 10, 28213 Bremen, Tel. 0421-249999, Fax 0421-249990

e) Wörterbücher:
Peter Hilbich/Horst Seibert/Friedrich Thiele: Die soziale Arbeit der Kirche. Ein Diakonie-Lexikon. GTB Siebenstern. 1084. Gütersloh, 1982

2. Aufbau des Diakonischen Werkes der EKD

Mitglieder sind
– die Diakonischen Werke der vierundzwanzig Landeskirchen der EKD,
– neun Freikirchen mit ihren diakonischen Einrichtungen sowie
– rund hundert Fachverbände der verschiedensten Arbeitsfelder.
Das höchste Leitungsgremium des Diakonischen Werkes ist die jährlich tagende Diakonische Konferenz. Sie wird alle fünf Jahre durch Wahlen und Berufungen neu zusammengesetzt. Ihr gehören an:
– zehn Vertreter der EKD, darunter einer aus dem Rat der EKD,
– je ein Vertreter der neun Freikirchen,
– je ein Vertreter der vierundzwanzig gliedkirchlichen Diakonischen Werke (Gliedkirchen mit mehr als zwei Millionen Mitglieder entsenden einen weiteren Vertreter),
– bis zu 25 Vertreter aus den rund einhundert Fachverbänden,
– bis zu fünfzehn vom Diakonischen Rat berufene Personen.
Der Diakonische Rat ist das Aufsichtsgremium der Hauptgeschäftsstelle. Ihm gehören an:
– der Vorsitzende der Diakonischen Konferenz,
– das vom Rat der EKD entsandte Mitglied der Diakonischen Konferenz,
– der Präsident des Diakonischen Werkes,
– bis zu fünfzehn weitere Mitglieder, die von der Diakonischen Konferenz gewählt werden.
Die Hauptgeschäftsstelle des Diakonischen Werkes hat ihren Sitz in Stuttgart und Berlin, Außenstellen in Bonn und Brüssel. Vorsitzender der Geschäftsführung ist der Präsident. Die Hauptgeschäfts-

stelle ist in fünf Hauptabteilungen und die Diakonische Akademie gegliedert:

I. Theologie (einschließlich Arbeitsgemeinschaft Missionarische Dienste),

II. Ökumenische Diakonie (Brot für die Welt, Kirchen helfen Kirchen, Katastrophenhilfe, Stipendien),

III. Sozial- und Jugendhilfe,

IV. Finanzen, Wirtschaft und Verwaltung,

V. Recht.

Heute beschäftigt das Diakonische Werk der EKD in seinen Dienststellen Stuttgart und Berlin sowie den Außenstellen Bonn und Brüssel insgesamt 440 Mitarbeiterinnen und Mitarbeiter.

Die Diakonische Akademie (Berlin – Stuttgart) ist die zentrale Bildungseinrichtung des Diakonischen Werke. Präsidialbüro mit der Presse- und Öffentlichkeitsarbeit und der Grundsatz- und Forschungsabteilung.

3. Organisationsschema eines gliedkirchlichen Diakonischen Werkes der EKD
(Stand März 1996)

Das Diakonische Werk der Ev.-luth. Landeskirche Hannovers e. V. Dachverband mit Fachberatung und Interessenvertretung für seine Mitglieder

354 Mitglieder davon

76 Kirchenkreise und

278 Vereine und Stiftungen mit insgesamt

3.000 Einrichtungen und mehr als

30.000 Mitarbeiterinnen und Mitarbeitern

In den Kirchenkreisen ist das Diakonische Werk der Landeskirche Hannovers präsent in 68 Diakoniegeschäftsstellen. In diesen Geschäftsstellen gibt es 200 Beratungsstellen für Schuldnerberatung, Straffällige, Suchtkrankenhilfe, Schwangerschaftskonfliktberatung, Wohnungslose, Aussiedler, Asylbewerber, Ausländer

Fachverbände unter dem Dach des Diakonischen Werkes der Landeskirche Hannovers – auf Landesebene organisiert

– Verband für Evangelische Altenhilfe in Niedersachsen

– Konferenz Diakonischer Behindertenhilfe in Niedersachsen

- Fachverband für Evangelische Einrichtungen der Jugendhilfe in Niedersachsen
- Evangelischer Landesverband für Einrichtungen der Jugendhilfe im Elementarbereich (Kindergärten)
- Evangelischer Jugendaufbaudienst (Jugendsozialarbeit),
- Landesarbeitsgemeinschaft Niedersachsen
- Evangelischer Krankenhausverband Niedersachsen
- Evangelische Landesarbeitsgemeinschaft für Suchtkrankenhilfe in Niedersachsen
- Fachverband für Wohnung und Existenzsicherung

4. Haushalt eines gliedkirchlichen Diakonischen Werkes

Zum Beispiel:
Diakonisches Werk der Evangelischen Kirche im Rheinland
Haushaltsansätze von 1993 und 1994 im Vergleich.

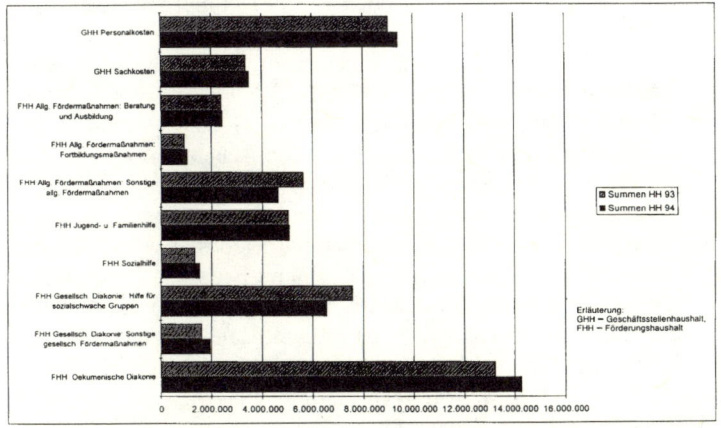

Grafik: DW EKiR

Erläuterungen:
Der Gesamthaushalt beläuft sich auf rd. 50,5 Millionen DM. Davon entfallen auf die Aufgaben der Geschäftsstelle 12,9 Millionen DM (73 % davon sind Personalkosten) und auf Fördermaßnahmen ca. 37,6 Millionen DM.
Der Förderhaushalt dient der finanziellen Förderung diakonisch-missionarischer Aufgaben. Der Anteil staatlicher Mittel, auf die in der Regel kein Rechtsanspruch besteht, beläuft sich auf 34,11 %.

1. Karl-Fritz Daiber: Diakonie und kirchliche Identität. Studien zur diakonischen Praxis in der Volkskirche. Hannover, 1988, S. 123.
2. In lockerer Anlehnung an Sören Kierkegaard.
3. Grundgesetz der Bundesrepublik Deutschland.
4. „Politische" Diakonie.
5. Statistische Informationen des Diakonischen Werkes der EKD. In: Diakonie. Nr. 2/1995, Stuttgart, 1995, S. 3.
6. Ethelbert Stauffer: diakoneo. In: Gerhard Kittel (Hrsg.): Theologisches Wörterbuch zum Neuen Testament. Band I. Stuttgart, 1953, S. 46.
7. Gott ist ein Freund des Lebens. Gemeinsame Erklärung des Rates der EKD und der Deutschen Bischofskonferenz in Verbindung mit den übrigen Mitglieds- und Landeskirchen der Arbeitsgemeinschaft christlicher Kirchen in der Bundesrepublik Deutschland und Berlin (West). Hrsg. vom Kirchenamt der EKD und vom Sekretariat der Deutschen Bischofskonferenz, Gütersloh, 1989, S. 42.
8. Jürgen Moltmann: Diakonie im Horizont des Reiches Gottes. In: Diakonie. Heft 4. Stuttgart, 1977, S. 222.
9. Tertullian: apol. 39,7 bei: Klaus Thraede: Soziales Verhalten und Wohlfahrtspflege in der griechisch-römischen Antike. In: Gerhard K. Schaefer/Theodor Strohm (Hrsg.): Diakonie – biblische Grundlagen und Orientierungen. Heidelberg, 1990, S. 46.
10. So Gerhard Uhlhorn: Die christliche Liebestätigkeit. Neukirchen, 1959, S. 7 ff.; s. dagegen: Emma Brunnert-Traut: Wohltätigkeit und Armenfürsorge im Alten Ägypten. In: G. K. Schaefer/Th. Strohm, a. a. O., S. 23 ff. Und Klaus Thraede: Soziales Verhalten und Wohlfahrtspflege in der griechisch-römischen Antike. In: G. K. Schaefer/Th. Strohm, a. a. O., S. 67 ff.
11. Rudolf Bultmann: Theologie des Neuen Testamentes. Tübingen, 2¹954, S. 562.
12. Ethelbert Stauffer: Agapao. In: Gerhard Kittel (Hrsg.): Wörterbuch zum Neuen Testament. Bd. I. Stuttgart, 1953, S. 47.
13. Emil Brunner: Eros und Liebe. Hamburg, 1952, S. 22.
14. Adolf Harnack: Die Mission und Ausbreitung des Christentums in den ersten drei Jahrhunderten. Leipzig, 1902, S. 107.
15. A. Harnack, a. a. O.
16. Hermann W. Beyer: diakoneo. In: Gerhard Kittel (Hrsg.): Wörterbuch zum Neuen Testament. Bd. II. Stuttgart, 1953, S. 84.

17. E. Brunner, a. a. O., S. 23.
18. A. Harnack, a. a. O., S. 107.
19. A. Harnack, a. a. O., S. 217.
20. Friedrich Wilhelm Horn: Diakonische Leitlinien. In: G. K. Schaefer/Th. Strohm, a. a. O., S. 116.
21. A. Harnack, a. a. O., S. 75.
22. Hermann W. Beyer u. a. (Hrsg.): Die kleinen Briefe des Apostels Paulus. Göttingen, o. J., S. 84.
23. E. Stauffer, a. a. O., S. 48, s. Matthäus 10,40 ff.
24. Günter Bornkamm: Jesus von Nazareth. Stuttgart, 31959, S. 101 f.
25. G. Bornkamm, a. a. O., S. 102.
26. G. Bornkamm, a. a. O., S. 102.
27. G. Bornkamm, a. a. O., S. 105.
28. F. W. Horn, a. a. O., S. 116.
29. G. Uhlhorn, a. a. O., S. 37.
30. G. Uhlhorn, a. a. O., S. 37.
31. E. Stauffer, a. a. O., S. 46.
32. A. Harnack, a. a. O., S. 114.
33. A. Harnack, a. a. O., S. 113.132.
34. A. Harnack, a. a. O., S. 105 f.
35. Ambrosius, Bischof von Mailand (gest. 397), bei: Herbert Krimm (Hrsg.): Quellen zur Geschichte der Diakonie. Bd. I. Stuttgart, 1960, S. 67.
36. Erwin Preuschen/Gustav Krüger (Hrsg.): Das Altertum. In: Gustav Krüger (Hrsg.): Handbuch für Kirchengeschichte. Tübingen, 1923, S. 105.
37. G. Krüger, a. a. O., S. 105.
38. G. Krüger, a. a. O., S. 131 f.
39. Erich Beyreuther: Geschichte der Diakonie und Inneren Mission in der Neuzeit. Berlin, 1962, S. 131 f.
40. Theodor Schäfer: Leitfaden der Inneren Mission. Hamburg, 1903, S. 22.
41. T. Schäfer, a. a. O., S. 28.
42. T. Schäfer, a. a. O.
43. Nach Jesus Sirach 3,39 f.
44. Bei H. Krimm, a. a. O., Bd. I, S. 77.
45. G. Uhlhorn, a. a. O., S. 240.
46. Bei G. Uhlhorn, a. a. O., S. 247.

47. G. Uhlhorn, a. a. O., S. 254.
48. So z. B. die Antrittsrede Karls in Aachen im März 802. Bei: E. Beyreuther, a. a. O., S. 20.
49. T. Schäfer, a. a. O., S. 47.
50. Albert Hauck: Kirchengeschichte Deutschlands. Bd. II. Berlin/Leipzig, 81954, S. 291.
51. T. Schäfer, a. a. O., S. 47.
52. G. Uhlhorn, a. a. O., S. 270, 263.
53. E. Beyreuther, a. a. O., S. 20.
54. G. Uhlhorn, a. a. O., S. 276.
55. E. Beyreuther, a. a. O., S. 21.
56. E. Beyreuther, a. a. O., S. 24.
57. T. Schäfer, a. a. O., S. 44.
58. G. Uhlhorn, a. a. O., S. 476.
59. T. Schäfer, a. a. O., S. 44.
60. G. Uhlhorn, a. a. O., S. 477.
61. T. Schäfer, a. a. O., S. 43 f.
62. E. Beyreuther, a. a. O., S. 25.
63. Martin Luther, bei: H. Krimm, a. a. O., Bd. II, S. 15; s. auch: Das Augsburger Bekenntnis. Artikel 20. In: Evangelisches Gesangbuch 808 ff.
64. Karl Holl: Gesammelte Aufsätze zur Kirchengeschichte. Bd. 1. Luther, Tübingen, 71948, S. 508.
65. Das lutherische „Priestertum aller Gläubigen".
66. E. Beyreuther, a. a. O., S. 25.
67. T. Schäfer, a. a. O., S. 61.
68. Werner Elert: Morphologie des Luthertums. Bd. 2. München, 1953, S. 431.
69. Martin Luther, bei: H. Krimm, a. a. O., Bd. II, S. 16.
70. W. Elert, a. a. O., S. 439.
71. Lutherzitat Anmerkung 69.
72. Martin Luther, bei: H. Krimm, a. a. O., Bd. II, S. 27.
73. In den reformierten Kirchenordnungen ist davon nicht die Rede.
74. W. Elert, a. a. O., Bd. 2, S. 415.
75. W. Elert, a. a. O.
76. E. Beyreuther, a. a. O., S. 31.
77. T. Schäfer, a. a. O., S. 79.
78. T. Schäfer, a. a. O., S. 79.
79. E. Beyreuther, a. a. O., S. 31.

80. E. Beyreuther, a. a. O., S. 41.

81. E. Beyreuther, a. a. O., S. 45.

82. S. T. Schäfer, a. a. O., S. 85.

83. S. T. Schäfer, a. a. O., S. 87.

84. S. E. Beyreuther, a. a. O., S. 51.

85. T. Schäfer, a. a. O., S. 51.

86. E. Beyreuther, a. a. O., S. 70.

87. E. Beyreuther, a. a. O., S. 70.

88. E. Beyreuther, a. a. O., S. 69.

89. Bundespräsident Theodor Heuss. In. E. Beyreuther, a. a. O., S. 88.

90. E. Beyreuther, a. a. O.

91. Johann Hinrich Wichern. In: E. Beyreuther, a. a. O., S. 107. Der Begriff „Innere Mission" ist vermutlich zuerst von dem 1855 gestorbenen Professor Lücke in Göttingen für die Arbeit unter den von der Kirche durch irgendwelche Verhältnisse getrennten Glieder gebraucht.

92. J. H. Wichern. In: H. Krimm, a. a. O., Bd. II, S. 250.

93. E. Beyreuther, a. a. O., S. 105.

94. J. H. Wichern. In: H. Krimm, a. a. O., Bd. II, S. 251.

95. E. Beyreuther, a. a. O., S. 108 ff.

96. E. Beyreuther, a. a. O., S. 117.119.

97. Bei H. Krimm, a. a. O., Bd. II, S. 468 ff.

98. E. Beyreuther, a. a. O., S. 127.

99. E. Beyreuther, a. a. O., S. 140.

100. P. Grossmann in den Verhandlungen des 35. Kongresses für Innere Mission. In: H. Krimm, a. a. O., S. 42 f.

101. E. Beyreuther, a. a. O., S. 83.

102. So der Rostocker Theologieprofessor Gerhard Hilbert. In: E. Beyreuther, a. a. O., S. 189.

103. Evangelisch-Sozialer Kongreß 1904 in Hannover. In: Beyreuther, a. a. O., S. 174.

104. A. Stoecker. In: E. Beyreuther, a. a. O., S. 162.

105. E. Beyreuther, a. a. O., S. 156.

106. E. Beyreuther, a. a. O., S. 156.

107. E. Beyreuther, a. a. O., S. 175.

108. Holger Backhaus-Maul/Thomas Olk: Von Subsidiarität zu „outcontracting": Zum Wandel der Beziehungen zwischen

Staat und Wohlfahrtsverbänden in der Sozialpolitik. Bank für Gemeinwirtschaft Köln, August 1995, S. 11.

109. E. Beyreuther, a. a. O., S. 193.
110. H. Backhaus-Maul/Th. Olk, a. a. O., S. 16.
111. H. Backhaus-Maul/Th. Olk, a. a. O., S. 15.
112. Jochen-Christoph Kaiser: Sozialer Protestantismus im 20. Jahrhundert. München, 1989, S. 11.
113. E. Beyreuther, a. a. O., S. 193.
114. H. Backhaus-Maul/Th. Olk, a. a. O., S. 17.
115. J.-Chr. Kaiser, a. a. O., S. 80.
116. J.-Chr. Kaiser, a. a. O., S. 71.
117. Bei H. Krimm, a. a. O., Bd. 3, S. 98.
118. Bei H. Krimm, a. a. O., S. 102.
119. E. Beyreuther, a. a. O., S. 198.
120. Theodor Strohm/Jörg Thierfelder: Diakonie im „Dritten Reich". Heidelberg, 1990, S. 25.
121. A. a. O., S. 26
122. J.-Chr. Kaiser, a. a. O., S. 16.
123. S. dazu Michael Häussler: Dienst an Kirche und Volk, a. a. O., S. 514 f.
124. S. E. Beyreuther, a. a. O., S. 200.
125. J.-Chr. Kaiser, a. a. O., S. 14.
126. A. a. O., S. 12, S. 16.
127. Ludwig Schaich: Lebensunwert? Stuttgart, 1947, S. 17 ff. In: H. Krimm, a. a. O., Bd. III, S. 158.
128. J.-Chr. Kaiser, a. a. O., S. 387.
129. Th. Strohm/J. Thierfelder, a. a. O., S. 25.
130. E. Beyreuther, a. a. O., S. 203.
131 S. z. B. Pastor Braune, Leiter der Hoffnungsthaler Anstalten, Landesbischof D. Wurm, Probst Grüber, Pastor H. Diems u. a.
132. J.-Chr. Kaiser, a. a. O., S. 387.
133. A. a. O., S. 390.
134. Axel Frhr. Von Campenhausen/Hans-Jochen Erhardt: Kirche – Staat – Diakonie. Hannover, 1982, S. 22. Der Begriff „Lebens- und Wesensäußerung" der Kirche findet sich bei dem hannoverschen Landesbischof August Marahrens in einer handschriftlichen Notiz zur Grundordnung der Deutschen Evangelischen Kirche (DEK). Er wurde später vom Diakonischen Werk der EKD in seine Satzung übernommen.

135. Hillard Smid/Renate Zitt: Das SPD-SED-Papier – 1987 bis heute; Erhard Eppler zu Gast im DWI. In: DWI-Info. Heidelberg: Zur Diakonie im geteilten Deutschland und im Einigungsprozeß. 1993/94, Nr. 27, S. 32.

136. Wilfried Koltzenburg: Vereinbarungen zwischen Staat und Kirche in der ehemaligen DDR zur diakonischen Arbeit. In: Zeitschrift für Evangelisches Kirchenrecht. 38. 1993, S. 429.

137. Christoph Klessmann: Zur Sozialgeschichte des protestantischen Milieus in der DDR. In: Geschichte und Gesellschaft. 19. 1993, Göttingen, S. 42.

138. W. Koltzenburg, a. a. O., S. 432. 440.

139. Volker Herrmann: Diakonie in der ehemaligen DDR und im Einigungsprozeß: Werner Braune berichtet. In: DWI-Info. Heidelberg: Zur Diakonie im geteilten Deutschland und im Einigungsprozeß. Nr. 27. 1993/94, S. 36.

140. W. Koltzenburg, a. a. O., S. 438. 434.

141. W. Koltzenburg, a. a. O., S. 430. 433.

142. W. Klessmann, a. a. O., S. 41.

143. Die darüber entstandene Debatte wird sich vor plakativ-pauschalen Äußerungen hüten, stattdessen umso differenzierter historisch analysieren und argumentieren müssen. Die konsequente Frontstellung, wie sie in den fünfziger Jahren weithin von Kirche und Diakonie gegenüber dem Staat der DDR geübt worden ist, ließ sich unter den Bedingungen eines Staates, der damals durchweg noch als „Provisorium" galt, nicht aber in der Folgezeit durchhalten. S. dazu: Chr. Klessmann, a. a. O., S. 51.

144. W. Koltzenburg, a. a. O., S. 431.

145. S. dazu auch Chr. Klessmann, a. a. O., S. 43. Diese Feststellung bedarf genauerer Untersuchungen, erscheint sie doch fraglich, als nicht nur die ungleiche Vergütung der kirchlichen und der diakonischen Mitarbeiter, die unterschiedliche finanzielle Ausstattung der Gemeinden einer-, der diakonischen Einrichtungen andererseits sowie die ungleich größere Bandbreite der Motivation und Einstellung der diakonischen gegenüber den kirchlichen Mitarbeitern in der DDR ggf. noch stärkere Spannungen erzeugt haben wie im insgesamt „gesättigten" Westen.

146. G.Bl.DDR I, S. 425. In: W. Koltzenburg, a. a. O., S. 429.

147. S. die Ausbildungsvereinbarung vom 2. Juni 1975. In: W. Koltzenburg, a. a. O., S. 430 f.

148. W. Koltzenburg, a. a. O., S. 430.

149. W. Braune. In: V. Hermann, a. a. O., S. 37.

150. Jakobus 2,18.

151. Evangelisches Gesangbuch Nr. 299,9.

152. Hans-Martin Müller: Der missionarische Charakter der Diakonie. In: Theodor Schober und Horst Seibert: Theologie – Prägung und Deutung der kirchlichen Diakonie. Stuttgart, 1982, S. 199 f.

153. Bei: Dieter Rössler: Der Arzt zwischen Technik und Humanität. München, 1977, S. 119.

154. Dietrich Bonhoeffer: Ethik. In: Eberhard Bethge u. a. (Hrsg.): Dietrich Bonhoeffers Werke. Bd. 6. München, 1992, S. 141.

155. S. Heinz Lorenz: Heil und Wohl. In: Evangelische Theologie. 51985, S. 389 ff.

156. D. Bonhoeffer, a. a. O., S. 152. 166. 171.

157. Axel Frhr. Von Campenhausen/Hans-Jochen Erhard: Kirche – Staat – Diakonie. Hannover, 1982, S. 17.

158. Die Frage nach dem Nächsten und die Antwort der Bibel. Hrsg. Vom „Arbeitskreis für eine missionarische Diakonie" der Evangelischen Sammlung in Württemberg. Reutlingen, 1985. In: Rechenschaft vom Grund diakonischer Arbeit. Diakonisches Werk der evangelischen Kirche in Württemberg (Hrsg.). Stuttgart, November 1986, S. 5 ff.

159. Götz Harbsmeier/Rudolf Weth: „Glaube und Werke" in der kirchlichen Arbeitswelt. Neukirchen-Vluyn, 1977, S. 17.

160. Bei Hans-Walter Krumwiede: Die Gründung der Inneren Mission in Hannover – Geschichte und theologische Grundlagen. In: Jahrbuch der Niedersächsischen Kirchengeschichte. 63/1965, S. 213 f.

161. Gerhard Uhlhorn, a. a. O., S. 725 f.

162. Friedrich Lücke, Lehrer Wicherns. Göttingen. In: H.-W. Krumwiede, a. a. O., S. 221.

163. Hanns Lilje, in Diakonie. 74, S. 74 ff.

164. Das Augsburger Bekenntnis von 1530. In: Evangelisches Gesangbuch. Ausgabe für die Evangelisch-lutherischen Kirchen in Niedersachsen und für die Bremische Evangelische Kirche. Hannover/Göttingen, 1994, Artikel 15, Nr. 808.

165. A. Frhr. Von Campenhausen, a. a. O., S. 23.

166. Amtsblatt der EKD. 1975, S. 713.

167. A. Frhr. Von Campenhausen, a. a. O.
168. Johannes Schröder: Arbeit und Bedeutung der Diakonischen Konferenz. In: Theodor Schober (Hrsg.): Das Recht im Dienst einer diakonischen Kirche. Bd. III. Stuttgart, o. J., S. 121.
169. S. „Barmer Theologische Erklärung" von 1934, These 5. In: Rechenschaft vom Grund diakonischer Arbeit. Beiträge aus dem Diakonischen Werk Württemberg. Stuttgart, November 1986, S. 32.
170. Art. 20, Abs. 1 Grundgesetz.
171. Evangelische Kirche und freiheitliche Demokratie. Der Staat des Grundgesetzes als Angebot und Aufgabe. Eine Denkschrift der Evangelischen Kirche in Deutschland. Gütersloh, 1985, S. 13.
172. Bundessozialhilfegesetz (BSHG) vom 30. Juni 1961. § 3.1; 1.2.
173. S. z. B. W. Holzapfel. In: Rechenschaft vom Grund ... S. 8 f.
174. BSHG vom 30. Juni 1961: § 10 II.
175. BSHG § 10 III.
176. BSHG § 93.
177. S. dazu die Analyse der PROGNOS AG Basel: Entwicklung der freien Wohlfahrtspflege bis zum Jahr 2000. Hrsg. Im Auftrag der Bank für Sozialwirtschaft GmbH.
178. Theodor Strohm/Jörg Thierfelder: Diakonie im „Dritten Reich". Heidelberg, 1990, S. 30 f.
179. Johannes Degen: Diakonie im Sozialstaat. In: Diakonie. 31985, S. 248.
180. Helmut Seifert: Das Diakonische Werk der EKD als kirchliches Werk und als Spitzenverband der Freien Wohlfahrtspflege. In: Theodor Schober (Hrsg.): Das Recht im Dienst einer diakonischen Kirche. Stuttgart, o. J., S. 109.
181. H. Backhaus-Maul/Th. Olk, a. a. O., S. 17.
182. A. a. O., S. 21.
183. A. a. O., S. 27.
184. A. a. O., S. 29.
185. S. PROGNOS AG Basel, a. a. O., S. 63 f.
186. H. Seifert, a. a. O., S. 110.
187. H. Backhaus-Maul/Th. Olk, a. a. O., S. 28 f.
188. Satzung des Diakonischen Werkes der Ev.-luth. Landeskirche Hannovers e. V. in der Fassung vom 8. Juni 1978, § 4 (2).

189. S. o. g. Satzung. § 10 (4).

190. S. Faltblatt: Auf einen Blick. Das Diakonische Werk der Ev.-luth. Landeskirche Hannovers e. V. Hannover, September 1994.

191. S. dazu: diakonie-Korrespondenz. 2/93. Hrsg. Diakonisches Werk der EKD. Stuttgart, S. 25.

192. S. dazu: Gerhard Bender: Falsch gepolt? Zur Orientierung der Diakonie. In: Deutsches Pfarrerblatt. 9/95, S. 458 ff.

193. S. dazu Heinz Lorenz: Diakonische Gemeinde? In: Pastoraltheologie. 1994/7, S. 333 ff.

194. Ernst Lange: Chancen des Alltags. Stuttgart, 1965. Neuausgabe von Peter Cornehl, München, 1985, S. 295.

195. Johannes Degen: Diakonie und Restauration. Kritik am sozialen Protestantismus in der BRD. Darmstadt, 1975, S. 185.

196. Martin Ruhfus: Diakonie – Lernen der Gemeinde. Rothenburg, 1991.

197. Heinz Steinkamp: Diakonie – Kennzeichen der Gemeinde. Freiburg i. Br., 1985.

198. H. Lorenz, a. a. O., S. 337.

199. Johannes Degen: Diakonie als Agentur im Wohlfahrtsstaat. In: Concilium. Heft 4/1985, S. 323.

200. Heinz Lindner: Diakonie und verfaßte Kirche. In: Pastoraltheologie. 1994/7, S. 327.

201. S. dazu: Mitgliederversammlung des Diakonischen Werkes der Ev.-luth. Landeskirche Hannovers e. V., 1987 – Materialien – Hannover, Ebhardtstr. 3 A.

202. Gerhard K. Schäfer: Gottes Bund entsprechen – Studien zur diakonischen Dimension christlicher Gemeindepraxis. Heidelberg, 1994, S. 425.

203. Trutz Rendtorff (Hrsg.): Charisma und Institution. Gütersloh, 1982, S. 444.

204. Karl-Fritz Daiber: Die Zusammenarbeit von Theologen und Nichttheologen. In: Wege zum Menschen. 1985/4, S. 178 ff.

205. S. dazu: Ehrenamtliche in der Diakonie. Hrsg. Diakonisches Werk der Ev.-luth. Landeskirche Hannovers e. V., Hannover, Ebhardtstr. 3 A, Hannover, 1990.

206. T. Strohm, Diakonie im Sozialstaat, a. a. O., S. 137 f.

207. Nach Brockhaus-Enzyklopädie.

208. S. dazu „Selbsthilfegruppen in Niedersachsen – Konzeption" und Wolfgang Lukatis: Selbsthilfegruppen – Umfrage des Dia-

konischen Werkes der Ev.-luth. Landeskirche Hannovers e. V. Juni 1993. Lutherhaus Hannover, Ebhardtstr. 3 A.

209. Gerhard Heinze/Thomas Olk. In: Rudolf Bauer/ Hartmut Diessenbacher (Hrsg.): Organisierte Nächstenliebe. Opladen, 21986, S. 173 f.

210. A. a. O., S. 179.

211. S. Umfrage (Anmerkung 208).

212. A. a. O.

213. Bei Th. Strohm: Die Zukunft des Sozialstaates, a. a. O., S. 136 ff.

214. Markus Rückert: Diakonie und Ökonomie. Gütersloh, 1990, S. 75.

215. In: M. Rückert, a. a. O., S. 37 f.

216. A. a. O., S. 41 f.

217. A. a. O., S. 42.

218. Hans-Martin Müller: Gegenwärtiges Christentum. Göttingen, 1993, S. 49.

219. Alfred Jaeger: Diakonie als christliches Unternehmen. Theologische Wirtschaftsethik im Kontext diakonischer Unternehmenspolitik. Gütersloh, 1986, S. 208.

220. A. a. O., S. 215.

221. s. M. Rückert, a. a. O., S. 187 ff.

222. Arendt Hindrikson (Hrsg.): RELIPRAX, Nr. 14: Diakonie – Werk(e) der Barmherzigkeit. 4. Jg. Bremen, Juni 1995, S. 40 f.

223. Näheres dazu bei A. Jaeger, a. a. O.

224. A. Jaeger, a. a. O., S. 269.

225. A. a. O.

226. Verantwortung für ein soziales Europa. Eine Denkschrift der Kammer der Evangelischen Kirche in Deutschland für soziale Ordnung. Hrsg. im Auftrag des Rates der EKD vom Kirchenamt der EKD. Gütersloh, 1991, S. 9.

227. A. a. O., S. 14.

228. A. a. O., S. 14.

229. Uwe Schwarzer: Kirche und Wohlfahrtsverbände sind kein Thema. In: Diakonie. 1994/1, S. I.

230. Denkschrift, a. a. O., S. 30.

231. S. Alexander Hollenbach: Europa und das Staatskirchenrecht, überarbeitetes Manuskript eines Vortrages, gehalten am

12. Juni 1990 im Rahmen der Kirchenjuristentagung der EKD in Landau/Pfalz, S. 25 ff.

232. A. Hollenbach, a. a. O., S. 25.

233. U. Schwarzer, a. a. O., S. IV.

234. A. a. O.

235. Theodor Strohm: Das Subsidiaritätsprinzip – ein Hebel gegen die Europäische Union? In: Praktische Theologie. 29. Jahrgang. 1994/Heft 1, S. 80 ff.

236. Denkschrift, a. a. O., S. 48.

237. Th. Strohm, a. a. O., S. 82.

238. U. Schwarzer, a. a. O., S. IV.

239. Denkschrift, a. a. O., S. 51.

240. Stellungnahme zum „Grünbuch". In: DW – Intern der Ev.-luth. Landeskirche Sachsens. 5/1993, S. 12.

241. Denkschrift, a. a. O., S. 52.

242. Stellungnahme DW-Intern, a. a. O., S. 3,5.

243. S. dazu Denkschrift der EKD: Der Staat des Grundgesetzes als Angebot und Aufgabe. Gütersloh, 1985.

244. Denkschrift der EKD: Grundwerte und Gottes Gebot. Gütersloh, 21979, S. 7.

245. Linus S. Geisler: Dinosaurierethik gegen die schöne neue Welt. In: Frankfurter Rundschau vom 17.5.1995, S. 12.

246. Trutz Rendtorff: Ethik. Bd. 1. Stuttgart, 1980, S. 12.

247. A. a. O., S. 14.

248. A. a. O., S. 16.

249. S. dazu Yorick Spiegel: Kirche und Kirchenbindung. Frankfurt a. M., 1974.

250. Eilert Herms: Die Fähigkeit zu religiöser Kommunikation und ihrer systematischen Bedingungen in hochentwickelten Gesellschaften. In: Zeitschrift für Evangelische Ethik. 21. Jg., Gütersloh, 1977, S. 276.

251. Hans-Martin Müller: Humanismus und reformatorisches Christentum. In: Ders.; Gegenwärtiges Christentum. Göttingen, 1993, S. 11 ff., hier S. 326.

252. S. „Solidargemeinschaft von Arbeitenden und Arbeitslosen" – Sozialethische Probleme der Arbeitslosigkeit. Eine Studie der Kammer der EKD für soziale Ordnung. Hrsg. von der Kirchenkanzlei im Auftrag des Rates der EKD. Gütersloh, 1982.

253. So der Ökumenische Rat der Kirchen auf seiner Tagung in Dresden im August 1981. S. dazu auch: Gesichtspunkte zur Neufassung des Ausländerrechts. In: EKD-Texte. 10. Hrsg. vom Kirchenamt der EKD. Hannover, 1985 und: Flüchtlinge und Asylsuchende in unserem Land. In: EKD-Texte. 16. Hrsg. vom Kirchenamt der EKD. Hannover, 1986.

254. Gerhard Ridderbusch: Profilierung oder Anpassung? In: Diakonie-Report. September/Oktober 1995. Stuttgart, S. II-III.

255. Evangelische Kirche in Deutschland Rechenschaftsbericht 1992-1994. Auslieferung durch das Kirchenamt der EKD. Hannover, 1993, S. 438.

256. Peter Singer: Praktische Ethik. Stuttgart, 1990.

257. Gott ist ein Freund des Lebens. Herausforderungen und Aufgaben beim Schutz des Lebens. Gemeinsame Erklärung des Rates der EKD und der Deutschen Bischofskonferenz in Verbindung mit den übrigen Mitglieds- und Gastkirchen der Arbeitsgemeinschaft Christlicher Kirchen. Gütersloh, 1989, S. 90.

258. So der Ökumenische Rat der Kirchen 1993 in Vancouver.

259. S. dazu auch in den anderen Teilabschnitten des Teiles C.

260. Z. B. 1. Petrus 1,4.

261. Martin Koschorke: Fragestellungen zum theologischen Verständnis von Beratung. In: Wege zum Menschen. Monatsschrift für Arzt und Seelsorger, Erzieher, Psychologen und soziale Berufe. Heft 4. Göttingen, 1976, S. 131.

262. Thesenreihe: Christliche Seelsorge heute, vom 29. Mai 1978. Nr. 5/1978, S. 8 f. In: Texte aus der VELKD.

263. Gott ist ein Freund des Lebens, a. a. O., S. 68.

264. A. a. O., S. 69.

265. Die Frau in Familie, Kirche und Gesellschaft. Eine Studie zum gemeinsamen Leben von Frau und Mann. Vorgelegt von einem Ausschuß der EKD und herausgegeben von der Kirchenkanzlei der EKD im Auftrag des Rates der EKD. Gütersloh, [2]1980, S. 89.

266. A. a. O., S. 87.

267. A. a. O., S. 88.

268. A. a. O., S. 88.

269. Holger Backhaus-Maul/Thomas Olk: Vom Subsidiarität zu „outcontracting": Zum Wandel der Beziehungen zwischen

Staat und Wohlfahrtsverbänden in der Sozialpolitik. Hrsg. Bank für Sozialwirtschaft GmbH, Köln, Mai 1995, S. 59 f.

270. Gerhard Ridderbusch: Profilierung oder Anpassung? In: Diakonisches Werk der EKD – Diakonie-Report. September/Oktober 1995, Stuttgart, S. II f.

271. S. G. Ridderbusch a. a. O.

272. Holger Backhaus-Maul/Th. Olk, a. a. O., S. 59 ff.

273. Jahresbericht 1993 des Diakonischen Werkes der Ev.-luth. Landeskirche Hannovers. Hannover, Mai 1994, S. 24.

274. Horst Seibert: Diakonie. Gütersloh, 1983, S. 136.

275. Theodor Strohm: Die Zukunft des Sozialstaates im Blickwinkel der neueren Literatur. In: Zeitschrift für Ev. Ethik. Heft 2. April-Juni 1988, S. 134.

276. Th. Strohm, a. a. O., S. 135 f.

277. Th. Strohm, a. a. O., S. 137.

278. S. dazu: Heinz Lorenz: Diakonie. In: Verkündigung und Forschung. 35. Jg. Heft 2. Chr. Kaiser-Verlag, Gütersloh, 1990, S. 36 ff.; Gerhard K. Schäfer: Aspekte und Linien der theologischen Diskussion um die Diakonie seit 1945. In: Jahrbuch des Diakonischen Werkes der EKD 1988/89; Ders.: Gottes Bund entsprechen. Studien zur diakonischen Dimension christlicher Gemeindepraxis. Heidelberg, 1994.

279. Heinz Lorenz, a. a. O., S. 36.

280. Eugen Gerstenmaier: Kirche und Öffentlichkeit (1948). In: Ders.: Reden und Aufsätze. Stuttgart, 1956. In: Gerhard K. Schäfer: Aspekte, a. a. O.

281. A. a. O.

282. Bei Gerhard K. Schäfer: Gottes Bund ..., S. 167.

283. Bei Gerhard K. Schäfer: Gottes Bund ..., S. 183.

284. Gerhard K. Schäfer: Gottes Bund ..., S. 186.

285. Paul Philippi: Christozentrische Diakonie. Ein theologischer Entwurf. Stuttgart, 21975.

286. Gerhard K. Schäfer: Gottes Bund ..., S. 195.

287. Gerhard K. Schäfer: Aspekte ..., a. a. O.

288. Arnd Hollweg: Gruppe-Gesellschaft-Diakonie. Praktische Erfahrung und theologisches Erkennen. Stuttgart, 1976; s. dazu H. Lorenz, a. a. O., S. 39.

289. Bei H. Lorenz, a. a. O., S. 41.

290. S. H. Lorenz, a. a. O., S. 47 f.

291. G. K. Schäfer, Gottes Bund, a. a. O.
292. S. H. Lorenz, a. a. O., S. 51 f.
293. Bei H. Lorenz, a. a. O., S. 52.
294. Bei G. K. Schäfer, Aspekte, a. a. O.
295. Bei H. Lorenz, a. a. O., S. 43 f.

5. Anschriften (Stand: Juni 1995)

a) des Diakonischen Werkes EKD, der gliedkirchlichen Diakonischen Werke und der Diakonie der Freikirchen

Diakonisches Werk der EKD e. V.
Präsident Pfarrer Jürgen Gohde

Diakonische Konferenz
Vorsitzender:
Direktor
Pastor Werner Braune
Albertinenstr. 20-23
13086 Berlin
Tel.: (030) 9 65 40 41

Diakonischer Rat
Vorsitzender:
Oberkirchenrat
Dr. Werner Hofmann
Meiserstraße 13
80333 München
Tel.: (089) 5 59 52 41

Hauptgeschäftsstelle des Diakonischen Werkes der EKD e. V.
Postfach 10 11 42
70010 Stuttgart
Stafflenbergstr. 76
70184 Stuttgart
Tel.: (07 11) 21 59-0
Telex: 723 557 ddws d
Telefax: (07 11) 21 59-288
Vorsitzender der Geschäftsführung:
Präsident Pfarrer Jürgen Gohde

Dienststelle Berlin
Postfach 33 02 20
14172 Berlin
Altensteinstr. 51
14195 Berlin
Tel.: (030) 8 30 01-0
Telefax: (030) 83 00 12 22

Dienststelle Berlin
Postfach 78
10411 Berlin
Schönhauser Allee 59
10437 Berlin
Tel.: (030) 44 66 03
Telefax: (030) 44 66 04 16

Dienststelle Brüssel
Boulevard Charlemagne 28
B-1040 Brüssel
Tel.: (00 32) 2/2 31 02 46
Telefax: (00 32) 2/2 30 62 35
Axel Führ

Dienststelle Bonn
Hofstr. 3
53175 Bonn
Tel.: (02 28) 37 50 86
Telefax: (02 28) 37 42 85
Pastor Joachim P. Walter

Diakonische Arbeitsgemeinschaft evangelischer Kirchen
– Geschäftsstelle –
Postfach 10 11 42
70010 Stuttgart
Gerokstr. 17
70184 Stuttgart
Tel.: (07 11) 21 59-544/546
Telex: 723 557 ddws d
Telefax: (07 11) 21 59-550

Pastor Gotthard Schüttel

Diakonisches Werk der Evangelischen Landeskirche Anhalts e. V.
Johannisstr. 12
06844 Dessau
Tel.: (03 40) 21 33 18, 2 20 33 62/63
Telefax: (03 40) 21 33 18
Hauptgeschäftsführer
Burkhard Meyer
Landespfarrer Dr. Andreas Lischke

Das Diakonische Werk der Evang. Landeskirche in Baden e. V.
Postfach 21 69
76009 Karlsruhe
Vorholzstr. 3-7
76137 Karlsruhe
Tel.: (07 21) 93 49-0
Telefax: (07 21) 93 49-202
Oberkirchenrat Wolfgang Schneider

Diakonisches Werk der Evang.-Luth. Kirche in Bayern e. V.
Postfach 12 03 20
90110 Nürnberg
Pirckheimerstr. 6
90408 Nürnberg
Tel.: (09 11) 93 54-1
Telefax: (09 11) 93 54-269
Vorstand: Präsident Heimo Liebl
Syndikus Manfred Gutmann

Diakonisches Werk Bayern
– Münchener Stelle –
Nördl. Auffahrtsallee 14
80638 München
Tel.: (089) 15 20 17
Telefax: (089) 1 57 61 95
Diakon Hans Flierl

Diakonisches Werk Berlin-Brandenburg e. V.
Paulsenstr. 55/56
12163 Berlin
Tel.: (030) 8 20 97-0
Telefax: (030) 8 20 97-105
Geschäftsführender Direktor: Pfr. Eckhard Steinhäuser
Stellvertreter: Hans-Dietrich Schneider

Diakonisches Werk – Innere Mission und Hilfswerk – der Ev.-luth.
Landeskirche in Braunschweig e. V.
Peter-Joseph-Krahe-Str. 11
38102 Braunschweig
Tel.: (05 31) 27 30 70
Telefax: (05 31) 7 10 48
Direktor: Landespfarrer Manfred Berner

Diakonisches Werk Bremen e. V.
Blumenthalstr. 10/11
28209 Bremen
Tel.: (04 21) 3 49 67-0
Telefax: (04 21) 34 54 71
Geschäftsführer: Pastor Manfred Schulken
Vertreter: Verwaltungsleiter Klaus Schulze

Diakonisches Werk der Evangelischen Kirche der Schlesischen
Oberlausitz e. V.
Bautzener Str. 38
02826 Görlitz
Tel.: (035 81) 4 84 80
Telefax: (035 81) 48 48 20
Pfarrer Ludwig Ammer

Diakonisches Werk Hamburg – Landesverband der Inneren Mission
e. V. – Diakonie-Hilfswerk der Nordelbischen Ev. Luth. Kirche
Königstraße 54
22767 Hamburg
Tel.: (040) 3 06 20-0
Telefax: (040) 3 06 20-300
Leiter: Landespastor Dr. Stephan Reimers
Vertreter und Geschäftsführer:
Diakon Dipl. Sozialpädagoge Hartmut Sauer

Diakonisches Werk der Ev.-luth. Landeskirche Hannovers e. V.
Ebhardtstr. 3 A
Lutherhaus
30159 Hannover
Tel: (05 11) 3 60 40
Telefax: (05 11) 36 04-100
Hauptgeschäftsführer: Direktor Eckhard Pfannkuche
Stellvertreter: Johannes Nikolaus Bischoff, Hans-Jochen Erhardt

Diakonisches Werk in Hessen und Nassau e. V.
Postfach 90 02 29
60442 Frankfurt/M.
Ederstr. 12
60486 Frankfurt/M.
Tel.: (069) 79 47-0
Telefax: (069) 79 47-310
Hauptgeschäftsführer: Pfarrer Alfred Georg Beierle
Stellvertreter: RA Wolfgang Güldenpfennig

Diakonisches Werk in Kurhessen-Waldeck e. V.
Postfach 10 10 07
34010 Kassel
Kölnische Str. 136
34119 Kassel
Tel.: (05 61) 10 95-0
Telefax: (05 61) 10 39 36
Landespfarrer Martin Slenczka
Stellvertreter: Direktor Dipl.-Kfm. Martin Muttray

Das Diakonische Werk – Innere Mission und Hilfswerk –
der Lippischen Landeskirche e. V.
Postfach 15 53
32705 Detmold
Leopoldstr. 27
32756 Detmold
Tel.: (052 31) 9 76-61
Telefax: (052 31) 9 76-690
Landespfarrer Jürgen Dittrich
Stellvertreter: Pfarrer Herbert Rosenhäger

Diakonisches Werk der Ev.-Luth. Landeskirche Mecklenburgs e. V.
Körnerstr. 7
19055 Schwerin
Tel.: (03 85) 50 06-0
Telefax: (03 85) 5 00 61 00
Landespastor N. N.
Geschäftsführer: Dr. Wolfgang Betz

Diakonisches Werk der Ev.-ref. Kirche
(Synode ev.-ref. Kirchen in Bayern und Nordwestdeutschland)
Postfach 13 80
26763 Leer
Saarstr. 6
26789 Leer
Tel.: (04 91) 91 98-203
Telefax: (04 91) 91 98-240
Vorsitzender: Pastor Gerhard Woertel
Geschf.: Wolfgang Wagenfeld

Diakonisches Werk der Ev.-Luth. Kirche in Oldenburg e. V.
Postfach 16 03
26006 Oldenburg i. O.
Gottorpstr. 23
26122 Oldenburg i. O.
Tel.: (04 41) 2 10 01-0
Telefax: (04 41) 1 47 78
Direktor: Landespfarrer Dr. Hans-Ulrich Minke
Vertreter: Abteilungsleiter Wolfgang Bartels

Diakonisches Werk der Evangelischen Kirche der Pfalz
Karmeliterstraße 20
67346 Speyer
Tel.: (062 32) 6 64-0
Telefax: (062 32) 6 64-130
Landespfarrer Frieder Theysohn
Stellvertreter: Hansjörg Schmidt

Diakonisches Werk in der Pommerschen Ev. Kirche e. V.
Pappelallee 1
17489 Greifswald
Tel.: (038 34) 87 61-0
Telefax: (038 34) 87 61-114
Landespfarrer Roland Springborn
Geschäftsführer: Herr Thomas Fuhrmann

Diakonisches Werk der Evangelischen Kirche im Rheinland e. V.
Postfach 30 02 04
40402 Düsseldorf
Lenaustr. 41
Haus der Diakonie
40470 Düsseldorf
Tel.: (02 11) 63 98-0
Telefax: (02 11) 63 98-299
Direktor Pfarrer Dr. Reinhard Witschke
Stellvertreter: Dr. Moritz Linzbach

Verbindungsstelle Rheinland-Pfalz
Mainzer Str. 86
56075 Koblenz
Tel.: (02 61) 3 10 50
Telefax: (02 61) 16 07 94
Dipl.-Volkswirt Heiner Krückels

Verbindungsstelle Saarland
Postfach 10 06 53
66006 Saarbrücken
Deutschherrnstr. 12
66117 Saarbrücken
Tel.: (06 81) 5 80 01-0
Telefax: (06 81) 5 84 82 70

Diakonisches Werk in der Kirchenprovinz Sachsen e. V.
Postfach 84
39028 Magdeburg
Mittagstr. 15
39124 Magdeburg
Tel.: (03 91) 25 52 60
Telefax: (03 91) 25 52 622
Dir. Pfr. Dr. Habil. Reinhard Turre

Diakonisches Werk der Ev.-Luth. Landeskirche Sachsens e. V.
Abholfach
01435 Radebeul
Obere Bergstr. 1
01445 Radebeul
Tel.: (03 51) 83 15-0
Telefax: (03 51) 7 54 66
Direktor Pfarrer Eberhard Pampel

Das Diakonisches Werk der Ev.-Luth. Landeskirche Schaumburg-
Lippe e. V.
Bahnhofstr. 16
31655 Stadthagen
Tel.: (057 21) 7 60 81
Telefax: (057 21) 7 60 85
Vorsitzender: Kirchenrat Gerhard Fersing
Geschäftsführer: Heinrich Grundmeier

Diakonisches Werk Schleswig-Holstein – Landesverband der Inneren Mission e. V.
Postfach 8 25
24758 Rendsburg
Kanalufer 48
24768 Rendsburg
Tel.: (043 31) 5 93-0
Telefax: (043 31) 5 93-244
Landespastor Jens-Hinrich Pörksen
Geschäftsführer: Gerhard Splett

Diakonisches Werk der Ev.-Luth. Kirche in Thüringen e. V.
Postfach 288
99804 Eisenach
Ernst-Thälmann-Str. 90
99817 Eisenach
Tel.: (036 91) 810-0
Oberkirchenrat Udo Siebert

Diakonisches Werk der Ev. Kirche von Westfalen – Landesverband der Inneren Mission – e. V.
Postfach 24 04
48011 Münster
Friesenring 32/34
48147 Münster
Tel.: (02 51) 27 09-0
Telefax: (02 51) 27 09-573
Vorsitzender Geschäftsführer: Pastor Günther Barenhoff
Geschäftsführer: Joachim Löns, Christian Jung

Diakonisches Werk der evangelischen Kirche in Württemberg e. V.
Postfach 10 11 51
70010 Stuttgart
Heilbronner Str. 180
Löwentorzentrum
70191 Stuttgart
Tel.: (07 11) 16 56-0
Telefax: (07 11) 16 56-277
Hauptgeschäftsführer: OKR Jens Timm
Stellvertreter: GF KR Siegfried Hörrmann

Arbeitsgemeinschaft Mennonitischer Gemeinden K.d.ö.R.
Mennonitenstraße 20
22769 Hamburg
Tel.: (040) 85 71 12
Vorsitzender: Pastor Peter J. Foth
DA-Vertreter: Jürgen Hohl

Bund Evangelisch-Freikirchlicher Gemeinden in Deutschland
K.d.ö.R.
Postfach 12 62
61282 Bad Homburg
Tel.: (061 72) 80 04-0
Präsident: Walter Zeschky
DA-Vertreter: Pastor Ulrich Materne

Bund Freier evangelischer Gemeinden K.d.ö.R. – Bundesge-
schäftsstelle –
Goltenkamp 4
58452 Witten/Ruhr
Tel.: (023 02) 93 70
Bundesvorsteher: Präses Pastor Peter Strauch
DA-Vertreter: Direktor Ernst Schwedes

Die Heilsarmee in Deutschland Religionsgemeinschaft K.d.ö.R.
Salierring 23-27
50677 Köln
Tel.: (02 21) 2 08 19-0
Oberst Paul Marti
DA-Vertreter: Major Horst Charlet

Europäisch-Festländische Brüder-Unität, Herrnhuter Brüderge-
meine
Postfach 21
02745 Herrnhut
Tel.: (03 58 73) 48 70
Pfarrer Christian Müller
DA-Vertreter: Pfarrer Christian Müller; Klaus Sonnenburg, Bad
Boll

Evangelisch-methodistische Kirche
Wilhelm-Leuschner-Str. 8
60329 Frankfurt
Tel.: (069) 23 93 73
Bischof Dr. Walter Klaiber
DA-Vertreter: Pastor Günter Winkmann

Katholisches Bistum der Alt-Katholiken in Deutschland
Gregor-Mendel-Str. 28
53115 Bonn
Tel.: (02 28) 23 22 85
Bischof Joachim Vobbe
DA-Vertreter: Dr. Wilhelm Deister

Selbändige Evangelisch-Lutherische Kirche
Postfach 69 04 07
30613 Hannover
Tel.: (05 11) 55 78 08
Bischof Dr. Jobst Schöne DD
DA-Vertreter: Diakoniedirektor Pfarrer Armin Zielke

Verband freikirchlicher Diakoniewerke
Am Isfeld 19
22589 Hamburg
Tel.: (040) 80 92-0
Direktor Emanuel Brandt

b) Institute und Akademien

Diakoniewissenschaftliches Institut der Theologischen Fakultät der
Ruprecht-Karls-Universität Heidelberg
Karlsstr. 16
69117 Heidelberg
Tel.: (062 21) 54 33 36

Diakonische Akademie Berlin-Stuttgart
Diakonisches Aus- und Weiterbildungszentrum
Fortbildungsstätte des Diakonischen Werkes der EKD
Schönhauser Allee 59
Postfach 78
10411 Berlin
Tel.: (030) 44 66 03
Telefax: (030) 44 66 04 16

Stuttgart:
Stafflenbergstr. 76
Postfach 10 11 42
70010 Stuttgart
Tel.: (07 11) 2 15 90
Telefax: (07 11) 2 36 06 40